Ellen und Hans Paasche im Jahre 1909

Werner Lange

Hans Paasches Forschungsreise ins innerste Deutschland

Eine Biographie

Mit einem Geleitwort von
Helga Paasche

Donat Verlag · Bremen

Deutsche Bibliothek – CIP-Einheitsaufnahme

Lange, Werner:
Hans Paasches Forschungsreise ins innerste Deutschland : eine
Biographie / Werner Lange. Mit einem Geleitw. von Helga Paa-
sche – Bremen : Donat, 1995
    ISBN 3-924444-02-1

Das Bild auf den Titelumschlag zeigt einen Baobabstamm und
ist von Werner Lange, Kleinmachnow, das Photo auf Seite 2
stammt aus dem Privatarchiv von Helga Paasche, Dießen.

© 1995 by Donat Verlag
Satz: Luise Kay, Oyten
Lektorat: Helmut Donat, Bremen
Umschlaggestaltung und Layout:
Roland Bühs, Bremen
Druck: Fuldaer Verlagsanstalt GmbH, Fulda

Inhalt

Geleitwort

Im Herbst 1989, als ich gerade zum zweiten Mal im Zentralen Staatsarchiv der DDR in Potsdam über den umfangreichen Akten saß, die ich dort 1987 entdeckt hatte, und die mir zum ersten Mal die Gestalt meines Vaters Hans Paasche vor Augen und Gemüt stellten, bekam ich einen Brief, der mich zunächst erheiterte. »Kapitän auf Großer Fahrt« stand da auf dem Briefkopf zu lesen, und da ich nicht wußte, daß dies ein Titel bei der Handelsflotte ist, hielt ich es für einen originellen Scherz. Eine weitere Berufsbezeichnung darunter lautete »Schriftsteller«, und der Inhalt des Briefes war von großem Ernst. Die Koinzidenz mit dem Aktenfund nahm mir fast den Atem: einen biographischen Roman wollte der Kapitän schreiben, und er suchte Kontakt zu mir, weil er viele Fragen über Hans Paasche hatte. Aber er deutete auch an, daß er bereits mehrmals mit seiner Familie auf unserem ehemaligen Besitz im heutigen Polen gewesen sei, »um die Landschaft zu erleben und die Wege zu gehen, die Hans Paasche geliebt hat und gegangen ist.« Ein solcher Ton läßt aufhorchen, und so kam es bald zu einer persönlichen Begegnung, aus der inzwischen eine echte Freundschaft gewachsen ist. Einen biographischen Roman aber schrieb Werner Lange nicht, sondern an Hand der umfassenden Dokumente, die ihm nun zur Verfügung standen, eine sorgsame Biographie, in der Licht und Schatten behutsam aufscheinen.

Bei der Lektüre des Manuskriptes fragte ich mich oft unwillkürlich: »Ist dies eine Autobiographie meines Vaters?« Denn wie sonst ließe sich erklären, daß Wesen und Streben, Wollen und Fühlen, Höhen und Tiefen eines Menschen und seines kurzen Lebens so überzeugend, so gültig erfaßt und in deutliche Bilder, auch Wortbilder, gebannt werden konnten? Werner Lange hat in seltener Einfühlungsgabe die neununddreißig Lebensjahre meines Vaters begleitet und mit wachem Auge und Herzen beobachtet und – gewertet.

Jedes bewußt gelebte Leben enthält eine Botschaft aus dem tiefsten Seinsgrund der Persönlichkeit. Hans Paasches Botschaft war umfassend, sie wollte nicht nur seine Zeitgenossen, sondern auch die nachfolgenden Generationen erreichen und wachrütteln, – – die Jugend lag ihm besonders am Herzen. Aber da verstummte seine mahnende Stimme vor bald 75 Jahren plötzlich und offenbar für immer. Das aber durfte wohl nicht sein, – denn ganz leise meldete sie sich wieder zu Wort: erst erschien, sogar von mir nur »zufällig« bemerkt, der »Lukanga Mukara« an der Gesinnungsfront, – – dann gab der junge Bremer Historiker Helmut Donat (heute sein Verleger) zum 100. Geburtstag 1981 die von ihm gesammelten, allenfalls noch antiquarisch greifbaren Schriften und Aufsätze heraus. Eine Wiederentdeckung Hans Paasches, die nicht mehr »zufällig« geschah – spürte und spürt Helmut Donat doch jenen Traditionen des »anderen« Deutschlands nach, dem mein Vater zweifellos zugehört. »Auf der Flucht« erschossen... hieß das bald vergriffene Buch. Schließlich ermöglichten die Funde in nicht nur einem Archiv 1992 die Herausgabe eines Bandes von meines Vaters zum Teil erstmals veröffentlichten Schriften unter dem Titel »Ändert Euren Sinn!« Unter diese Aufforderung aus der christlichen Tradition hatte er sein eigenes Leben gestellt – die Metanoia, wie sie in griechischer Sprache lautet, war sein Ziel: Kehrt um, besinnt Euch, haltet endlich ein, bevor es zu spät ist. Und nun also, 1994, bündelt diese Biographie die Botschaft eines leidenschaftlich gelebten, entschlossen durchkämpften Lebens. Alles, was meinem Vater wichtig war, leuchtet auf: Frieden und soziale Gerechtigkeit, Völkerverständigung und Mitmenschlichkeit, ethische und sittliche Werte, die auch allen Mitgeschöpfen und der uns erschaffenden und erhaltenden Natur gegenüber verpflichtend gelten, Mahnungen für oder gegen die Fülle der gesellschaftlichen Probleme, die auch heute noch immer nur allzu aktuell sind – – – ein Mosaik der Bewußtseinsbildung und ein Aufruf zu tätiger Liebe in allen Lebensbereichen. Diesem Buch ist eine Leserschaft zu wünschen, die zum Nachdenken und zur Tat bereit ist, – – an eine solche wandte sich Hans Paasche mit nie erlahmendem Glauben an die menschlichen Möglichkeiten zum Wandel, zur Metanoia.

Kürzlich wurde ich gefragt, ob es schön oder traurig gewesen sei, 1987 plötzlich vor zwölf Bänden Akten über meinen Vater zu stehen, den Dokumenten, die einen großen Teil dieser Biographie erst möglich gemacht haben. »Beides«, sagte ich – schön, weil der Inhalt dieser unscheinbaren, grauen Aktendeckel mir endlich von meinen Eltern, ihrem Leben, Denken, Wollen und Wirken erzählte, und traurig, weil es auf neue Weise schmerzlich war, ohne diese Eltern aufgewachsen zu sein. Nun haben mir – und allen Lesern! – die folgenden Seiten ihr ebenso kurzes wie intensives Dasein, den Raum und die geschichtliche Zeit, in dem es verlief, so anschaulich vor Augen gestellt, daß auch die große Aktualität, die ihr Denken und Handeln für uns Heutige hat, nicht zu übersehen ist. Dafür sei Werner Lange gedankt.

Dießen, im August 1994   Helga Paasche

»Ich habe keine Jugend gehabt«

Eine unscharfe, vergilbte Fotografie. Darauf das Abbild eines Mannes in der Uniform der kaiserlichen Schutztruppe, sitzend vor den palmblattgedeckten, verödeten Hütten eines ostafrikanischen Dorfes irgendwo im Rufijital. Der Mann füttert Tauben. Einer der hungrigen, von den geflohenen Bewohnern zurückgelassenen Vögel kauert auf seinem breitkrempigen Hut. Andere klettern auf dem rechten Arm umher oder scharen sich um die Beine. Des Mannes Linke ist geöffnet und vorgestreckt. Darin wohl keine Körner, denn die Tauben lassen sie unbeachtet.[1]

Ein Gleichnis, eine künstlerische Fotografie. Doch das wissen damals weder der Fotograf noch der Uniformierte: der Oberleutnant Hans Paasche, eigentlich Leutnant zur See und nunmehr von seinem Kaiser nach Afrika entsandt, um teilzunehmen an der Niederschlagung eines Aufstandes. Man schreibt das Jahr 1905. Der lächelnde Hans Paasche inmitten der Tauben kann nicht ahnen, was vor ihm liegt.

Er wird bewußt und erfüllt leben, manchmal sehr glücklich sein, anderen Glück geben, gute Freunde und starke Feinde gewinnen und einiges schreiben, das über ihn und seine Zeit hinaus besteht. Er wird ein wenig mitwirken am Verlauf deutscher Geschichte, nach neuen Wegen suchen, Menschen hoffen machen und eine Kaiserin demütigen. Aber es wird auch ein qualvolles Leben sein auf Wegen, für die er nicht gerüstet ist, die ihn bisweilen hinabführen in das Dickicht der Verzweiflung, fast schon hinein in den düsteren Wald des Wahnsinns.

Nicht heute, nicht an diesem hellen Tag im Rufijital, das er heimsucht im Dienste der Falken. Nein. Jetzt ist er ein junger, kühner Offizier, der dreimal hundert Krokodile töten wird und anderes Großwild – und auch Menschen. Dennoch sind da schon die Tauben in seinem Leben, ist da bereits die sanfte, ewig menschliche Geste der ausgestreckten Hand.

Es beginnt in einer nach dem Heiligen Georg benannten Rostocker Straße. Und damit mehren sich die Gleichnisse. Wir kennen ihn: den schönen Jüngling in ritterlicher Rüstung auf weißem Roß, mit der Lanze einen Drachen durchbohrend. Weniger bekannt dagegen, daß Georg Soldat und Offizier des römischen Heeres war, seinen Aufstieg als Krieger nahm, bis er sich angesichts grausamer Christenverfolgung gegen seinen Kaiser empörte. Das endete mit dem Märtyrertod. Ebenso wird es Johannes Albert Ferdinand Paasche ergehen, dem Jungen, der da am 3. April 1881, morgens um drei Uhr, im Haus Nummer 11 an der Sankt-Georg-Straße geboren wird.[2]

Seine Geburtsurkunde trägt die Nummer 301/1881, als Eltern werden angegeben: »Prof. Dr. Hermann Paasche und Elise Paasche geb. Faber. Vermerke: keine«. So ist es üblich. Standesbeamte bezahlt man nicht dafür, daß sie die Arbeit der Biographen erleichtern. Hier jedoch sind schon Vermerke vonnöten über diesen Vater, über die dunkle, bedrängende Gestalt, die dem Sohn gleichermaßen Ansporn und Schrecknis sein und ihn schließlich in die Höllenqualen verschmähter Liebe stoßen wird. Macht, auf die Hans nicht vorbereitet ist.

Hermann Paasche, inzwischen vermögender Grundbesitzer und Wirtschaftswissenschaftler, studierte und habilitierte zuvor in Halle, lehrt jetzt, nach einer Tätigkeit am Aachener Polytechnikum, an der Rostocker Universität. Studien des Dreißigjährigen über die Geldentwertung sind in Fachkreisen anerkannt, seine nationalliberalen Parteifreunde schätzen Paasches Urteilskraft und Bestimmtheit. 1881, im Jahr der Geburt des Sohnes, wird er jüngster Abgeordneter des Reichstages, zu dessen Vizepräsident man ihn im kommenden Jahrhundert wählt. Hermann Paasche, das scheint das Urbild des wohlbetuchten, stockkonservativen Reichsbürgers zu sein, ein anschmiegsamer, berechenbarer Politiker, Mitglied mehrerer Aufsichtsräte, Käfersammler. In seinem Haus herrscht Ordnung, und wenn der Sohn späterhin schreibt, er sei Mensch geworden, obwohl er durch das Gestrüpp deutscher Erziehung gehen mußte, wird der Vater es verständnislos lesen. Ordnung, das bedeutet hier auch Kälte, Empfindungsarmut, die von Roheit nicht weit entfernt ist.

Hans Paasches Schriften verraten viel über diesen Vater. Von deutscher Wissenschaft, einer Dirne der Gewalt, die ihre Geburt vorwiegend der Feigheit verdanke, ist die Rede, von Elterngenerationen, die kaltherzig, würdelos, unschöpferisch und der arglistigste Widersacher der Jugend gewesen seien. »Diese Generationen, die nichts von der Liebe wußten und es deshalb nicht ansehen konnten, daß die Jugend glücklich wurde ... Eine

12

Generation, die nicht lebt und nicht zu lieben weiß, kann nichts schaffen, was Beachtung verdiene. Ihre Leistung trägt den Keim der Zerstörung in sich. Ihren Werken sehen wir an, daß unerlöste, unglückliche Menschen sie schufen. Wenn wir ihre Bücher und das, was sie statt Kunst hinstellen, weiter mitschleppen, wird unsere Stirn wieder das Zeichen derer tragen, die nicht lieben. Verachtung, Spott, Haß wird uns treffen, von Menschen, die darunter zu leiden haben, daß sie mit Unfreien zugleich leben und um den Genuß betrogen werden, ein reichbegabtes Volk frei zu sehen.«[3]

Hart urteilt er da, selbst nicht frei von Haß, kennzeichnend für den gescheiterten Revolutionär Hans Paasche. Doch er vermag es auch anders zu sagen. In seinem zauberhaften Buch über die vorgebliche »Forschungsreise des Afrikaners Lukanga Mukara ins innerste Deutschland« erscheint der Zahlenkarl[4]: ein Grundbesitzer, dem es sein Vermögen erlaubt, ausgedehnte wissenschaftliche Reisen zu unternehmen. Eindeutig ist das der Vater, den Studien nach Amerika, nach Asien und in den Osten Afrikas führten. Jener Zahlenkarl nun wird als gebildeter Narr geschildert, unfähig zu tieferem Empfinden, mit Maulwurfsaugen auf die Schönheit der Welt starrend, teilnahmslos umhergehend und törichte Bücher mit sinnlosen Zahlen füllend. Zum Beispiel mit solchen, die den Anteil von Katholiken unter Opfern von Jagdunglücken in Afrika zeigen. Freilich, für den Autor trägt die groteske Figur bedrohliche Züge. Denn er liebt diesen Menschen, der selbst »unerlöst und unglücklich« ist, und wenngleich er unfähig bleibt, das Leben mit Zahlenkarls Elle zu messen, sucht er dennoch seine Zuneigung, seine Achtung. Daß sie ihm versagt werden, empfindet noch der gereifte Mann beständig schmerzlich.

Von der Mutter ist wenig bekannt. Schon deshalb, weil es bald niemand mehr gab, der sich an sie erinnern wollte. Züge ihres Wesens mögen in Schriften aufscheinen, von denen Elise Paasche mehrere veröffentlichte – ein zeitgenössisches Nachschlagewerk bezeichnet sie sogar als Schriftstellerin.[5]

Da gibt es unter anderem die »Frauenschicksale im Volksleben der alten und neuen Welt«, etwa 1926 auf Kosten der Verfasserin als Manuskript gedruckt.[6] Darin sehr bestimmter Zuspruch für das Anliegen der Frauenbewegung, gegen das »System des Männerstaates«. Der Wortlaut wirkt durchaus anziehend und oft bewegend, so dann, wenn Elise Paasche vom entwürdigenden Dasein asiatischer Frauen berichtet. Störend nur bisweilen ihr Pathos, lauthals lärmender Anspruch, wie er so oft mit Unduldsamkeit einhergeht. Wie es auch sei, für den Biographen ist insbesondere das Vorwort eine Fundgrube, weil Elise Paasche dort ihr Leben beschreibt. Ein beklemmender Text. Sein Beginn: »Zwei Menschenkinder mit gleichem Kinderschicksal wuchsen ohne Elternliebe, ohne Familienleben auf. Als ich meinen Mann zum erstenmal sah, war ich zwölf Jahre alt.«[7]

Anlaß jener Begegnung war die Beerdigung von Elises Mutter. Es folgten bald ein halbes Dutzend Jahre heimlichen Verlöbnisses, auch sie eigentlich lieblos, denn »das Verhältnis zueinander war ein so reines, zielbewußtes, daß wir Liebesbeteuerungen nicht brauchten oder besser gesagt, wir ergänzten uns in dem Wollen, rein zu bleiben im Denken und Tun ...«[8] Wirklich, sollten die ebenso reiche wie vereinsamte, in Pensionaten aufwachsende Elise und ihr Hermann bewußt darauf verzichtet haben: auf scheue Zärtlichkeiten, auf all das flüsternde Bangen und Sehnen, auf die Tollheiten eines Sommertages im Heu? Die Vorstellung wird sogleich bestätigt in einem Absatz, in dem die Autorin preisgibt, welche erbärmliche Erfüllung die beiden schließlich fanden: »Herrschen kann nur derjenige, der sich selbst beherrschen lernte. Führer kann nur der sein, der selbst das Beispiel einer guten Lebensführung gibt.«[9]

Herrschen über wen, führen wohin? Gewiß, es ist von trunksüchtigen Landarbeitern die Rede, denen die Gutsherrin Paasche das Licht der Bildung nebst Aussöhnung mit ihrem Dasein bringen will. Weil aber die Autorin soziale Beweggründe nicht benennen kann oder möchte, bleibt unklar, wem ihre Herausforderung gilt. Zumal – wie sie schreibt – »gebildete, in germanischer Tradition stehende« deutsche Männer ausdrücklich nicht Ziele ihrer Angriffe sind. Solcherart von denen abgelenkt, die letztlich Verantwortung für die beklagten Zustände tragen, bleibt der Leser ratlos, allein mit den Versatzstücken eines unbegründeten Überlegenheitsgefühles und mit einer Anteilnahme, die tatenlos eifernd verharrt. Die Abbildungen zeigen denn auch die korpulente Elise Paasche keineswegs hilfreich im Kreise der Opfer sogenannter Männerstaaten, sondern in der Sänfte, getragen von chinesischen Kulis, vor Sehenswürdigkeiten posierend, in der Kutsche vor dem Portal eines gepflegten Hotels im Kolonialstil.

Da ist noch mehr, belangvoll für die Lebensgeschichte ihres Sohnes: In Elise Paasches beneidenswert festgefügter Weltanschauung spielt der Alkohol eine besondere Rolle. Er, so meint sie, sei das Grundübel gesellschaftlicher Mißstände, er »setzte die meisten Halb- oder Ganzidioten in die Welt, die uns den politischen Radikalismus und die Weltrevolution«[10] brachten. Bizarre Ansichten, wichtig jedoch für den Weg Hans Paasches, dessen Schicksal die Mutter auf den achtzig Druckseiten niemals erwähnt.

Allerdings, das solcherart skizzierte Bild der Eltern mag zu düster geraten. Es gründet vorwiegend auf Mitteilungen ihres Sohnes aus bedrückender Zeit und bedarf sicherlich mancher Einschränkung. Denn der Vater muß es durchaus als kostbares Geschenk ansehen, daß nach der 1880 geborenen Tochter Lisi ein Sohn in die Familie kommt.[11] Und auch Elise Paasche ist mehr als eine eifernde Frau Geheimrat: Sie führt den Jungen in das Reich der größten Kunst, der Musik. Wenn ihr Sohn in drei Jahrzehnten den überaus kritischen Reisebericht des Afrikaners Lukanga Mukara aufzeichnet, so wird darin die Musik eines der wenigen Werke der Weißen sein, die Lukanga bewundert, weil er in ihr seine Jugend und die heimatliche Landschaft wiederfindet. Der Autor, dessen Violine dann schon auf einer Insel im meergleichen Victoriasee und auf den mondbeschienenen Hängen afrikanischer Vulkanberge erklang, weiß sehr wohl, wovon er schreibt.

Spärlich nur sind Hinweise auf die Kinderjahre in Rostock. Möglich, daß der kleine Hans bisweilen an der Hand seiner Mutter oder des Kindermädchens zum Hafen geht, zu den Strandwerften am Warnowufer zwischen Fischertor und Wendentor. Vorbei ist die große Zeit der Schoner, Briggs, Vollschiffe und Barken, aber das Kind sieht sie noch: die dunklen, mächtigen Schiffsleiber unter schlanken Masten und weißem Segeltuch, die buntbemalten Galionsfiguren, die fortzudrängen scheinen, den Blick mutbeseelt in eine ungewisse Weite gerichtet. Reizvoll, sich vorzustellen, dort am Warnowufer sei erstmals Sehnsucht nach fernen Küsten geweckt worden, die Hans Paasche späterhin zur Seefahrt treibt. »Vielseitig ist unser herrlicher Seemannsberuf«, wird er in seinem ersten Buch schreiben. »Vielleicht ist das Schönste an ihm, daß mählich, und oft unbewußt, die flüchtigen Eindrücke von Ländern und Völkern und von dem bunten Leben in fremder Welt ein Stück unseres eigenen Seins werden.«[12]

Viel Zeit bleibt nicht für Ausblicke auf Segel und flatternde Wimpel. Schon im Mai 1884 zieht die Familie nach Marburg. Hermann Paasche übernimmt dort ein Lehramt an der Universität und ist zugleich als Stadtrat tätig. Marburg, zusammengedrängt auf Terrassen um das landgräfliche Residenzschloß über der Lahn, könnte Ort einer beschaulichen Kindheit sein: türmereich, in einer schönen Umgebung, deren »erstaunliche Vereinigung von Berg und Tal« zehn Jahre zuvor ein russischer Dichter pries, dessen Werke Hans Paasche einst viel bedeuten werden. Da sind Spiegelslust und der Christenberg, die verfallenen Schlösser Frauenberg, Mellnau und Weißenstein. Fjodor Dostojewski war es übrigens, der sich dort dem Liebreiz deutscher Romantik hingab, der Spiegelslust. In Marburg wohl auch jener erregende Augenblick, in dem Hans erstmals seinen Schatten bemerkt: den dunklen, lustigen Gesellen, der seine Bewegungen nachäffend begleitet.

»Meine Eltern lebten glänzend in einem großen Haus mit Garten, Pferdestall und Reitbahn«, berichtet er später in einem Lebenslauf für den Untersuchungsrichter über die Marburger Jahre. »Meine Mutter hielt auf Musik. Ich erhielt früh Violinunterricht, und sie begleitete mich auf dem Klavier. Sie liebte Schiller, bekämpfte Goethe und war gegen Fabulieren. Daß sie mich wegen meiner Begabung bevorzugte, entfremdete mich meiner Schwester, deren ganz andere Gaben nicht anerkannt wurden. Sie fühlte sich auch im Elternhaus nicht wohl und ging in Pension.«[13]

Der Vater hält ihn zu planvollem Turnen, Reiten und Wandern an. Neben dieser Rekrutenausbildung sorgen Erzieherinnen, mitunter sind es Französinnen, für seine Bildung. Wie vielen musisch begabten Kindern fällt es ihm leicht, fremde Sprachen zu erlernen. Jedenfalls muß er als Gymnasiast kaum noch Zeit für das Französische aufwenden. Zudem drängt ihn der unablässig über seine Erziehung wachende Zahlenkarl zu einer besonderen Art der Naturempfindung: »Von Jugend auf war ein beständiger Kampf in mir. Den Anschauungen der ... Zeit entsprechend, lehrte man mich die Natur lieben, indem ich als Beweis meiner Naturliebe Käfer und Schmetterlinge fing, Schlangen und Eidechsen in Spiritus setzte, Vögel und Säugetiere erlegte, abhäutete und ausstopfte. Unvergeßlich ist mir, welche Überwindung ich aufbringen mußte, als zehnjähriger Knabe Tiere auszubalgen. Meine ersten Jagden haben mich tief erregt, und ich bin von dem ersten geschossenen Reh weinend heim gelaufen. Doch immer habe ich geglaubt, dem Wilde Gutes zu tun, wenn ich besser als Andere jagte, wenn ich meine Fähigkeit dazu steigerte, das Wild schnell und schmerzlos zu töten. Ich machte eine Wissenschaft aus dem Anschleichen, dem Schießen, dem Beobachten und sammelte Abgüsse der Fährten, um geschossenes Wild sicher 'ansprechen' zu können.«[14]

Auch der Aufenthalt in Marburg bleibt nur ein Zwischenspiel. »Ich war zwölf Jahre alt, als meine Eltern nach Berlin zogen, weil Vater sich wieder in den Reichstag hatte wählen lassen.«[15] Wohl Gelegenheit, der Aufsicht des Vaters ein wenig zu entschlüpfen, denn Hermann Paasche behält das Lehramt in Marburg, bis er 1897 an die Technische Hochschule Charlottenburg geht. Außerdem muß er die Reichstagssitzungen besuchen. Das Berliner Adreßbuch nennt deshalb seinen Namen nicht vor 1896: »Paasche, H., Dr. Prof., Geh. Rath, W Lutherstr. 40 III«. Erst zwei Jahre danach zeigt es ihn gänzlich niedergelassen: Paasche, H., Geh. Reg. Rath, Dr. Prof., Mitgl. d. Reichst. u. d. Kgl. Preuß. Abgeordn. Hauses, NW Siegmundshof 20 II«. Die Anschrift wechselt dann mehrfach zwischen Westend, Charlottenburg und Zehlendorf.

Unbekannt, ob die deutsche Hauptstadt den Jungen zunächst einschüchtert oder ob es ihm wohltut, wenn ihre Geschäftigkeit ihn unbesehen aufnimmt. Gewiß ist, daß er sie nicht liebgewinnt – die nach London und Paris drittgrößte Stadt Europas, der nur noch dreihunderttausend Einwohner an der Zweimillionenzahl fehlen. Berlin erlebt gerade seine zweite Gründerzeit. Schon in den siebziger Jahren sind viele Häuser neu erbaut oder doch wenigstens restauriert worden, jetzt weichen die letzten Innenhofgärten den düsteren Schächten von Büro- und Gewerberäumen und Mietwohnungen, während an den Fassaden immer mehr Gold aufglänzt. Einiges fehlt noch, so das Reichstagsgebäude und die helmbewehrten Hohenzollernabbilder am Tiergarten, die der erwachsene Hans Paasche dereinst mit einem Sprengkommando heimsuchen wird. Aber gemeinhin entspricht Deutschlands Hauptstadt bereits jenem Klischee der Kaiserzeit, dem heutige Touristen nachspüren. Küche, Mode und Laster sind provinziell. Sehr ordentlich und sauber geht es zu; die Schutzleute sind so grob wie nirgendwo auf der Welt. Schmutz schwebt nur in der Luft, die erfüllt ist vom Qualm der Fabriken und der vierhundertfünfzig Dampfzüge, denn die Elektrifizierung des städtischen Verkehrs wurde völlig versäumt. »In Deutschland ist sehr viel Rauch. Aber das ist kein Rauch, der eines Wanderers Auge auf sich zieht, der die Schritte beschleunigt oder das Herz höher schlagen läßt. Es ist kein Rauch in frischer Luft; es ist Rauch im Dunst, ja Rauch im Rauch. In langen, steinernen Röhren wird er zum Himmel geleitet. Aber der Himmel will ihn nicht, und so liegt er wie ein Frühnebel über der Erde. Und wenn er, als eine dicke, atemberaubende Masse überallhin fließt, wie soll man irgendwohin eilen, sich seines Ursprungs zu freuen!«[16] Das läßt Hans Paasche in einigen Jahren seinen Lukanga Mukara schreiben und denkt dabei sicherlich an Berlin.

Der zwölfjährige Hans also scheu am Rande einer der gepflasterten, zuweilen schon asphaltierten Straßen, über die Pferdebahnen, rote Sprengwagen, eisenbereifte Droschken, Equipagen mit Gummirädern oder Brauerei- und Schlächterwagen vorbeiziehen? Ringsum rasselnde Räder, klappernde Hufe, und über das Gesicht des Jungen rinnen Tränen, weil ein Droschkenrad seinen Spielreifen erfaßte und zerbrach? Wohl kaum. Es fällt Hans Paasche in künftigen Jahren nie schwer, sich Menschen aus anderen sozialen Schichten zu nähern, ihnen verständlich zu sein. Wahrscheinlicher ist deshalb, daß er die Müllkästen im Hinterhof entdeckt, umherstreift vor Gemüsekellern und Kneipen, einen Weg findet zu den Murmelspielern auf den Bürgersteigen. Und natürlich wird er mit wachsendem Alter die zahlreichen Kulturstätten Berlins aufsuchen, teilnehmen an vielfältigen künstlerischen Ereignissen, sich nicht begnügen mit dem, was man ihm leicht zugänglich darbietet: etwa die aus Holz angefertigte Nachbildung eines Kriegsschiffes in Charlottenburg, auf der Schüler in Seeoffiziersuniformen das Treiben an Bord nachahmen, in langen Mänteln und mit Dolch und Schärpe lässig auf dem Achterdeck umhergehen, während sie weniger betuchte Altersgenossen in unmilitärischer Kleidung strafexerzieren lassen. Oder die Paraden auf dem Tempelhofer Feld, die Exerzierübungen auf dem Kasernenhof an der Albrechtstraße, das Sedanpanorama in der Alsenstraße, das einen weiten Blick über das Blutbad in Bazeilles und die Kavallerieattacke von Floing gewährt. Da ist zu sehen, wie rotbehoste Feinde davonlaufen, wie auch tückische Franktireurs eine schimmernde Wehr nicht aufzuhalten vermögen, die unter flatternden Fahnen in blitzenden Harnischen vernichtende Schläge austeilt.

Wenn er der Stadt überdrüssig ist, kann Hans fliehen: während der Ferien und fernerhin, zum Prossekehler Mühle genannten Gut der Eltern, zur Möglichkeit, »sich seines Ursprungs zu erfreuen«. Fünf Dutzend Kilometer nordöstlich von Landsberg (Gorzów Wlkp.) ist das, nahe Hochzeit an der Drage. Hochzeit, heute Stare Osieczno, wird umgeben von der aufgeforsteten Drager Heide, es verlief dort zu Zeiten des Herzogs Mieszko I., des ersten historisch bedeutsamen polnischen Herrschers, die Grenze zu Pommern. Die ehemals befestigte Siedlung wird bereits 1337 erwähnt. 1406 zerfleischten sich hier Schwertträger des polnischen Königs Jagiello und solche der mit den Kreuzrittern verbündeten Wedels im Kampf um eine Burg. Wie wir wissen, verloren die damals siegreichen Polen das Gebiet späterhin wieder. Als Hermann Paasche – wohl 1894 – Prossekehler Mühle erwirbt, ist Hochzeit Bestandteil der Neumark und das Gut der Paasches unter dieser Postanschrift erreichbar, obgleich es jenseits der Drage liegt und deshalb dem Kreis Filehne und somit der Provinz Posen zugehört.[17] Der Name Prossekehler Mühle, seit dem Beginn des 17. Jahrhunderts verbürgt, wird im Sommer 1908 von Hermann Paasche aufgegeben. Das Gut heißt fortan Waldfrieden.

Wiederum ist es die Mär vom forschenden Afrikaner, die uns Waldfrieden zur Zeit der Paasches beschreibt; allerdings heißt der Ort darin Birkhain: »Ich bin an einem Platze, der einsam ist. Hügel mit Büschen umgeben mich. Ein See liegt zwischen hohen Bäumen, im Schilf seiner Ufer schwimmen Enten. Im flachen Wasser stehen Kraniche, und hoch in der Luft fliegen zwei Störche ... Hierher bin ich gegangen, weil ich wirr wurde im Kopfe über das Neue und Widersprechende, was ich in diesem fremden Lande sah, und weil ich Ruhe haben wollte vor dem Lärm.«[18]

Noch heute ist zu besehen, was von dem Gut übrigblieb. Tief im Wald zwar, schwer zugänglich und nunmehr Stare Zacisze benannt, doch kenntlich an Ahorn, Linden, einer mächtigen Eiche, Fliederbüschen und anderen Gewächsen, die sonst weithin nicht zu finden sind. Ein wahrhaftig schicksalsträchtiger Ort, nicht mehr Wohnstätte, seit seine Bewohner 1945 flohen und in der Hölle des Krieges verbildete russische Soldaten dort den Müller Max Weckwerth erschossen. Ein Lehrstück auch: Waldfrieden war wie jede Ansiedlung Schauplatz behenden Erwerbssinnes, von Liebe und Haß, von Zuversicht und Verzweiflung, von Erfülltheit und Hohlheit, Niedertracht und anderen menschlichen Eigenschaften. Jetzt sprengt Wurzelwerk bedächtig die letzten Mauerreste, und Wald legt sich auf die Fläche, als ob es all die Paasches, Anklams, Bandits, Zacharias', Husts, Loreks, Geislers, Weckwerths, Budgereits und Winkelmanns nie gegeben hätte.[19] Da blieben allein zerbrochene Kreuze aus Gußeisen und die umgestürzten Grabsteine der Piddes und Geislers im wuchernden Gras, Grundmauern von Häusern und Ställen, die Ruine der Wassermühle am fast versiegten Bach.

Gegenüber, verborgen hinter verwilderten Hecken, ein Aufgang, von Einheimischen poetisch »Treppe zum Himmel« genannt. Er führt zu den Trümmern des in den fünfziger Jahren abgerissenen Gutshauses. Zuvor war es ein großes, zweistöckiges Bauwerk mit vielen Zimmern, überragt von Spitzgiebeln, wegen eines Turmes von fern einer Kirche gleichend und gemeinhin als Schloß Waldfrieden bezeichnet. Nichts mehr davon, verschwunden auch die Kraniche. Aber die vielen Hügel, wenngleich inzwischen von Kiefern und Fichten bestanden, sind noch da, und vereinzelte Stämme riesiger, abgestorbener Birken erinnern an Lukangas Birkhain. Dazwischen Wacholder, starkduftend, vom Regen träumend und behangen mit dunklen Beeren, aus denen man früher jenen Schnaps brannte, der nach Elise Paasches Ansicht verantwortlich war für Idiotie und Weltrevolution. Im dunkelblauen, fischreichen Tiefsee spiegeln sich wie damals Erlen und Fichten. »Im Schilf seiner Ufer schwimmen Enten«, und wer sich diesen Ufern behutsam nähert, der kann starkschuppige Bleie im Schlamm wühlen sehen.

Ein wenig vom Lebensgefühl Hans Paasches, der Waldfrieden sehr liebte, mag empfunden werden, wenn man an einem Maitag den Weg vom Gutshaus zum Tiefsee (Głebokie) hinabgeht. Es war übrigens Paasches letzter Weg, auf dem Soldaten den Leichnam des Erschossenen zum Haus trugen. In der Luft ist dann der Geruch blühender Rapsfelder, beiderseits liegen dunkle Schonungen voller verrenkter Wacholderbüsche bis hin zum Erlengehölz an dem unglaublich blauen See. Über allem köstliche Stille.

Oder am Mühlbach entlang, der als Abglanz der schönsten Jugenderinnerungen in Paasches Betrachtung »Seefahrt« aufscheint. Darin beschrieb er einen Jungen, der sich ein Floß baute und unter dem Segel aus leeren Zementsäcken aufbrach: den von Erlen und Wasserlilien gesäumten Bach hinunter bis zur

Biegung am Forsthaus und schließlich hinaus in die Welt. Noch scheiterte der kleine Fahrensmann, stand durchnäßt am Ufer und betrachtete bekümmert das wirbelnde Wasser hinter dem Stauwehr. Das Sehnen nach fernen Küsten aber blieb, selbst die Empfindung war schon festgeschrieben.

»Wer das feste Land verläßt und über die Tiefe des Weltmeeres schwimmt, der soll nach den Sternen sehen, die dem Seefahrer den Weg zeigen. Er soll den Wind fühlen, der vom warmen Süden oder vom kalten Norden kommt. Er soll der Menschen gedenken, die vor ihm dasselbe Meer durchquerten und Gedanken und Taten an ferne Küsten trugen.«[20]

Hans Paasche wird das alles tun, dabei jedoch zunächst anderes in die Welt bringen müssen als den Frieden und das Brot der Völker. Die Flöße, die ihm seine Zeit bereitstellt, tragen Waffen.

Das Gut Waldfrieden – dies wird später bedeutsam sein – ist kein einträglicher Besitz. Die Bewirtschaftung erfordert einen jährlichen Zuschuß von mindestens dreitausend, manchmal achttausend Mark, und die Erwerbung war nur einer von vielen Mißgriffen Hermann Paasches. Unbedachte Spekulationskäufe und eine aufwendige Lebensführung in Marburg hatten damals das ursprünglich sehr ansehnliche Vermögen seiner Frau schon erheblich geschmälert. Auch weiterhin zeigt Hermann Paasche – welch ironischer Beiklang, daß er 1877 mit einer Arbeit »Über die Entwicklung der Preise und der Rente des Immobilienbesitzes« habilitierte – merkwürdiges Ungeschick im Umgang mit Immobilien. Rasche, leichtfertige Käufe und Verkäufe bereiten ihm ein unwiderstehliches Vergnügen, dessen Kostspieligkeit die Familie mehrfach empfindlich spürt.

In Berlin besucht Hans das Joachimsthalsche Gymnasium, eine sehr ausgedehnte Bildungsanstalt, begrenzt von Kaiserallee, Schaper- und Meierottostraße. Ein wenig vom Anliegen der seit 1607 bestehenden Eliteschule mag erahnen, wer die Rede liest, die Wilhelm I. bei der Einweihung der neuen Baulichkeiten an der Kaiserallee hielt. In der sechshundert Sitzplätze bietenden Aula sang damals der Chor unter den lebensgroßen Statuen der Hohenzollernherrscher das »Salvum fac regem« und »Nun danket alle Gott«, bevor der Monarch sich kurz und bündig den Schülern zuwandte: »Es sei zu Ihnen gesprochen, die Sie hier die erste Erziehung erhalten: Vergessen Sie nicht, was der Staat und die Lehrer für Sie gethan, so werden Sie tüchtige, treue Unterthanen werden; dann wird es in Preussen immer wohl stehen, wie dessen Stifter es bei der Gründung und Erhaltung dieser Anstalt beabsichtigt haben. Das walte Gott!«[21]

Auch das Alumnat, dessen Bestehen nach Ansicht der Anstaltsleitung »Gleichmäßigkeit und Strenge« in der Erziehung »treuer Unterthanen« garantiert, bleibt Hans nicht erspart. Er bezeichnet die Schule bald als graue Anstalt, in der junge Menschen bei gutem wie bei trübem Wetter geängstigt würden.[22] Elend nennt er das Wissen, das auf Schulbänken erworben wird, und dergleichen trifft annähernd zu, sofern man es auf seine Lateinkenntnisse anwendet. Das muß allerdings ein unfähiger Lehrer verschuldet haben, denn das Griechische beherrscht er späterhin hervorragend. Aber am Joachimsthalschen Gymnasium werden ohnehin andere Werte hochgeschätzt – sichtbar schon an der ungemein geräumig angelegten und reichhaltig mit Geräten ausgestatteten Turnhalle oder der damals einzigartigen Schwimmanstalt. Hans ist wiederum nach Sparta, in eine Rekrutenausbildung geraten und spricht wohl mit Recht in einigen Jahren vom Gestrüpp deutscher Erziehung, durch das er gegangen wäre und dennoch Mensch geworden sei.[23]

Nicht immer wird es so arg zugegangen sein. 1920 erinnerte sich Professor Dütschke, dem man kaum Hang zum Spartanertum nachsagen wird, seines ehemaligen Schülers: »Es waren die ersten Tage der neuen deutschen Republik. An einem sonnenklaren Mittage auf der Straße in Friedenau tritt mir ein schlanker Mann in den Weg, bleibt, mich scharf ansehend, stehen und redet mich auf das höflichste mit meinem Namen an ... Es war Hans Paasche, mein alter Schüler vom Joachimsthal, der seinen alten Lehrer nach einem Vierteljahrhundert auf den ersten Blick wiedererkannte und mit ihm freundliche Gedanken austauschen wollte. Nun ging das Erinnern hinüber und herüber, und während ich mit ihm sprach, da verwandelten sich die ernsten, fast traurigen Mienen des Mannes. Er war, 'weil er gegen den Krieg gesprochen', wegen Hochverrats eingesperrt und nun unter der Republik freigelassen. Allmählich traten mir unter dem Ernst der Gegenwart die alten lustigen Züge des liebenswürdigsten Burschen, der das Leben nur von der heitersten Seite ansah, wieder hervor. – Solch einen neckischen, harmlosen Burschen brauchte ich gerade damals, als ich, wie alljährlich, daran ging, auf dem Joachimsthal ein Schauspiel einzustudieren. Es handelte sich um Shakespeares Komödie der Irrungen. Den einen Dromio hatte ich bereits, nun galts, den andern auszufinden, ebenso hübsch, lustig und frisch. Das war ... mein guter Hans Paasche.

... Wir denken gemeinsam der alten Lehrer unserer Anstalt. Einen der ältesten – er ist nun auch tot – hat Hans Paasche, wie er mir sagte, noch kurz vor seinem Ende zu sprechen das Glück gehabt. Er fühlte das Bedürfnis, sich mit ihm über Shakespeare zu unterhalten; 'Ich kann ohne die Anregung geistvoller Unterhaltung nicht leben' – ja, ja, das wußte ich, dein Herz war voller Ideale. Bald schicktest du mir einen Aufsatz über unsinnige Frauenmoden, bald schriebst du als Kapitänleutnant an deine alten Mitschüler einen Brief, aus dem es wie eine Predigt klang: 'Kinder, glaubt mir, nichts schadet dem Deutschen so sehr wie der unsinnige Genuß des Alkohols; den gewöhnt euch beizeiten ab, wenn ihr dereinst für Deutschlands Ehre arbeiten wollt!'

Hans Paasche war ein Gemütsmensch, ein Mann von feinster Bildung und edelstem Streben. In meinen Ohren klingen noch immer deine lustigen Dromioworte: 'Mich dünkt, du bist mein Spiegel, nicht mein Bruder, ich seh an dir, ich bin ein hübscher Bursch.' – Ja, das warst du. Wie hat nun die Welt dein goldhelles Lachen überschrien!«[24]

Die Schulzeit endet schließlich unvermittelt, überraschend. »Meine Eltern hatten immer den Wunsch, ich sollte Professor werden. Ich ging aber in Unterprima von der Schule weg, weil ich gesundheitlich litt und wurde Seekadett.« Diese sehr knappe Auskunft entstammt dem zuvor erwähnten Lebenslauf, und es wird auf die Enttäuschung der Eltern hinweisen, wenn sie hernach stets behaupteten, es sei die Oberprima gewesen. Jene Mitteilung erschien lange Zeit als Ausdruck einer Ironie, die nicht nach Publikum verlangt. Fraglich war, ob der als überaus gewandter Reiter, Fechter, Schwimmer, Ski- und Schlittschuhläufer gepriesene Hans Paasche zuvor körperlich litt. Dann jedoch wurde ein Brief der Eltern bekannt, in dem von dreimaliger schwerer Lungenentzündung nebst anderen Erkrankungen die Rede ist und mitgeteilt wird, Hans habe in Marburg Privatunterricht erhalten, weil er sehr oft krank war.[25]

Überdies zeigt ein im Dezember 1917 aus dem Gefängnis an die Mutter gerichteter Brief, daß er in der Tat ein kränkliches Kind war und die Schule nicht aus gänzlich freiem Willen verließ: »Es ist erklärlich, daß ich oft denke, wie mein Leben hätte sein können und weshalb ich um den Erfolg gekommen bin, für den ich zweifellos, wie andere meiner Zeit, hätte dasein können. Zustände, Zufälle, Schicksal spielen da mit. Der merkwürdigste Zufall: daß es 1899 kein geistiges Deutschland gab, zu dem ich hätte hinfinden können. Das böse Schicksal: daß die Überschätzung der medizinischen Autoriät, die Unkenntnis der Naturheillehre mich zur Ruine machten. Ich konnte nicht der Stimme meines Inneren folgen, bei der Wahl meines Lebensweges, sondern wurde durch die Sorge um meine Gesundheit bestimmt. Wenn Du hättest über Deinen gesunden Bubi verfügen können, wenn sonst alles in Ordnung gewesen wäre, so wäre etwas anderes geschehen: Du hättest 1900 zwei Jahre mit mir in Paris studiert oder in Zürich, und ich hätte das erfüllt, was in mir lag (statt zu turnen, segeln, exerzieren, jagen, fechten, Schlittschuh laufen, Couplet singen).«[26]

Freilich ist derlei Zeugnis aus einer Zeit der Niedergeschlagenheit sorgsam abzuwägen. Ganz ohne Widerstreit, ohne ein Verlangen des Sohnes, kann der Entschluß, die Schule ein gutes Jahr – nach der Behauptung der Eltern nicht einmal ein knappes – vor dem Abitur zu beenden, keineswegs zustande gekommen sein.

Was auch immer geschehen sein mag – Hermann Paasche findet einen naheliegenden Ausweg, der offenkundig auch seinem Sohn verlockend erscheint. Was gilt noch mehr in Preußen als eine Professur? Das Offizierspatent. Und es fügt sich glücklich, daß dem engeren Freundeskreis Hermann Paasches ein Mann namens Alfred Tirpitz, Admiral und Staatssekretär des Reichsmarineamtes, angehört.[27] Nebenher: Das freundschaftliche Verhältnis mit dem 1900 geadelten und 1911 zum Großadmiral ernannten Tirpitz kennzeichnet Hermann Paasche ebenso klar, wie der Umstand, daß Tirpitz – es fällt einem angesichts seines Lebenslaufes nur das abgenutzte Wort »erzreaktionär« ein – noch in der Weimarer Republik politisch tätig sein konnte, die Schwäche dieser Republik verrät. Es ist jedenfalls Alfred Tirpitz, der Hermann Paasches Sohn den Weg in die Marine bereitet und mit Gunst über seinen Aufstieg wacht: Hans Paasche wird 1899 Seekadett, bereits 1901 Fähnrich, und im Jahr darauf trägt er angeblich schon eine goldene Tresse unter der Kaiserkrone am Ärmel. Das geht etwas zu schnell, denn Leutnant zur See kann erst werden, wer eine fünfjährige Seefahrtzeit im Verein mit der Fähnrichscharge hinter sich brachte. Wir dürfen einen Irrtum vermuten, eine wohlwollende Wertung der Kadettenschulzeit als Seefahrtzeit, aber auch außergewöhnliche Fähigkeiten. Entscheidender ist, was Paasche fast am Rande seiner Erinnerungen an jene Jahre mitteilt: »Ich ging aber in Unterprima von der Schule weg und wurde Seekadett. Mein Vorgesetzter, ein Sohn des berühmten Moritz von Egidy, lobte meinen Eifer und nannte mich in meinem Zeugnis vielseitig begabt. Das ärgerte meinen späteren Vorgesetzten, und ich bekam es schon auf der Marineschule zu fühlen. Meine Entwicklung wurde dadurch beeinflußt, daß ich aus Freiheitsgefühl von Hause aus ein Gegner der Trinksitte war, nicht rauchte und nur in der Gesellschaft verkehrte. Ich hatte deshalb ohne erheblichen Zuschuß vom Vater immer Geld für Bücher, Musik und Theater. Ich war in Kiel in einer Professorenfamilie und in Wilhelmshaven im Hause des kommandierenden Admirals wie ein Kind der Familie. Herbst 1903 kam ich auf die Militärturnanstalt nach Berlin und wohnte bei meinen Eltern.«[28]

An der Militärturnanstalt wurden damals Offiziere in fünfmonatigen Lehrgängen zu Turn- und Fechtlehrern ausgebildet. Ungleich wichtiger erscheint etwas anderes: Nachdem Paasche im selben Jahr beim Dienst auf S.M.S. »Baden« mit dem Marineoffizier Karl Hinckeldeyn einen Freund und späteren Mitstreiter kennenlernte, dessen vergleichende religionsphilosophische Studien seine Bewunderung hervorgerufen haben dürften, fällt hier der Name Egidy und weist auf einen grundsätzlichen Einfluß. Moritz von Egidy (1847-1898) war sehr lange Zeit Offizier und wurde im deutsch-französischen Krieg 1870/71 für außergewöhnliche Tapferkeit mit dem Eisernen Kreuz ausgezeichnet. Dann jedoch ereilte auch ihn Sankt Georgs Wandlung: Den gläubigen Christen quälte die Verstrickung von Thron und Altar, er klagte die Kirche an, ihren christlichen Auftrag der politischen Macht geopfert zu haben. Seine Schriften und öffentlichen Auftritte fanden großen Zuspruch und führten 1891 zur Gründung der über das Deutsche Reich hinaus bekannten und tätigen Egidy-Bewegung. Egidy – dessen Wirken mit wenigen Sätzen nicht einmal annähernd zu beschreiben ist – stellte zudem in seiner Zeitschrift »Die Versöhnung« Antisemitismus, Unterdrückung der Frauen, Klassenjustiz, Militarismus und deutsche Kolonialpolitik an den Pranger, er unterstützte kraftvoll die Vertreter der Friedensbewegung um Bertha von Suttner und Wilhelm Julius Foerster. Die Bestrebungen des von der Kirchenleitung heftig bekämpften, von der Polizei beständig überwachten und als Umstürzler bezeichneten Mannes führten hin zum Entwurf einer neuen Ethik, die etwa umschrieben wird von der Absicht, »die Gesittung zu fördern, den Gerechtigkeitssinn zu erhöhen, dem Frieden zu dienen, dem guten, wenn auch nicht amtlichen, Genius des Volkes zu huldigen.«[29]

Es kann kein Zufall sein, daß Paasche sich bald allen wesentlichen Bestandteilen solcher Ansichten zuwandte. Gewiß wies Egidys Sohn ihn auf Schriften des Vaters hin, und auch Hinckeldeyn wird ihn bestärkt haben in seiner Suche nach dem, was er »geistiges Deutschland« nannte. Diese Suche begann Hans Paasche freilich auf ganz eigenen Wegen. Er bewegte sich dabei durchaus nicht – der für einen Untersuchungsrichter geschriebene Lebenslauf trügt zuweilen – allein »in der Gesellschaft«, wie es damals mehr abgrenzend als umfassend hieß. Im Gegenteil, die Entsendung an die Militärturnanstalt spricht deutlich für seine Vorurteilslosigkeit, für seine Begabung, in den verschiedensten Kreisen anregend und lehrend zu wirken. Das bedeutet nicht Anpassung: Gerade damals bestand Hans eine tiefgreifende Auseinandersetzung mit dem Vater, der ihn benutzen wollte, um Erzeugnisse der Frankfurter Sektfirma Fromm in die Offizierskasinos an die Küste einzuführen. Hermann Paasches Bemühen, seine wissenschaftliche und politische Geltung gewinnträchtig zu verwerten, regte sich derzeit noch in der Ebene. Der Sohn wurde nunmehr dafür bekannt, daß er selbst bei feierlichsten Anlässen sein Glas nur noch mit Mineralwasser füllte.

Die goldenen Leutnantstressen, die Hans Paasche damals trug, kennzeichneten das Ende einer Jugend. Ein aufgeschlossener, vom Kastengeist unberührter, ritterlicher, aufrichtiger und pädagogisch begabter Mensch, der andere für sich und seine Ideen gewinnen konnte, war da herangewachsen. Sein heiteres, lebhaftes Temperament, das anziehende Äußere, sein mitreißendes, ungezwungenes Lachen hätten ihm gewiß zahlreichere Freundschaften beschert, wenn er nicht unsauberer und zweideutiger Gesinnung schroff begegnet wäre. Schöngeistig war er veranlagt, liebte Musik und Theaterspiel – Paasche nahm auch als Kadett und Fähnrich noch gern an Laienaufführungen teil –, schrieb Gedichte und führte Tagebücher. Ein junger Mann, der körperliche Unzulänglichkeiten mit starkem Willen überwunden hatte und gestärkt, ja als behender Sportsmann, daraus hervorging. Der ein hervorragender Offizier sein wollte:

Es ist unrichtig, daß Hans Paasche schon frühzeitig in unaufhebbare Gegensätze zum Seeoffizierskorps geriet. Magnus Schwantje überlieferte statt dessen, Paasche habe niemals verächtlich von der Mehrzahl seiner Standesgenossen gesprochen. »Er äußerte zwar oft seinen Widerwillen gegen manche Ansichten und Sitten der meisten Offiziere und machte sich manchmal im Kreise von Gesinnungsgenossen einen Spaß daraus, heitere Erlebnisse aus seinem Marineleben zu erzählen und dabei die Sprechweise und die Gesten der Offiziere mit großem Geschick nachzuahmen; aber er lobte auch sehr oft die Tüchtigkeit, den Fleiß und die Tapferkeit seiner ehemaligen Kameraden. Er sagte oft, es sei ein großer Irrtum, zu glauben, daß im Marine-Offizierskorps auch vornehme Gecken und Tagediebe geduldet würden... Er glaube, daß ein junger Mann, der nicht fleißig arbeiten wolle, nicht lange bei der Marine bleiben werde.«[30]

Sein herzliches Verlangen nach Gemeinschaft und Anerkennung wurde allerdings häufig abgewiesen. Weil er »der junge Paasche« war – 1903 stieg der Vater auf zum Zweiten Vizepräsidenten des Reichstages –, weil er tiefere Erlebnisse vorzog und sich ausschloß von gemeinhin geschätzten Vergnügungen. Auch deshalb, weil seine Partnerschaft Zuwendung verlangte, er sprunghaft und grüblerisch in raschem Wechsel sein konnte, zugleich herausfordernd und verletzlich, sehr eigenwillig, bereits begabt – oder gestraft – mit dem guten Gedächtnis und dem klaren Blick, die den reifen Mann einmal erkennen lassen: »Ich habe, wie alle freien Deutschen – dies Wort ist nicht contradictio – keine Jugend gehabt. Knechtsgeist umwehte meine Kindheit; nicht leben sollte ich, nicht lieben, weil die Unfreien und Feigen, diese vorige Generation, den ganzen Haß der Unerlösten als Erziehung auf mein aufblühendes Leben warfen, bis sie in ihrer Teufelei mich gerade für gut hielten, für ihre Narrheiten in den Tod zu gehen. Ich verkörpere deutsches Schicksal ...

'Man könnte erzogene Kinder gebären. Wenn die Eltern erzogen wären!' Für Menschen und Völker wird Schicksal das Maß von Freiheit, in das sie hineingeboren wurden. Deshalb auch: nur was die vor uns Gewesenen für die Freiheit taten, können wir ihnen lohnen ... Wisse, Deutscher, daß du zum Knechtsgeist erzogen bist ... Du weißt noch nicht, wie ein Volk fühlt, das frei ist. Deine Schinder haben dir ein Ideal der Unterwürfigkeit und des Gehorsams hingestellt, und kein Volkslehrer kann in Deutschland zu anderem erziehen als zu diesem. Gehorchen sollst du, irgendwem, der sich Obrigkeit über dich anmaßt: Vater, Mutter, Lehrer, Polizist, Schaffner, sollst alle diese ehren, auch wenn es die unfreiesten, drum verbrecherischsten Menschen sind, die dich von Freundschaft, Liebe, Glück absperren, dir dies Leben zur Qual machen. Blinder Gehorsam dem irgendwie Älteren, an Lebens-, an Dienstalter. Das Verbrechen beginnt bei den Eltern. Typische deutsche Eltern sind das untertänigste, was die Erde je hervorgebracht hat. Der Wille muß gebrochen werden. Wo Unfreiheit das oberste Gesetz ist, da werden Gebote zugleich stupide gehalten und radikal übertreten ... Aus 'Ehre Vater und Mutter' macht Knechtsgeist: Benutze die erste Gelegenheit, völlig unfrei zu sein und sieh göttliche Obrigkeit in denen, die so gütig waren, dich ins Leben passieren zu lassen, gleichgültig ob du dein Leben einer Liebe verdankst oder ob es niedrig stehende Geschöpfe sind, die an deiner Existenz schuld sind ... Aber ehret, ihr artigen Kinder, Eltern, die euch in herzlicher Liebe für alles das, für Schulbank, Kasernenhof und Massengrab zurichten ... So tut das deutsche Volk; die Menschheit aber fühlt: Lieber Analphabeten als Kreaturen, die jede Lüge glauben, wenn sie gedruckt ist! Die Eltern, die Erzieher, der Polizist, der Landesfürst: alle meinen es gut mit dem Kinde, dem Untertan, Sklaven, Rekruten, Stimmvieh. Höret Vereinsreden, schlucket Druckerschwärze, dann kommt ... das raus, was göttliche Obrigkeit braucht. Die Freiheit besteht darin, daß ihr petitionieren dürft – für den Papierkorb.«[31]

Felix Thomas – ein Seeoffizier in Afrika

»Als ich im August des Jahres 1902 als junger Marine-Assistenzarzt nach Wilhelmshaven kam, da hörte ich gleich von einem Leutnant zur See, der in voller Uniform über die hufeisenförmig gedeckte, mit Schüsseln, Tellern und Gläsern überladene große Tafel des Offizierskasinos hinwegsprang und diesen Sprung öfters zum Besten gab. Dieser junge Leutnant war Hans Paasche.«[1]

Das schöne Bild entstammt einer biographischen Skizze des Marinearztes Otto Buchinger. Wer darin Buchingers Porträt, sein von Mensurnarben entstelltes Gesicht sieht und überdies seine Weltanschauung kennt, der wird etwas verwundert hören, daß es das Abbild eines der achtungsvollsten und treuesten Freunde Hans Paasches ist. Für Buchinger, damals immerhin Generalmarinearzt, gab es zum Beispiel 1918 keinerlei Bedenken, als er den politischen Häftling Paasche zweimal im Gefängnis besuchte. Und seiner Schrift »Paasche-Buch«, einem sachlichen Nachruf, sind einige der lebensvollsten Zeugnisse dieser Biographie zu verdanken. Offenkundig, denn das zeigt auch ihr Briefwechsel, verband die beiden mehr als die Mitgliedschaft in der Marine-Guttempler-Vereinigung und in der 1908 von Paasche gegründeten »Vereinigung abstinenter Offiziere der Kaiserlichen Marine«[2]. Wir dürfen wohl Buchingers Menschenkenntnis vertrauen, wenn er im Bemühen, dem ermordeten Freund gerecht zu werden, 1921 schrieb: »Zwei historische Menschen fallen mir ein, wenn ich nach Vergleichen Hans Paasches mit großen Vorbildern suche: Ulrich von Hutten und Bernard Shaw. Der Deutsche, ein wagemutiger, revolutionärer Feuergeist, ein lebendiger Mensch, aber voller Widersprüche und Kanten. Der Ire, ein lebens- und gesellschaftsreformerischer Satiriker, dessen sprühender, bissiger Witz und köstlicher, ausgelassener Humor aus dem Dunkel einer recht rätselschweren, tragischen Seele so stark aufleuchtet und blendet, daß man oft das Dunkel darüber fast vergißt.«[3] Tummelplatz von Teufeln und Engeln, »eine Dämonomachia«, sei Paasches Seele gewesen, und der Leser spürt, wie hier Sehnsucht nach dem Fremden und übernommene Konvention miteinander widerstreiten.

Doch wir sind noch entfernt von jenen Jahren. Hans Paasches Verlangen nach Zuwendung und Anerkennung – die von Buchinger geschilderte Szene erweist, daß er es mehr spielerisch als zweckmäßig vorträgt – gerät 1904 in eine gänzlich andere Umgebung: Der junge Leutnant wird in den Küstenwachdienst vor der Kolonie Deutsch-Ostafrika versetzt. Das im Vergleich mit anderen fortgeschrittenen Staaten Europas zumeist und überall zu spät gekommene Deutsche Reich verfügt ja inzwischen über einige koloniale Besitzungen; es ist die Zeit, in der nicht allein in der Laubenkolonie »Kamerun« am Berliner Stadtrand trunkene Bürger den Adler besingen, der seine Schwingen nunmehr über Südseeinseln und afrikanischen Steppen ausbreitet. Als Alt-Heidelberger Art der Annäherung wird Paasche das einmal karikieren und eine Kolonialpolitik der Lächerlichkeit preisgeben, die mit den Wundern der Tropen und den Bildern nackter Neger im Zeichen alldeutschen Fühlens stand. »Höher stehende Rasse, Herrenmenschen, Kulturpioniere brachten den minderwertigen Farbigen die Segnungen der Zivilisation. Der Wilde bekam das Vorrecht, geprügelt zu werden. Im Stile Alt-Heidelberg nahte sich der Deutsche dem Palmenstrand. Als Korpsstudent, Reserveoffizier. Schlagend, voll Ehrgefühl, bierselig und ohne Kenntnis der Liebe. Aber voll von Wissenskram. Bewundernswert war deshalb auch, was für die Wissenschaft erbeutet, gemessen, gesammelt wurde. Wer aber zählt die Tränen, die das kostete. Den Eingeborenen, den schwarzen, den weißen Frauen; aller Seele, aller Natur.«[4]

Nun sagt uns der Hinweis auf alldeutsches Fühlen heute nichts mehr. Damals bezog er sich auf den 1891 gegründeten Alldeutschen Verband, einen »völkischen Schutz- und Werbeverein«, der für den »Schutz des Deutschtums« in aller Welt und insbesondere für eine aggressive Kolonialpolitik eintrat, die unverhohlen auf einen Krieg mit Großbritannien – wenn nötig, auch mit dem Rest der Welt – zusteuerte. Dabei ging die Führung der Alldeutschen keineswegs bierselig vor; schon ihre verrohte Sprache verrät, wie gefährlich sie war und mit welcher Gier sie sich Großmachtgelüsten hingab: »Den Blick nicht zimperlich, sondern bewußt und entschlossen nach dem Südosten als einer naturgemäßen deutschen Interessensphäre gerichtet! Die Donau zeigt dem Blicke den Weg nach dem Schwarzen Meer, nach der Balkanhalbinsel, nach Kleinasien. Der alte Drang nach Osten soll wieder lebendig werden. Nach Osten und

Südosten müssen wir Ellenbogenraum gewinnen, um der germanischen Rasse diejenigen Lebensbedingungen zu sichern, deren sie zur vollen Entfaltung ihrer Kräfte bedarf. Selbst wenn darüber minderwertige Völklein wie Tschechen, Slowenen und Slowaken ihr für die Zivilisation nutzloses Dasein einbüßen sollten.«[5]

Unschwer zu ermessen, wie der alldeutsche Blick afrikanische Völker sah. Es verwundert lediglich, daß Hermann Paasche nicht dem Vorstand dieses Menschenfresservereins angehörte. Aber wie schon erwähnt, bewegte er sich derzeit noch in den Niederungen: Seit 1901 war er Schatzmeister der »Gesellschaft für soziale Reform«, die einen solchen Namen nie verdiente.

Sein Sohn bereitet sich inzwischen überaus gewissenhaft auf den Einsatz in Afrika vor, liest alle ihm zugängliche Literatur über Menschen, Flora und Fauna Ostafrikas, lernt Kiswahili. Die Sicherheit, mit der er zum Beispiel den Werken Oscar Baumanns, Richard Kandts oder Hermann von Wissmanns den Vorzug gibt und Henry Morton Stanley oder Carl Peters meidet, gründet wohl weniger auf unbestimmtem Unbehagen angesichts der Auftritte sogenannter Herrenmenschen. Vielmehr wird die sachkundige Auswahl sicherlich vom Vater bestimmt, der sich ebenfalls sehr für jenes Gebiet interessiert, doch freilich darauf verzichtet, deshalb gleich eine afrikanische Sprache zu erlernen.

Hans Paasche verläßt Deutschland am Ende der ersten Maiwoche des Jahres 1904 auf dem Dampfer »Main«. Er beginnt die Reise mit großen Erwartungen, begreift sie als Möglichkeit, sich leiblicher und geistiger Freiheit zu nähern. »Die Heimat mit ihrem Wissen, Verarbeiten und Erziehen machte mich hungrig nach der Fremde ... Endlich war es für mich der erste Versuch, frei und selbständig in die Welt zu gehen und die Dinge anzuschauen.«[6] Während die »Main« in Port Said Kohle bunkert und dann ihre Fahrt nach Suez fortsetzt, verläßt Paasche das Schiff, besieht Kairo und El Gizeh. Der Anblick der Pyramiden ist ihm Anlaß, über die Lebensbedingungen der Erbauer nachzusinnen, über die Menschenleben, die es kostete, jene Monumente aufzuhäufen. Anziehende Betrachtungen, doch gleich darauf beweist er, daß »die Heimat mit ihrem Wissen, Verarbeiten und Erziehen« sein Denken noch bannt: »Unter den heutigen Umständen würde sich eine Ausnutzung von Menschen nach dem Muster der alten Machthaber von selbst verbieten. Sind es doch gerade die Leiden der Kulis und der Neger in Zentralafrika gewesen, durch die, wenigstens zum Teil, die Kulturwelt zur Teilnahme an kolonialen Unternehmungen begeistert wurde. Die Ethik der Kulturvölker verbietet eine Ausnutzung der niedriger stehenden Rassen, wenn auch der Neger noch heute so roh und barbarisch ist, daß es ihm nicht zur Unehre gereicht, als Diener des Mächtigeren ausgenutzt zu werden.«[7]

Es wäre unangemessen, so etwas aus größeren Zusammenhängen zu lösen. Paasche ist dreiundzwanzig – ein Alter, in dem man derzeit vielleicht noch an eine »Ethik der Kulturvölker« glauben kann. Was er da sagt, vermelden alle über Afrika schreibenden Autoren, die er zuvor kennenlernte. Und es steht in seinem Buch »Im Morgenlicht«, das nach Tagebuchaufzeichnungen in Eile entstand, in einem Buch, dessen er sich bald schämen und von dem er in einer achtbaren Selbstanklage sagen wird, er habe seine Leser getäuscht. Obgleich »Im Morgenlicht« noch im Jahr des Erscheinens erneut verlegt wird, läßt Hans Paasche weitere Nachauflagen dieser erfolgreichen Veröffentlichung nicht mehr zu – sie erscheint erst wieder fünf Jahre nach seinem Tod.[8]

In Suez wieder an Bord, erreicht Paasche mit der »Main« Colombo, wo ihn der aus Ostasien kommende Kreuzer »Bussard« erwartet, auf dem er ein zweijähriges Kommando als Navigationsoffizier übernimmt.[9] Die Liegezeit im Hafen gibt ihm Gelegenheit zu Ausflügen in die Umgebung, und des Zahlenkarls Erziehung trägt dabei Früchte in der Gestalt zahlreicher Vögel und anderer Tiere, die von Hans geschossen und präpariert werden. Hernach geht es südwestwärts; noch ein kurzer Aufenthalt auf den Seychellen, dann läuft die »Bussard« im Sommer 1904 ein in den Hafen von Dar es Salaam, der Hauptstadt Deutsch-Ostafrikas.

Das Erlebnis, auf das er sich so sorgfältig vorbereitete, überwältigt ihn dennoch. Hans Paasche sieht rußdunkle Passatwolken und das erhellte Meer über Korallenriffen, sieht das Schwarz der Haut und im Auge des Löwen. Er sieht weite, ziegelrote Steppen, begrenzt von blauen Bergen in der Ferne und sattgrüne, wildreiche Ebenen, die so beschaffen sind wie vor der Zeit, in der Menschen auf der Erde erschienen. Er kostet die Süße der Mangofrucht und die Bitternis seiner Vergänglichkeit angesichts einer erhaben schweigenden Wildnis. Er riecht den Duft ferner Holzkohlenfeuer, begegnet den unendlich stolzen Massai, freien Menschen, die von Milch und Blut leben, furchtlos Löwen speeren und sterben, sobald man ihnen Fesseln anlegt. Er trifft die frohsinnigen, geschäftstüchtigen Swahili, die verständigen Watavetabauern, die kunstfertigen Schnitzer der Makonde, erkennt ihre überschaubare, sinnreiche, mit der Natur verbundene Gesellschaft. Und es folgt ihm ihr Lachen, dieses afrikanische Lachen, das aus dem Bauch zu kommen scheint und unbeschwert ist wie der Ruf des Kindes im Märchen vom nackt einhergehenden Kaiser.

Ansicht der Welt wird zur Weltsicht, die Begegnung mit Afrika zur wirklich bestimmenden Kraft in Hans Paasches Leben. Es vollzieht sich, was er einmal »Auswanderung aus dem alten Menschen« nennen wird: der Schritt in eine vermeintlich schrankenlose Freiheit, anziehender für einen jungen Menschen als selbst jene, die er zuvor vom »geistigen Deutschland« erhoffte. Und die Umstände sind wiederum überaus günstig. Paasche ist ein Suchender, seine Vorurteile sind geringer ausgebildet als die der weitaus meisten seiner europäischen Zeitgenossen. Körperliche Geschicklichkeit, schauspielerisches Talent zur Parodie und sarkastischer Humor – allesamt sehr geschätzt von den Menschen, auf die er da zugeht –, erleichtern ihm im Verein mit gediegenen Vorkenntnissen das Zusammentreffen. Überdies wird nicht unerheblich sein, daß Graf Adolf von Götzen, Gouverneur Deutsch-Ostafrikas und Kommandeur der Schutztruppe, ein Jäger und Forscher ist, der Afrika 1893-1894 von Osten nach Westen durchquerte. Von Götzen wird bald aufmerksam auf »den jungen Paasche«, den forschenden, gewandten, Kiswahili sprechenden Jäger, den Marineleutnant, der seinem Kommandanten selbst bei den am Kaisergeburtstag üblichen Gelagen mit Mineralwasser zutrinkt: Der Gouverneur ist Alkoholgegner, seine Expedition führte im Gegensatz zu den Unternehmungen anderer keinerlei alkoholhaltige Getränke mit.[10]

Wenngleich derzeit mancher die Hoffnung hegt, Ostafrika und die angrenzenden Gebiete von Rwanda und Burundi könnten einmal Deutschlands Indien werden, ist Dar es Salaam noch eine eher geruhsame Ansiedlung. Der Bau der Eisenbahnverbindung in das Landesinnere wird erst in drei Jahren begonnen werden, die viel gerühmte Pugustraße führt lediglich eine Tagesreise weit. Schon dicht hinter den aus Korallenkalkblöcken erbauten Regierungsgebäuden, Kirchen, Hospitälern und von kleinen Gärten umgebenen Häusern deutscher Beamter liegen umrahmt von Bananenstauden, Zuckerrohr, Papaya- und Mangobäumen die Shambas, die Anpflanzungen der Eingeborenen und ihre mit Kalk geweißten, mit Naturfarben oder Waschblau angestrichenen Lehmhütten.

Tagsüber findet man die belebteste Szenerie auf den Feldern, an der Simbasitalquelle und auf dem Markt. Abends dagegen sucht jedermann die wohltuende Seebrise an der von Kokospalmen gesäumten Strandstraße. An dieser nach dem Major Johannes benannten Straße wird Hans Paasche oft zu finden sein: den Musikanten und Märchenerzählern lauschend, den Gauklern zusehend, das bunte Bild betrachtend, das die lebhaften, dunkelhäutigen Menschen in traditionellen weißen und schwarzen Gewändern, in buntbedruckten Kattunkleidern oder indischen Saris darbieten. Ebenso gern ist er auf dem Markt, im Gedränge, Gelächter, Gezeter, Gerede und Geschrei der Menge, zwischen den sorgsam aufgeschichteten Häuflein und Hügeln aus Kokosnüssen, Bananen, Lemonen, Mangos, Papayas, Zwiebeln, Bohnen, Maniokknollen, Hirse und Reis, Gewürzen und Kräutern, an den Fischständen, wo metallisch schillernde Makrelen neben blauen Tintenfischen mit blassen Saugnäpfen und Stachelrochen mit scharfkantigen Schwänzen bei salzgrauem, gedörrtem Haifleisch liegen, unter den Korb- und Mattenflechterinnen, den Schneidern, den Kindern, die staubiges Zuckerwerk und fettriefende Backwaren feilbieten. »Der Markt hatte für mich große Anziehungskraft, denn hier konnte ich am leichtesten die Stimmung beobachten, die der Neger empfindet, wenn er in das Volksgedränge kommt, unter die vielen Menschen, die, was sie schnell verdienen, ebenso schnell wieder verzehren, und deren Zufriedenheit beim Anblick der reichlichen Lebensmittel in den Worten zum Ausdruck kommt: ‘killa kitu tayari: es ist alles da’.«[11]

Er bleibt nicht nur Zuschauer. Otto Buchinger, damals Schiffsarzt auf dem Kreuzer »Hertha«, berichtet: »Es war in Dar-es-Salaam, im ‘Hafen des Friedens’, im Jahre 1905 ... Nachmittags hatten wir uns auf Landurlaub getroffen und sahen vereint einer Ngoma zu, dem kreisförmigen Reigentanz der Suaheli-Neger. In der Mitte ein alter Mann, der eine quarrende Flöte spielte, während ein anderer eine Art Pauke bearbeitete.

Der überwältigende Rhythmus dieser seltsamen, wilden Musik zuckte jedem Tanzgewohnten und Tanzbegabten durch alle Glieder. Lange standen wir vor dem tanzenden Ring. Die Sonne war am Untergehen hinter hochstämmigem Palmenwald. Einige Offiziere, Fähnriche, Beamte, Kaufleute waren hinzugetreten und sahen sich die grotesken Körperverrenkungen und ruckweisen Schritte und Sprünge der unermüdlichen Eingeborenen an. Plötzlich, mit einem charakteristischen Ruck, warf Paasche Tropenhut und Uniformjacke seinem Nebenmann in den Arm, sprang in den Kreis und tanzte die Ngoma mit, aber so naturecht, so überwältigend ernst-komisch, daß sowohl weiße wie schwarze Zuschauer die reine Lach-Ngoma tanzten und alte Afrikaner versicherten, da fehle aber auch kein Zug an der 'Echtheit'. Bezeichnend war übrigens, daß der tanzende Kreis der Schwarzen durch den weißen Mittänzer durchaus nicht etwa gestört wurde, sondern ganz unbefangen weiter tanzte. Er war ein echter Künstler, ein Genie im Einfühlen in die Seele, den Rhythmus, die Haltung, das 'Drum und Dran' primitiver Menschen ...

Wie oft noch machte ich mir später die Freude, wenn lustige Stimmung die Forderung stellte nach irgendeiner Entladung und Ausspannung, Hans Paasche aufzufordern, die Suaheli-Ngoma zu tanzen. Er tat es jedesmal gerne, und immer mit der ihm eigenen sachlichen Virtuosität und seiner vorzüglichen Anpassung an Art und Weise fremder Völker und einfacher Menschen. Daß er damals ... von den beiden deutschen Kriegsschiffen der einzige Offizier war, der das Kisuaheli sprach, war recht bezeichnend für den Ernst, den Fleiß und die glänzende Begabung des 'verrückten Paasche'.«[12]

Ein vielsagender Beiname, der Hans Paasche da von seinen Standesgenossen gegeben wird. Natürlich – es ist eine andere Zeit – sehen sie bestenfalls befremdet zu, wenn ein Leutnant der Kaiserlichen Marine Ngoma tanzt oder von Palmsaftzapfern erlernt, wie man auf eine Palme klettert, ohne sie mit den Schenkeln zu umklammern. Auch so ein Kunststück, das Paasche als einziger Weißer in der Kolonie beherrscht und ebenso gern vorführt wie seine Fertigkeiten im Springen oder Schießen: An der gesamten Küste nennen ihn die Afrikaner nur »Mbana mit der sicheren Büchse«; schwärmerisch wird weithin erzählt, wie er mit kaum begreiflicher Zielsicherheit in die Luft geschleuderte Steine zerschießt.[13] Und was soll man wohl von einem Navigationsoffizier halten, der jede freie Stunde an Land verbringt, auch den kürzesten Aufenthalt zu Ausflügen nutzt? Der dann immer wieder nachts mit einem der Beiboote an Bord geholt werden muß – vom Strand, von dem er mit einem brennenden Palmwedel herüberwinkt? Schwerlich zu verlangen, daß jemand Schönheit und Sinngehalt dieses Bildes erfaßt oder daß irgendwer die Ausgelassenheit eines jungen Mannes teilt oder versteht, der nachts durch die Straßen von Dar es Salaam zieht und den Bürgerschlaf durch »deutsche Gassenhauer und fremdwilde Suaheli-Gesänge« stört.[14]

Nun, das ist wahrhaftig nicht verrückt, doch ein eigenwilliges, unruhiges, seltsames Leben führt Paasche schon: Wenn die übrigen zum Frühstück in der Offiziersmesse erscheinen, hat er bereits eine Stunde lang Sport getrieben, nach der Wache bricht er auf zu Segelfahrten mit einheimischen Fischern, fängt Fische für das Seewasseraquarium in Dar es Salaam, sammelt, bestimmt und präpariert Seeschnecken, Schmetterlinge, Käfer, jagt im Hinterland Löwen, Antilopen, Krokodile, Warzenschweine, Perlhühner, läßt sich von einheimischen Fährtensuchern und von einem in der Hauptstadt tätigen Fotografen unterrichten – bald entwickelt und kopiert er selbst –, führt Tagebuch, verbringt viel Zeit an den Lagerfeuern der Tracker, Skinner und anderen Begleiter seiner Jagden.

Über all dem verliert Paasche nicht den wachen Blick für Details, das Besinnliche, spürt er der großen Vergangenheit des Landes nach – so auf der Insel Kilwa, jetzt schäbige Ansiedlung, früher Stadtstaat mit Palästen und mehr als hundert Moscheen –, sieht er die bedrohliche Verminderung des Wildes, an der er erheblich mitwirkt und vermerkt grüblerisch, daß sich an den Riffen von Makatumbi, die er oft aufsucht, um zu fischen oder Austern zu holen, vor Jahren noch Flußpferde tummelten. Jeder geschossene Löwe, teilt er mit, trage bei zur Vermehrung der Warzenschweine, die zu einer Landplage geworden sind, vermag aber selbst der erregenden Jagd auf Großkatzen nicht zu widerstehen.

In der 1917 gegen ihn geführten Untersuchung wird Paasche angeben, er habe über jene Zeit ein Buch mit dem Titel »Felix Thomas, ein Seeoffizier in Afrika« schreiben wollen. Der Name ist Metapher für ihn selbst: Felix, der Glückliche und Thomas, der Zwiefache, der Zwiespältige, der Zweifler des Neuen Testamentes.

Er kommt als Felix und wird als Thomas fortgehen. Im Hinblick auf den anderen Namen, den »verrückten Paasche«, darf vermutet werden, daß er nicht nur Mißbilligung widerspiegelt. Schließlich ist man einem Verrückten auch dankbar, weil sein Dasein die selbst auferlegte Enge des Betrachters zu rechtfertigen scheint; er bietet zudem unverbindlichen Gesprächsstoff. Hans Paasche wird rasch zur Legende, zum Gegenstand der Schwärmerei für Schwarze und Weiße. Hinweise darauf finden sich reichlich in den Rezensionen von »Im Morgenlicht«, zum Beispiel in dieser: »'Wissen Sie nicht, wann eigentlich das Buch des jungen Paasche rauskommt?', fragte mich der einäugige Deck, der nomadisierende Löwen- und Elefantenjäger, als wir im Sommer des vorigen Jahres auf der Bacasa des Hotels zum deutschen Kaiser in Tanga beieinander saßen. 'Sehen Sie, ich lasse mir weiß Gott nicht leicht imponieren. Aber so etwas von Tollkühnheit, ja geradezu von Frechheit habe ich noch nicht gesehen. Schleicht sich an Großwild an auf drei, vier Meter, knipst es ab und greift erst zum Gewehr, wenn das Vieh infolge des Geräusches sich gewissermaßen sprachlos nach ihm umwendet ... Das ist schließlich doch etwas ganz anderes als die in der Grube oder in der Falle photographierten Raritäten anderer. Und vor allen Dingen: es ist ein absolut weidgerechter Jäger, keiner, der faule Sachen macht, keiner, der die Tränken vergiftet, um Trophäen zu haben, dann hinterher aber in Uleia (Europa) über die Schlechtigkeit der anderen jammert und sich als den echten Weidmann aufspielt. Ich weiß Bescheid! Sie würden erstaunen, wenn ich Ihnen die Naturgeschichte der lautesten weidmännischen Sittenrichter daheim zum besten geben wollte! Aber der junge Paasche ist aus ganz anderem Holze geschnitzt. Ich bin mit ihm herumgezogen und weiß, was an dem Jungen ist.'«[15]

Paasches Tollkühnheit zeigt da freilich längst Anzeichen des Zwiespaltes, in den er gerät. Aber das vermag schwerlich zu erkennen, wer von der Terrasse des Hotels zum deutschen Kaiser auf eine besonnte Welt blickt, ein kühles Glas Whisky in der Hand. Wie steht es eigentlich um Hans Paasches Widerwillen gegen Alkohol und sogenannte Genußgifte? Wie wir hören, bekundet er ihn weiterhin öffentlich und zuweilen schroff, sobald dergleichen in unmäßiger Form gebraucht wird. Doch Paasche wird kein starrsinniger Eiferer. So bleibt für die Freundschaft der beiden belanglos, daß Buchinger raucht, und »Im

Morgenlicht« verrät, daß der Autor manchmal geruhsame Stunden bei Sekt, Rotwein oder gar Whisky zu schätzen weiß. Wirklich verächtlich erscheint ihm allein der Rausch, der uneinsichtig, grob, empfindungslos werden läßt. Er wehrt sich gegen den Zwang, bestimmte Gelegenheiten im Beisein Angetrunkener verbringen zu müssen, ist jedoch noch entfernt von der Ansicht, Genußgifte wären dafür verantwortlich, wenn Menschen gesellschaftlichen Mißständen teilnahmslos zusähen.

Rauschhaft auch der Ablauf des Dienstes, der viel Zeit und Tätigkeit fordert. Die »Bussard« läuft Tanga, Pangani, Sadani, Sansibar, Kilwa und Mafia an. Paasche muß vielfältige Pflichten während der Seewache erfüllen, Empfänge besuchen, selbst Gastgeber sein und findet dennoch genügend Muße für seine Neigungen, stumpft nicht ab – im Gegenteil, sein Naturempfinden erscheint verstärkt, verrät vielleicht eine Abkehr von dem, was ihn alltäglich umgibt. Zum Beispiel ist da ein Sonnenuntergang, aufgezeichnet während einer Seefahrt nach Süden und weitaus kräftiger skizziert als das Morgenlicht, das seinem Buch den Titel gab: »Es war ein prachtvoller Abend. Vom Westen kam goldenes Licht der untergehenden Sonne. Das Land darunter war nur am Dunst zu vermuten. Der Himmel sah kalt aus, weil das Auge in dem unendlichen Blau vergeblich nach Gebilden suchte, die das wärmende Licht auffingen; nur im Osten stand tief eine massige Wolke; das Abendlicht färbte sie rosig rot, und die einzelnen Kuppen warfen dunkle Schatten ... Roter Widerschein spiegelte sich in dem glatten Wasser. Von unten herauf hoben sich die Schleier des Abends, Vorboten der Nacht, und erklommen die Gipfel des vergänglichen Gebirges, bis es mit erstarrten Zügen dalag.

Jetzt schwand auch im Westen das Gold. Aus der Tiefe des Meeres schien hier die Nacht heraufzukommen. Sattes Blau, das kühnste Violett mit Rot und Gelb gemischt, breitete sich aus, und dicht an der Schiffswand zeichnete die Bewegung der Wellen blitzende Linien in die schwarze Flut.«[16]

Das wird geschrieben auf der Fahrt zur Rufijimündung. Hans Paasche wird sich länger als ein halbes Jahr an den Ufern dieses Flusses aufhalten, der ihm zunächst das Bild seines vielarmigen Deltas darbietet: In dem von gefiederten Wedeln wilder Dattelpalmen überragten Mangrovengürtel hausen Tausende blauer Nacht- und strahlendweißer Edelreiher, Flußpferde erheben prustend die Köpfe aus dem Wasser, Strandläufer suchen emsig nach Nahrung. Auf den Stelzwurzeln der Mangroven sieht man Muscheln und Krabben. Neben dem Mangrovenholz, das wegen seiner Beständigkeit schon seit Jahrhunderten nach Südarabien ausgeführt wird, bildet der schlammüberspülte Akkerboden am Fluß den Reichtum des Landstriches. Dort gedeihen üppig Reis, Bananen und Mais, aber auch Erdnüsse und Zuckerrohr.

Über den tiefsten der acht Hauptarme ist der Rufiji bis hin zu den Panganifällen, also über einen Stromlauf von etwa 240 Kilometern, für Schiffe mit geringem Tiefgang befahrbar, doch ein Ziel für weiße Kolonisatoren war das nie. Denn die Regenzeit dauert hier fünf Monate, der Haupthafen Mohoro wird durch eine Barre vom Meer getrennt, und die feuchtheiße Luft, die zahlreichen Tümpel und Sümpfe sind Brutstätten aller Fieber Afrikas. Südwärts vom Fluß, im Umkreis der Kichi- und Matumbiberge, ist das Klima etwas angenehmer, wenngleich kaum weniger feucht, aber diese Gegend bleibt Paasche und seinen Begleitern verschlossen: Von Matumbi her entflammt im Juli 1905 der Maji-Maji-Aufstand die Kolonie und wird trotz der Überlegenheit deutscher Waffen erst im Januar 1907 erstickt werden.

Vorbei ist die Zeit der unbeschwerten Jagdstreifzüge, der Tänze, des trügerischen Friedens. Gouverneur von Götzen erinnert sich der ungewöhnlichen Fähigkeiten eines Marineleutnants. Hans Paasche wird nunmehr – das entspricht seinem Rang in der Marine – Oberleutnant der Schutztruppe. Mit dem Wechsel der Uniform fallen ihm auch neue Aufgaben zu: die Rebellen schlagen, wo immer das möglich erscheint, die Ernte an ihren Nachschubwegen vernichten, vor allem um jeden Preis verhindern, daß der Aufstand auf das Nordufer des Rufijis übergreift.

Als Paasche mit solchem Auftrag Mohoro verläßt, befehligt er elf Matrosen und dreißig Askari – Angehörige einheimischer Truppen in deutschem Sold. Das klingt verwegen, ist es wohl auch und findet seine Entsprechung in der Zuversicht der Aufständischen, deren Rufe »Maji, maji!« (Wasser, Wasser!) der Erhebung ihren Namen geben: Sie tragen geweihte Mixturen aus Wasser, Mais und Hirse bei sich, von denen daheim gebliebene Medizinmänner vermeinen, sie schützten vor Kugeln. Beide Seiten werden erkennen müssen, daß Mut eine für die Kriegführung recht belanglose Eigenschaft ist.

Aus »Im Morgenlicht« ist ablesbar, mit welchen Vorstellungen und Bestrebungen Hans Paasche in die Auseinandersetzung ging. Da mischten sich Pfadfindergeist mit Ritterlichkeit, Pflichtbewußtsein mit Zweifeln an der Rechtmäßigkeit und am Sinn des Krieges. Obgleich Hermann Paasche und dessen Privatsekretär an der Gestaltung seines Buches beteiligt waren, klangen darin schon Bedenken an, die man in anderen Darstellungen jener Ereignisse vermißt. So benannte Hans Paasche zum Beispiel eine der schwerwiegendsten Ursachen des Konfliktes, während die Kolonialbehörden noch glaubten oder glauben wollten, der Aufstand habe einen religiösen Hintergrund[17]: Den Afrikanern war der Anbau von Baumwolle aufgezwungen worden, man hatte ihnen Saatgut geliefert, ohne sie hinreichend in der Hege der in diesem Landstrich unbekannten Pflanze zu unterrichten, verlangte Abgaben und Verzicht auf vertraute Feldfrüchte.[18] Paasche sah solche Baumwollpflanzungen – nahezu ertragslos, mit viel zu dicht stehenden Setzlingen –, auf denen die Saat einer bedenkenlosen, herrischen Verwaltung reifte. Und natürlich war da mehr: das bedrückende Kopf-, Pombe- und Hüttensteuersystem, vielfältige Formen der Zwangsarbeit, Prügelstrafen, vielleicht auch Kunde von den Aufständen in Deutsch-Südwestafrika und Angola.

Hans Paasche vermag zu sehen, aber er will noch immer ein guter Offizier sein, fühlt sich den ihm anvertrauten Männern verpflichtet, ist zunächst nicht imstande, den Gegner völlig vorbehaltlos zu beurteilen: »Nein! Keinem dieser Helden kann man es übelnehmen, wenn sie sich auf die Waffen besinnen und der Instinkt sie irreführt in dem Glauben, daß ihr gemeinsamer Kampf unbequeme Zustände heben könnte.

Also sei das unser Grundsatz: Schützen müssen wir uns, gleichgültig, ob durch Blutvergießen oder wie – wenn wir Herren bleiben wollen, wo wir doch nur das Recht des Stärkeren haben und das Vorrecht des Kulturmenschen, der mehr braucht als das Naturkind (nicht immer auch geben kann und darf), aber Blutvergießen und Rachekrieg nur, soweit es die eigene Sicherheit fordert.

Wer wird sein Pferd, das für ihn Arbeit tut, erschießen, weil es schlägt? War nicht vielleicht der Strang zu kurz, und die Peitsche sollte helfen?«[19]

Man liest so etwas heute mit Unbehagen – auch wenn es dem Zorn über einen »rohen, unebenbürtigen Gegner« entsprang, der ihm sogleich im ersten Gefecht bei Utete einen seiner wenigen Männer nahm. Paasche ließ sich da sogar hinreißen, den Befehl zur Erschießung von Gefangenen zu geben, weil er sie nicht zum nächsten Stützpunkt bringen lassen konnte. Er tat das nie wieder, obwohl es in diesem Krieg zur Regel wurde. Und dennoch: Hans Paasches Anschauungen standen schon am Beginn des Konfliktes im Gegensatz zur gemeinhin verfolgten Strategie. Sein im Militärarchiv Freiburg aufbewahrtes Kriegstagebuch zeigt den am 11. September 1905 zum Militärischen Befehlshaber am Rufiji ernannten und der Schutztruppe unterstellten Oberleutnant als Offizier, dem Gewalt nur das letzte Mittel war, friedfertige Afrikaner dem Einfluß der Aufständischen zu entziehen. Sobald sein Ziel – ein Frieden, der keineswegs allein auf dem Recht des Stärkeren gründete – erreicht wurde, erschienen Meldungen, die seinen Vorgesetzten überaus befremdlich erscheinen mußten: »Die Aufständischen haben sich zerstreut und wollen Frieden.«[20] Denn ringsum tobte der Rachekrieg, vor dem Hans Paasche im Zitat warnte, wurde erbarmungslos auf jeden geschossen, den nicht die Uniform der Schutztruppe schützte. Der gewöhnliche Ton in den Kriegstagebüchern war deshalb ein gänzlich anderer – etwa der des Bezirksamtsmannes Keudel in Mohoro an Paasche: »Habe vorgestern hier drei weitere Kerls gehängt.«[21]

Allerdings läßt die Schilderung »Im Morgenlicht« nur selten erkennen, was der Autor während der Kämpfe empfand. Zwar bedrängte ihn die Frage, wer ihm das Recht gebe, auf Menschen zu schießen, zwar peinigte ihn der Anblick verwüsteter Siedlungen ebenso wie der Entschluß, die Gefangenen töten zu lassen, und er versuchte sich zu rechtfertigen, der Krieg sei »nur eine verschärfte Strafausübung und sollte möglichst schnell zum wirklichen Frieden führen«.[22] Das alles ist dort nachlesbar und in jener Zeit überaus bemerkenswert, aber was wirklich geschah, beschrieb er erst ein Dutzend Jahre danach.

»Was ich im Jahre 1905 erlebte, war dies: Neger lehnten sich gegen die Bedrückung auf, bewaffneten sich und bedrohten die Weißen und ihre Helfer. Ich war damals Offizier auf einem Kriegsschiff an der ostafrikanischen Küste, und weil ich die Sprache jener Neger sprach und auf Jagdausflügen gezeigt hatte, daß ich mich im Lande zu bewegen verstand, wurde ich ausersehen, mit einer Matrosentruppe eine bedrohte Landschaft im Innern zu schützen. Das war eine einzig dastehende Gelegenheit, die Schwächen und Täuschungen kennen zu lernen, die dem Krieg anhaften. Ein schriftlicher Befehl sagte mir, ich solle einen Ort verschanzen und verteidigen und diesen Ort nicht verlassen. Es erwies sich aber als notwendig, daß ich schnell in das Innere des Landes vorstieß, um Aufständische zu bedrohen und friedliche Neger zu beschützen. Als es dabei zu Zusammenstößen kam, meldete ich Unschuldiger nichts von Gefechten oder Heldentaten, bis zu meiner Überraschung ein Telegramm kam, in dem mir sehr dringend nahegelegt wurde, von Gefechten zu melden. Man wollte also solche Dinge. Ich weiß nicht, ob ich eine Ausnahme bin, aber der Gedanke ist mir nie gekommen, daß Gefechte mir Orden und Ehren bringen würden und daß es für mich besser sei, wenn ich die Neger zu bewaffnetem Widerstand zwänge, anstatt sie durch Güte zu gewinnen. Im Gegenteil, ich fürchtete feindliche Gesten hervorzurufen, wo Neigung zum Frieden war. Aber ich sah deutlich, wie der Ehrgeiz andere trieb, Zusammenstöße zu suchen und hervorzurufen. Auf einem Marsch von mehreren Tagen in das Innere kam es zu solchen Zusammenstößen mit Negern, die wirklichen Widerstand boten. Aber nicht immer war es sicher, ob Freund oder Feind erschossen wurde, und einmal sagte mir in einem Maisfeld ein Sterbender, er und die Toten neben ihm seien fälschlich für Feinde angesehen worden. Das war schrecklich und kennzeichnet den Krieg. Nie werde ich die zerschossenen Menschen in der Sonnenglut zwischen den Pflanzen vergessen. Es ist so unsinnig, Menschen zu erschießen und zu erschlagen, ganz unsinnig aber, wenn es sich, wie immer am Ende des Krieges, herausstellt, daß nicht einmal das eine sicher war: Es war dein Feind, den du tötetest! Oft töten die Krieger aus Angst um ihr eigenes Leben, um sicher zu gehen, und das ist ihnen gar nicht mal zu verdenken; sie sehen Hinterhalt, sie fürchten Grausamkeit des Feindes, sie neigen dazu, sich selbst durch Abschreckung zu schützen, und Abschreckung wiederum ist ein Wahn.

Eines Tages wurden wir aus dem Hinterhalt beschossen und hatten Tote. Da war nur eine Stimme: Die Gefangenen von diesem Tage müssen erschossen werden. Sofort muß das geschehen, wenn wir hier hinauskommen wollen, Schwäche würde uns und das ganze Land gefährden, und es ist so Brauch. Allen leuchtete es ein, daß es recht sei, die Gefangenen zu morden. Es gab keine Grenze zwischen Notwehr und Mord. So ist die Seelenverfassung von uns schwachen Menschen im Kriege. Scharfmacherei, Mordlust, Mitleidlosigkeit, Gereiztheit regieren.«[23]

Daß solche Haltung nicht erst Ergebnis späterer Entwicklung war, bewiesen Paasches Taten nach der Rückkehr aus Afrika.

Ein quälender Zwiespalt: Er will an seine Mission glauben, kühn und ritterlich sein, unabhängig handeln. Paasche geht gänzlich ungewöhnlich vor, trägt keine Rangabzeichen, befiehlt seinen Untergebenen, die hellen Uniformen mit Erdfarben einzufärben, verzichtet auf militärisches Gehabe, zumal bald ein Sanitätssoldat der einzige Weiße an seiner Seite ist. Pfadfinderromantik? Da geschieht wohl mehr. Weit von der dumpfen Kameraderie des Zusammenlebens mit deutschen Soldaten und Offizieren entfernt, gewinnt er endgültig ein achtungsvolles Verhältnis zu Afrikanern. »Solange sie ihre Gaben selbstlos in den Dienst des weißen Halbgottes stellten, fand der kaum ein Wort der Anerkennung. Sie führten ihn durch die Wildnis, machten ihn zum Entdecker großer Länder, sie bauten seine Eisenbahnen, lenkten seine Maschinen; der weiße Mann wollte nicht sehen, daß auch unter schwarzer Haut bewundernswerte Gaben lebten. Erst als die Schwarzen ihre Gaben gegen den Weißen benutzten, wurde er sehend. Schwer mußte er nun seinen Dünkel büßen. Beschämt mußte er eingestehen, daß es doch Fähigkeiten gab, in denen ihm der Neger überlegen war.«[24]

Offenbar war es unmöglich, zu argumentieren, ohne zweckmäßige Belange hervorzuheben.

Wiederum wirken Kräfte, auf die Hans Paasche unzulänglich vorbereitet ist, denen er allein mit schöpferischem Zweifel, mit dem humanistischen Gedankengut begegnen kann, das Bücher ihm vermittelt haben. Und die Versuchung, sich auszuzeichnen, sich nicht mehr zu verweigern, wird groß: »Am Ufer des Rufiji erlebte ich, vierundzwanzigjährig, etwas Ungeheures. Ich war Herr über Provinzen, war selbständiger Feldherr. Die Überlegungen und Entschlüsse, die in meinem Kopfe vor sich gingen, waren in ihrer Art dieselben, die Julius Caesar in Gallien, Xenophon in Kleinasien machten.« Noch einmal liest er den »Gallischen Krieg«, entdeckt, daß Gehorsam, Pflicht, Verantwortung keine unwandelbaren Grundsätze und zu messen sind an den Erfahrungen der Menschheit seither. »Anders also spricht ein Buch, wenn es ein militaristischer Lehrer, anders, wenn die Wildnis es uns vorliest. Der Reserveoffizier auf dem Katheder las die Gefechtsberichte Caesars so, als ob sich seit der Ausbildung der Zehnten Legion bis zu Hegel, Treitschke und Old Shatterhand nichts in der abendländischen Welt ereignet hätte ... Da war Schopenhauer, war Dostojewski, war Lincoln, im Lande einer neuen Freiheit. Am Rufiji, wo der Behemoth, das Flußpferd, brüllt wie zu Hiobs Zeiten im Jordan, wo Leviathan, das Krokodil, dem Fluß entsteigt und seine Spuren nachts um die Hütten drückt, fiel ein neues Licht auf Vercingetorix und die Nervier.«[25]

Nichts ist mehr klar, übersichtlich wie im Sedanpanorama: Hie der Feind mit Schirmmütze, da der Freund mit schimmerndem Helm. Piff, paff! Eine Figur fällt, und der großmütige Sieger sieht zu, wie sie hinweggetragen wird. Am Rufiji sterben Menschen, keine Zinnfiguren. Sie röcheln unter Kolbenhieben, wälzen sich schreiend mit zerschossenen Gliedmaßen, hervorquellenden Därmen. Nichts ist klar: Unter den Askari sind Warufiji, Leute vom Fluß, die gegen ihre Stammesgenossen kämpfen. Auch die im Lande lebenden Araber trifft man auf beiden Seiten der Fronten an. Mehr verworren als überlegt erscheinen die Triebkräfte aller Beteiligten – auch die des Militärischen Befehlshabers am Rufiji. Es ist das Chaos, von dem Hans Paasche einmal sagen wird, es lauere hinter jeder durch Gewalt gesicherten Ordnung. Doch er begreift allmählich, und ist damit einer unter ganz wenigen, daß ein Krieg vielleicht und unter großen Opfern Entwicklungen hinauszögern mag, im Grunde genommen aber nichts löst.

Einmal noch sucht Paasche die Entscheidung. Nach dem ersten Gefecht hatte er gemeinsam mit Bezirksamtmann Keudel die sogenannte Feuertaufe gefeiert: mit jenem hängefreudigen, bedauernswerten Menschen, der in der Kolonie wegen reichlich befohlener Prügelstrafen, für die Keudel nur ein Maß kannte, »Herr Fünfziger« genannt wird. Ein anderes und weitaus bedeutenderes Zusammentreffen dagegen stimmt Paasche schon nicht mehr stolz. »Im Morgenlicht«, das der Untertitel ja auch als Kriegsbericht ausweist, wird dieses Ereignis späterhin auf lediglich drei Seiten schildern.

Das Vorhaben, den Rebellen eine Schlacht aufzuzwingen, obwohl Paasches Einheit zunächst nur die Siedlung Mohoro verteidigen sollte, begründet er so: »Bei den fortwährenden Übergriffen der Aufständigen, die alle nicht zu ihnen übertretenden Leute ausplünderten und töteten, standen die Schwarzen an der Peripherie des Aufstandsgebietes alle vor dem Entschluß, sich dem Aufstand anzuschließen, um ihr Eigentum und die gerade hereingebrachte Ernte zu retten, wenn sie nicht Vertrauen auf den Schutz der Europäer bekommen konnten.«[26] Einen Tag vor dem Gefecht läßt er an seine sicherlich zumindest besorgt auf diesen Alleingang blickenden Vorgesetzten telegrafieren: »Ich muß mich jetzt als denjenigen ansehen, der hier der nächste ist, großes Unglück zu verhüten, deshalb gehe ich so vor.«[27]

Am 21. August 1905 tritt er an der Brücke bei Kipo nahe Kooni einem Verband von mehreren hundert Aufständischen gegenüber, die den Rufiji überqueren wollen. Alles geschieht sehr schnell. Es sind Männer aus Matumbi und Kichi, die in langer Reihe daherkommen. Auf den dunklen Stirnen leuchtet weißer Kopfputz aus Baummark; blaue Hüfttücher, Patronentaschen und die geschulterten langen Vorderlader geben »der Masse ein uniformiertes, kriegerisches Aussehen«. Paasches Bild des Feindes scheint noch klar gezeichnet, sein verwegenes Vorgehen spornt die Untergebenen an. Glück kommt hinzu: »Daß ich sie an einem für ein Gefecht mir so außerordentlich günstigen Platze traf, ist reiner Zufall gewesen. Ich habe das Norduferspäter noch genauer kennengelernt; auf dem ganzen Wege von der Stelle, an der die Aufständigen über den Fluß gesetzt waren, bis nach meinem Ausgangspunkt Kooni hin ist nicht ein Platz, der annähernd den erreichten Erfolg ermöglicht hätte«.[28]

Die Gegner, die über etwa dreihundert Vorderlader, ansonsten nur über Pfeile und Bogen verfügen, sind völlig überrascht. Hans Paasche, sechs deutsche Soldaten und die Askaritruppe feuern aus hohem Gras und Büschen heraus mit modernen Infanteriegewehren, deren Ladestreifen sechs Patronen fassen, und so währt das Gemetzel nicht lange. Am Ende sind mehr als siebzig Aufständische tot, viele weitere ertrinken hernach während der Flucht im Fluß. Paasche verliert nicht einen von sechsunddreißig Begleitern.

Der Sieg bei Kipo verhinderte in der Tat zunächst, daß der Aufstand auf den Norden der Kolonie übergriff und hätte vielleicht zu den von Hans Paasche angestrebten Wirkungen führen können. Am 22. August 1905 meldete er – seinen Vorsätzen getreu –, daß die Aufständischen zerstreut, zum Frieden bereit seien, erbat Anweisungen für Verhandlungen mit den

Geschlagenen. Die erhielt er freilich nie; er bekam statt dessen den Königlichen Kronenorden mit Schwertern.[29]

Die Frage, weshalb er nicht auch befördert wurde, drängt sich auf. Genau genommen, endete sogar seine militärische Laufbahn, denn bald übernahm ein anderer Offizier den Oberbefehl in jenem Gebiet. Paasche trat am 10. Februar 1906 wieder das Kommando auf der »Bussard« an. Dem Leser seines Kriegstagebuches löst sich das Rätsel bald. Da waren so viele unmilitärische Gedanken, daß schon die Übermittler seiner Telegramme eingriffen und die Texte »schneidiger« formulierten, da wurden eigene Versäumnisse rückhaltlos bekannt, den Vorgesetzten Ratschläge über Land und Leute erteilt, während die beigefügten »Schreiben Farbiger an mich in Übersetzung« auf Bindungen hinwiesen, die schwerlich gebilligt werden konnten. Kurzum, sofern dergleichen den über Paasche stehenden Militärs nicht einfältig erschien, muß sie die Selbständigkeit gestört haben, die ebenso daraus spricht. Bedenklich auch der beharrlich vorgebrachte Hinweis, der Erfolg bei Kipo beruhe lediglich auf einem »günstigen Zufall«[30]. Schließlich verlangte man von einem Offizier vielerlei Dinge, aber eine beständig kritische Sicht auf Vorgänge und Leistungen gehörte wohl kaum dazu.

Daneben bewirkten andere Vorbehalte, daß Paasche abberufen wurde. »Die Neger waren eingeschüchtert; vielleicht hätte der Krieg jetzt zu Ende sein können, wenigstens dachte ich, ich könnte durch den Waffenerfolg den Frieden weit ins Land hinein sichern, da rief mich der Befehl eines älteren Offiziers zu einer Besprechung zurück. Der Brief begann: 'Ich habe den Oberbefehl im Aufstandsgebiet übernommen...' Was barg sich hinter diesem Satz? Ich merkte es bald: die Besorgnis, es könnten weitere Erfolge auf meinen und meiner Truppe Namen gehen. Zwei Offiziere redeten auf mich ein und brachten mich dazu, ihnen zu einem Vormarsch alle gesunden Soldaten zu überlassen. Als ich gar nicht einsehen wollte, was das bedeutete, gestanden sie schließlich: 'Nehmen Sie doch Vernunft an, Sie haben Ihre Gefechte und Ihren Schwerterorden weg, jetzt wollen wir sehen, ob wir noch ein Gefecht haben können, bevor die Geschichte zu Ende geht.' Das erscheint fast unglaublich! ... Der Krieger, dem Ordenszeichen winken, sucht Gefechte und bedauert, wenn ein Volk sanftmütig ist und sich nicht zur Wehr setzt.«[31]

Die »Geschichte«, von der da die Rede war und die sobald nicht enden sollte, forderte dann durch Kampfhandlungen, Hinrichtungen, Hunger und Krankheiten nach den offiziellen deutschen Berichten fünfundsiebzigtausend Opfer auf afrikanischer Seite – dem stehen Schätzungen von Historikern gegenüber, die von hundert- bis hundertzwanzigtausend Toten sprechen.

Hans Paasche bleibt auch der Anblick einer anderen Fratze des Krieges nicht erspart. Wegen seines Ranges und seiner Sprachkenntnisse wird er verpflichtet, an einem Kriegsgericht und an der Hinrichtung der Verurteilten teilzunehmen. Das Erlebnis bewegt ihn zutiefst. Er schildert seine Gefühle zunächst verhalten: »Hier, wo man den Gefangenen nicht mehr ansehen konnte, was sie verbrochen hatten, wurde mir das recht schwer. Es schien ein großer Unterschied zu sein zwischen diesen elenden Gefesselten, die von den Askari aus dem Untersuchungsgefängnis gebracht wurden, und den trotzigen Kriegern bei Utete, die auf uns geschossen hatten. Notwehr und Krieg das eine; Justiz das andere.«[32] Doch die Erinnerung daran quält ihn noch zwölf Jahre danach, als er endlich unumwunden berichten kann: »Die Unglücklichen wurden als Urheber des Aufstandes bezeichnet. Sie bestritten ihre Schuld. Aber sie waren in Ketten, und Askari mit scharf geladenen Gewehren führten sie über die Straßen und sprachen grob zu ihnen, und wir waren in Gefahr, von Aufständischen überfallen zu werden. So stand es fest: das waren Verbrecher, das waren Schuldige. Und man mußte sich das einprägen, diese ängstlichen, finsteren Gesichter: so sehen Verbrecher aus, die in solcher Zeit nur einen Lohn finden können: den Tod wegen Aufruhr, Hochverrat, Kriegsverrat, was weiß ich. Ich war Soldat und Offizier, ich durfte nicht schlapp sein, hier mußte ein Exempel statuiert werden. Die armen Burschen beteuerten ihre Unschuld auf Kisuaheli, das der Vorsitzende des Gerichts schlecht verstand und auch ich noch nicht so, daß ich einen Menschen nach seiner innersten Meinung fragen konnte. Die Protokolle der Verhandlung wurden unterschrieben und die schuldig Gesprochenen feierlich vor versammeltem Volke an Bäume aufgehängt! Ich biß die Zähne zusammen: ich war doch Offizier. Aber was hier geschah, war so dumm, so unnütz, so schauderhaft. Hier wurde ich Gegner der Todesstrafe, weil ich deutlich sah, daß der Mensch nicht imstande ist, Richter zu sein. Wir waren doch die Richter, und wir wußten nichts, und das Volk stand auf dem Platze und hielt uns für sehr gewissenhaft, unfehlbar und weise. Als die 'Verbrecher' in der Abendsonne an dem Mangobaume hingen, war ich überzeugt, daß es nie anders bei Hinrichtungen gewesen sei, daß es anderswo höchstens feiger herging als hier, da die, welche das Todesurteil aussprachen, meist nicht einmal den Mut haben, der Vollstreckung beizuwohnen. Aber eins merkte ich aus dem Verhalten der Menschen, aus Briefen und aus Reden: Die Zeit wurde größer dadurch, daß gemordet wurde. Leichen über Leichen, Tränen und Blut, Heldentum und Orden – das war große Zeit!«[33]

So wie Hans Paasche beschaffen war, kann er nicht nur geschwiegen, »die Zähne zusammengebissen« haben. Doch es ist nichts bekannt über Gespräche mit von Götzen – der übrigens seinen Abschied nahm, nachdem der Aufstand niedergeschlagen wurde –, mit Stabsarzt Engeland oder anderen Vertrauten dieser Zeit. Unbekannt auch, was besprochen wurde, als im September 1905 der Vater am Rufiji erschien: Vorgeblich angeregt von den Berichten des Sohnes, unternahm damals Hermann Paasche eine Studienreise nach Ostafrika. Wie stets tat er das nicht auf eigene Kosten – die Reederei Woermann schenkte ihm die Überfahrt – und keineswegs nur um der Wissenschaft willen. Er wird Hans Paasche kaum darüber aufgeklärt haben, daß er derzeit Referent für einen Hauptteil des Kolonialetats im Reichstag war und – vom Reichskanzler Fürst von Bülow dazu ermuntert – gerade das Ziel verfolgte, das Unterstaatssekretariat im Kolonialamt zu übernehmen.

Ein Brief kündigte seinen Besuch an:

Kaiserliches Bezirksamt	Mohorro,
Rufiji	den 18. September 1905

Mein lieber Hans!

Nun bin ich selber auf dem Kriegszuge, um unter Deiner siegreichen Führung mich an der Vertheidigung des Vaterlandes zu betheiligen; aber ich möchte vor allem *Dich* sehen, hören, fühlen, denn ich werde nachgerade nervös in der Angst und Sorge, es könnte Dir, unserem lieben, einzigen, besten Jungen etwas passieren. Du wirst es ja selbst Dir tagtäglich selber sagen, dass Du bei allem Schneid im Vorgehen gegen die Wilden Dich schonen und erhalten musst, schon weil ohne Dich die ganze Truppe verloren ist und der Aufstand hier unten kaum zu bewältigen wäre. Aber ich wäre doch froh, wenn ich Dich endlich ausser Gefahr wüsste ... Vor allem sei nicht leichtsinnig mit der Jagd, – die Schwarzen fürchten Dich, werden Dich aber auch nicht lieben, und bei einsamen Jagdstreifereien kann Dich aus dem Hinterhalt Gefahr bedrohen, an die Du nicht denkst. Es ist ja vortrefflich, dass in der ganzen Kolonie eigentlich kein Mensch ist, der mir nicht versicherte, – um *den* brauchen Sie sich nicht zu sorgen, so wie *der* sind wenige zum Buschkrieg geeignet etc. Der Gouverneur, bei dem ich wohne, Kapt. Back, Major Joh.[annes], – die Dich alle grüssen lassen, sie sprechen mit gleicher Anerkennung von Deinen Leistungen ...

Wenn ich nur wüsste, wie es Mutter geht und wie sie die Nachrichten über den Krieg aufnimmt. Ich fürchte, sie ängstigt sich masslos. Die ersten Nachrichten von Deinen Siegen am 7. August hatten wir ihr gar nicht gezeigt. Tirpitz schickte mir stets die Originaldepeschen. Dann kamen die beruhigenden Nachrichten von Johannes, und sie weinte vor Freuden über Deine Leistungen ...

Viele Grüsse und Küsse

Dein Vater.[34]

Sofern der Sohn den Ratschlag dieses stolzen Vaters suchte, ist leicht vorstellbar, welche Antworten er bekam. Und wahrscheinlich ließ er sich beschwichtigen, denn der Umstand, daß Hans Paasche dem Vater das Schlachtfeld bei Kipo zeigte sowie die Schilderung des Abschiedes der beiden sprechen für eine ungebrochene Sohnesliebe: »Ich sah ihm noch lange nach, wie er im Boote stand und winkte, bis er weit unten hinter einer Biegung des Stromes meinen Blicken entzogen wurde.«

Da fuhr Hermann Paasche seiner letzten wissenschaftlichen Veröffentlichung, Skandalen, die ihn um das erstrebte Amt brachten und einem von übermächtigem Erwerbssinn bestimmten wirtschaftlichen Aufstieg entgegen. Sein Sohn dagegen traf eine Entscheidung. Er nahm kein Chinin mehr ein und begründete das damit, daß es ihm unter dem Einfluß von Chinin unmöglich gewesen sei, zielsicher zu schießen.[35]

Der Hinweis ist fragwürdig. Otto Buchingers Bericht vom »Mbana mit der sicheren Büchse« stammt wie das dort erwähnte Kunststück mit den in die Luft geschleuderten und hernach zerschossenen Steinen aus einer Zeit, in der Paasche Chinin einnahm, ohne daß dies seine Zielsicherheit beeinträchtigte. Vielmehr wird er erfahren haben – unter seinen Freunden und Bekannten waren mehrere Ärzte –, was folgte, wenn jemand Chiningaben ablehnte: eine Malariaerkrankung, die ihn wohl nicht tödlich gefährden, aber baldige Rückkehr nach Deutschland erzwingen würde. Es darf vielleicht vermutet werden, daß Hans Paasche seine Karriere als Kolonialoffizier solcherart beenden wollte, zumindest war sie ihm gleichgültig geworden.

Wenn es so gewesen sein sollte, wird er den Entschluß bald bereut haben. Paasche hatte nach dem Gefecht bei Kipo den Militärposten Mayenge befestigt und ihn dann an einen anderen Offizier übergeben müssen. Auf dem Weg zur Küste nochmals in eine Auseinandersetzung mit Rebellen verwickelt, entschied er nun unvermittelt und offenkundig ohne die Zustimmung Vorgesetzter, sich im Hauptdorf der Landschaft Mtanza auf dem südlichen Rufijiufer – also im Aufstandsgebiet – niederzulassen. Das war zum einen recht gefahrvoll, denn Männer aus Mtanza waren dem Rebellenheer bei Kipo als ortskundige Führer vorausgegangen und mußten deshalb die meisten Toten beklagen. Zum anderen war es äußerst ungewöhnlich und in der Geschichte jenes Kolonialkrieges sicherlich einzigartig: Hans Paasche, der am Rufiji sehr wohl genügend Voraussetzungen, Macht und Gelegenheit besaß, eine düstere Herrschaft in der Art des Kurtz aus Joseph Conrads »Herz der Finsternis« zu errichten, gründete in Mtanza eine Insel des Friedens, eine Kolonie nach seinen Vorstellungen. Vier Monate lang, bis zum Februar 1906, wachte er dort – allein mit dem Sanitätsunteroffizier Lauer und drei Dutzend Askari – über einen Hort von »Einsamkeit, Selbständigkeit und Freiheit«.

»Von jetzt an war Mtanza mein Hauptquartier ... Hinter den Häusern floß der Strom, in dem Nilpferde laut brüllten ... Ich sah die Einbäume hin- und herfahren und wurde nicht müde, den Leuten zuzusehen; lag doch in dem Zutrauen dieser Menschen für mich ein Erfolg: mit Hilfe dieser Neger, die den Wert ihrer Ländereien zu kennen schienen, hoffte ich den Rufiji bis zu den Panganischnellen hinauf in die Hand zu bekommen ... Wochenlang hielt mich friedliche Tätigkeit in Mtanza; rund herum bauten die Askari kleine Hütten, und ich erlaubte ihnen, ihre Weiber heraufkommen zu lassen, weil ich das friedliche Leben in dem Orte betonen wollte; ich gab mir den Eingeborenen gegenüber den Anschein, als ob ich den Aufstand für beendet hielte. Die Zeit, die ich im Lager in Mtanza zubrachte, war für mich sehr wertvoll; ich habe dort einen Einblick in das Tun und Treiben der Schwarzen gehabt. Was nun kam, war Friedensarbeit, die nur selten durch kleine, aber anregende Streifzüge nach Lederstrumpfart unterbrochen wurde ... Die Rebellen standen immer noch unter dem Eindruck der Verluste, die sie zu Beginn des Aufstandes erlitten hatten, und überschätzten meine Macht. Schnell sprach es sich außerdem bei den Negern herum, daß ich jedem Schutz gewährte, der sich unterwarf.«[36]

Das Buch »Im Morgenlicht« schildert nur unvollkommen, wie es Hans Paasche dort gelingt, einen 180 Kilometer langen Rufijiabschnitt zu befrieden. »Friedensarbeit«, das heißt zunächst, täglich in die Wälder zu gehen, Flüchtlinge zu überreden, in die Dörfer und zur Feldarbeit zurückzukehren. Eine gefährliche Mission, nicht ausführbar in der Begleitung allzu vieler Waffenträger. Fraglos wird Paasche dabei von der Legende begünstigt, die sich um ihn gebildet hat: um den zielsicheren Jäger, der bald täglich auszieht und Wild für die Hungernden schießt, um den gewandten, heiteren Weißen, der auf Händen laufen und auf dem Rücken schwimmen kann. Und der weiß, wie man Vertrauen weckt: Während einer Begegnung mit Geflohenen – darunter die ehemaligen Gegner von Kipo und beide Seiten in einer Spannung befangen, die rasch in Gewalt umschlagen kann – geht er allein auf die Menschen zu. »Ich half einem kleinen Bengel das Mäulchen voll Matamabrei stopfen und sagte dazu scherzhaft: ‘Iß nur tüchtig, damit du stark wirst und später die große Flinte halten kannst, wenn ihr wieder Aufstand machen wollt.’ Da lachten die Erwachsenen und wurden zutraulicher.«[37]

Mtanza gleicht bald einer Missionsstation. Der Sanitäter Lauer behandelt täglich Kranke, die aus immer weiter entfernten Gegenden zu ihm kommen, Paasche beaufsichtigt Hüttenbau und Feldarbeit. »Im Morgenlicht« wird zum Forschungsbericht, in dem der Autor den Alltag in einem afrikanischen Dorf schildert, die Handfertigkeiten und die sinnvollen Gerätschaften seiner Bewohner preist. Friedlich gehen die Tage dahin. Zuweilen erscheinen noch Aufständische, um ihre Waffen abzuliefern. Paasche fordert von den Unterworfenen eine Kriegssteuer, kleine Beträge, die er zur Bezahlung von Träger- und Botendiensten verwendet. Alles scheint wohlgeraten, Hans Paasche findet, was er stets sucht: gelehrige Menschen, ein inniges Leben mit der Natur, stille Größe der Landschaft und ein Leben ohne Heuchelei.

»Die Morgenstunde am Strom war für mich stets ein großer Genuß. Es war jedesmal gleich schön, zu sehen, wie der breite Fluß unter die aufgehende Sonne floß. Über die glänzende Flut fuhren Einbäume mit Negern, die im Walde des Nordufers Holz holen oder Honig suchen wollten; aus den Hütten stieg blauer Rauch, der in den dürren Blättern der Palmdächer entlangkroch. Tauben flogen von ihren Nachtquartieren herüber in die Felder.«[38]

Dieses Morgenlicht bedeutete ihm viel, und wenn einem überaus kritischen Beobachter Paasches Wirken lediglich als patriarchalisches Gehabe erscheinen mag, so übersieht er etwas Wichtiges. Das Beispiel Mtanza bewies, daß es auch nach dem Beginn der Feindseligkeiten möglich war, wieder friedfertig miteinander zu leben, sofern sich nur jemand darum bemühte. Ringsum schlugen statt dessen deutsche Offiziere und Soldaten, Opfer einer militaristischen Erziehung, blindwütig auf Empörer und Unbeteiligte ein, nahm der Krieg in der ihm eigenen Besinnungslosigkeit seinen Lauf. Er erreichte nach einigen Monaten auch Mtanza wieder, zerstörte Paasches Vorhaben und entmutigte ihn.

»Sobald der Ruf erscholl 'Krieg!' wurden wir in ein Schema hineingerissen, und wehe uns, wenn wir uns dagegen sträubten. Ich sträubte mich dagegen; auf Schritt und Tritt fühlte ich die Unwahrheit dessen, was ich tat; litt unter den Widersprüchen, in die ich mit meinem Gewissen kam. Heute weiß ich, daß ich eine Schuld auf mich nahm, als ich mich verleiten ließ, das, was ich erkannt hatte, nicht zu bekennen, und mich nach den ersten vergeblichen Schritten zurückhielt.«[39]

Als Paasche sich auf einem Streifzug befand, war Mtanza von Aufständischen angegriffen und niedergebrannt worden. Der Stab der Schutztruppe gibt die Station auf und befiehlt Paasches Rückkehr zur Küste. Korvettenkapitän Back, Kommandant der »Bussard«, erhält seinen Navigationsoffizier zurück. Einen hageren, offensichtlich kranken, kahlgeschorenen Mann in zerschlissener Uniform, der nur zögernd über seine Erlebnisse am Rufiji spricht. Dabei könnte er eindrucksvolle Dinge berichten: etwa von den nahezu dreihundert Krokodilen, die er schoß, weil er die Panzerechsen haßt – Krokodile haben sieben ihm nahestehende Menschen getötet – oder von jenem Marsch ins Landesinnere, mit dem er achthundert Bewohner Mtanzas während einer Hungersnot zu fruchtbaren Feldern führte. Von grüblerisch verbrachten Abenden am Fluß, auf den der Mond silberne Schlangen zeichnete und die verrenkten Gestalten der Wassergeister beschien, die in zerfetzten Umhängen am Ufer kauerten. Oder von dem Morgen in der Wildnis, an dem er in sein Tagebuch schrieb: »Ich weiß ..., daß ich ein Glück genieße, wie es mir im Leben nicht reiner wieder begegnen wird. Fern von den Menschen; fern von Neid, Haß und Habgier; von den Schmerzen und der Langeweile, die uns tagein, tagaus verfolgen und peinigen. Alles, was in Städten und Dörfern lebt, was gegen Not und Elend kämpft und mit ungestillter, unverstandener Sehnsucht ringt, liegt hinter den blauen Bergen dort unten ... Ich will mir hier einen Schatz fürs Leben sammeln und nie vergessen, daß ich in dieser Zeit frei von allem Leiden war; jung und stark und gesund in einer Welt, die meinen Neigungen Nahrung gab. An jedem Morgen empfinde ich das von neuem. Wenn die Sonne aufgeht, kommt auch meine Freude wieder. Die Nacht ist ein Warten; Andacht die Morgenstunde; Erfüllung der Tag. Und der Abend ist ein rechter Abend, mit Müdigkeit und Frieden, mit stillem Zurückschauen und ganz zarter Hoffnung auf eine neue Lebenswelle, die der neue Tag bringt. Das nenne ich ein Leben!«[40]

Das schrieb er im Dezember 1905, im Morgengrauen vor seinem Jagdzelt sitzend. Die Jagd bestimmte ja einen erheblichen Teil von Paasches Aufenthalt in Ostafrika: Einerseits ging er ihr zu seinem Vergnügen nach, andererseits mußte er die Untergebenen und zeitweilig ganze Dörfer mit Fleisch versorgen. Ihm blieb es deshalb erspart, Jagdabenteuer als Form der Wildhege auszugeben – was er schoß, diente stets Menschen zur Nahrung. Und er verschwieg nicht die urweltliche Erregung, die ihn befiel, wenn er Fährten nachspürte, einem verwundeten Tier durch hohes Gras folgte, das seine Uniform mit dem daran haftenden Blut des Opfers tränkte, oder wenn er zusah, wie das Leben aus dem mächtigen Körper eines niedergeschossenen Elefanten floh. Hans Paasche war ein ehrlicher Weidmann, der zum Beispiel weder sich noch seinen Lesern die Schilderung eines Jagdzuges ersparte, bei dem er einen Elefanten erst mit der zweiunddreißigsten Kugel töten konnte. Das quälende Erlebnis bewog ihn, Elefantenschädel genau zu vermessen, Zeichnungen davon anzufertigen, den günstigsten Schußwinkel zu berechnen. Wie auf jedem Weg, der sich ihm darbot, schritt er auch hier fort, vertauschte immer häufiger die Büchse mit dem

Fotoapparat und veröffentlichte 1906 eine erste Betrachtung der bedrohten Tierwelt Afrikas.[41]

Viele der dem »Morgenlicht« beigefügten Fotos erregten damals weithin Aufsehen. Nach den soeben erschienenen Aufnahmen freilebender afrikanischer Tiere, die dem Zoologen und Forschungsreisenden Karl Georg Schillings zumeist mit der Hilfe von Blitzlichtern und Auslösedrähten an Tränken gelungen waren, zeigte Paasche nun geradezu tollkühne Annäherungen an Elefanten, Nashörner und anderes Großwild. Um seine Leistung einzuschätzen, muß man sich zudem Leistungsvermögen und Umfang damaliger fotografischer Ausrüstungen vergegenwärtigen: »Es gehört eine ruhige Hand dazu und auch ein ruhiges Herz, dicht vor einem Stück Wild mit den Ledertaschen, den Kassetten und dem Apparat lautlos zu 'arbeiten', wenn man noch dazu die Büchse umgehängt hat. Ich hatte alle Griffe so in der Übung, daß auch nicht das geringste Klappern hörbar war. Selbst das Spannen des Verschlusses geschah lautlos, indem ich, ähnlich wie man es bei einer Hahnflinte in der Nähe des Wildes macht, beim Spannen den Abzug drückte.«[42] Doch so behutsam er auch vorging – häufig brachte ihn schon das Rauschen des Schlitzverschlusses in Gefahr. Zu bedenken auch die Umstände, unter denen die belichteten Platten entwickelt wurden: nachts im Zelt, mit Alaun gereinigtes Wasser verwendend, das immer zu knapp und oft zu warm war. »Aber ein mächtiger Ehrgeiz trieb mich: Der Gedanke, diese Bilder später zeigen zu können.«[43]

Hier ist noch etwas anderes belangvoll. Wer nämlich – wie Hans Paasche es tat – Löwen in hohes Gras folgt oder sich Elefanten auf acht Meter nähert, der beweist damit nicht nur Verwegenheit, sondern auch ein gediegenes Maß Lebensverdrossenheit. Tatsächlich gab es wohl nie einen zwiespältigeren, zerrisseneren Träger des Kronenordens mit Schwertern:

»Ich war in Afrika in einer seltsamen Stimmung. Ich verachtete alles Waffentragen. Ich war anders als die Scharfmacher. Und ich zweifelte daran, ob ich ein Krieger sei, ob ich Mut habe. Deshalb ging ich dem gefährlichen Großwild zu Leibe, ging zwischen Elefanten und photographierte sie aus einer Nähe wie niemand zuvor, ging zu den Löwen im hohen Grase. Nichts rührte mich. Ich blieb auch gleichgültig, wenn auf mich geschossen wurde, und wußte, wenn ich mich ehrlich prüfte, daß ich im Grunde dennoch feige war. Ich merkte, Kriegermut ist nicht groß, er ist Kadavergehorsam, Gedankenlosigkeit, Mangel an Phantasie, Gleichgültigkeit.«[44]

Das jener Zeit gewidmete Buch deutet den tiefgreifenden, lebensbedrohenden Zwiespalt nur an. Es verrät auch wenig von Paasches Handlungen nach seiner Rückkehr auf die »Bussard«. Zum Beispiel muß es da einen Aufenthalt in Südafrika gegeben haben, denn in den letzten Kapiteln erscheinen unvermittelt Bemerkungen über die Lebensgewohnheiten der Buren. Wahrscheinlich wurde Paasche damals zu einem Erholungsurlaub in das verträglichere Klima Südafrikas gesandt, weil er 1906 immer wieder schwere Malariaanfälle erlitt und dann untauglich zum Dienst war. Sicher verbürgt ist das für den Spätsommer und Herbst des Jahres. Zumindest die Monate August und September 1906 verbrachte Hans Paasche in der Massaisteppe im Norden der Kolonie – von der Tätigkeit an Bord befreit, um sich zu erholen.

Was der Genesung dienlich sein soll, wird abermals zum Jagdausflug. Wochenlang streift Paasche mit einer Karawane von sechzig Afrikanern in dem Gebiet umher, das den heutigen Serengeti-Nationalpark einschließt, fotografiert Löwen und Nashörner, jagt Antilopen, Büffel und Elefanten. Das bedeutet hitzebebende, staubige Lagerplätze, an denen die Männer nahezu von Fliegen aufgefressen werden, Pirsch durch ausgedörrtes, splitterndes oder hoch aufgeschossenes, scharfkantiges Gras, frostkalte Nächte in der Boma, im Dornenverhau, einen davor ausgelegten Köder bewachend.

Das bedeutet viel mehr; es ist gewiß schwierig und ein wenig unnütz, Paasches Jagdleidenschaft zu erklären. Auch sie wird von Konflikten bestimmt. So erwähnt er einmal den billigen Druck, dessen Darstellung ihn seit der Jugend verfolgt: ein verwaistes Hirschkalb, über die erschossene Kuh gebeugt. Aber stärker wirken die Erziehung, die aufwühlende Erregung der Pirsch, das unwiderstehliche Gefühl, etwas wirklich Endgültiges zu tun. Und sehr menschliche Regungen, verspürt während der nächtlichen Jagd auf Elefanten: »Die Klarheit des Himmels, die scheinbar unendliche Masse des hohen Schilfes, in die die Neger barfuß, mit vorsichtigen Tritten hineingingen; das schrille, ohrenbetäubende Zirpen der Zikaden, die, wenn wir näher kamen, ganz plötzlich verstummten; die vielen kleinen Hütten auf hohen Pfählen, an denen wir vorbeikamen und aus denen jedesmal eine Menschenstimme Antwort gab: Das machte auf mich einen so tiefen Eindruck; denn es war ein Stück von der Geschichte des Elefanten, des größten Wildes der Erde. Hier durfte ich noch Zeuge sein, wie halbwilde Menschen um ihre Nahrung mit den Tieren der Vorwelt kämpften; wie die Lebensweise der Dickhäuter das Treiben der Menschen beeinflußte. Und mir schien, als ob die Menschen reger, stärker und besser würden durch den dauernden Kampf. Das waren meine Gedanken, als ich den biegsamen Gestalten der Neger folgte, die mit ihren Sinnen ganz beschäftigt waren, den Weg zu suchen.«[45]

Hans Paasche kann auch hier nicht Schnitter sein, ohne zu säen. Da jene Landstriche ihre Einwohner nur selten ausreichend ernähren, mißfällt es ihm, daß die von den Küstenstädten her ausstrahlende muslimische Religion von ihren Anhängern fordert, sie dürften nur geschächtetes Fleisch essen. »Wenn ich auch sonst jede Äußerung religiösen Empfindens beim Neger achtete, habe ich diese Angewohnheit lächerlich gemacht, wo immer ich dazu Gelegenheit hatte.«[46] Schließlich bereitet es zum Beispiel gewisse Schwierigkeiten, einem sterbenden Elefanten die Halsschlagader zu durchschneiden, um ihn ausbluten zu lassen. Die Wildnis ist kein Schlachthof, und es bleibt für Paasche, der zuvor alle Fleischarten »vom Elefanten bis zum Steppenhasen« probierte, ein Ärgernis, wenn viele seiner Begleiter die Jagdbeute nicht essen wollen. Weil er belehrend erfolglos bleibt, gibt er vor, ihm sei geschächtetes Fleisch verboten und es wäre ihm lieber, sein Gefolge verhungere, als daß er hungern müsse. Die List wirkt nach einiger Zeit, einträchtig sieht man die Karawane nun während der Mahlzeiten vereint.

Las Paasche die Reiseberichte des Kapitäns James Cook, der lange zuvor eine engstirnige Mannschaft ähnlich listig dazu bewog, das skorbutverhütende Sauerkraut nicht mehr zurückzuweisen? Wie auch immer, Paasche kopierte nie, dergleichen kennzeichnet vielmehr die ihm eigene Art, von der Daheimgebliebene sagen mögen, sie sei romantisch und bevormundend. Sie ist jedenfalls immer mitfühlend, tätig, einer Verantwortung bewußt. Wer »Im Morgenlicht« aufmerksam liest, der findet mehr als Hasenfleisch und Sauerkraut: Ursachen von Kolonialkriegen, den Wunsch nach unabhängiger einheimischer Produktion, den bereits aufscheinenden Verrat an Rasse und Klasse, der Hans Paasche bald von seinen Gegnern vorgeworfen wird. Gemessen an ihren Vorstellungen, nutzte er die ihm gebotene Chance tatsächlich nicht hinreichend. Statt dessen bestärkt das

Erleben Afrikas seinen Widerwillen gegen Anpassung, Überheblichkeit, gewalttätige Lösungen. Er will kein »guter Offizier« mehr sein, wenngleich noch ein guter Sohn und ahnt wohl nicht, daß so etwas unvereinbar ist in Deutschland, erstrebt geistige Unabhängigkeit, innerliche und äußere Freiheit, Besserung an jedem Tag.

Wieviel davon seinen Vorgesetzten bekannt wird, bleibt ungewiß. Überdies fordert wahrscheinlich die innere Zerrissenheit ihren körperlichen Preis: Als sich im Herbst 1906 zu Paasches Malarialeiden noch eine Amöbenruhr gesellt, erhält er den Befehl, zur Behandlung nach Deutschland zurückzukehren.

Da ist er fünfundzwanzig Jahre alt, ein gewandelter Georg, aber noch kein Drachentöter. Er steht im Schatten, des Weges ungewiß und blickt ein vermeintlich letztes Mal auf den eisig glänzenden Kilimanjaro: »Hoch über mir starrte die Steinkuppe des Berges kalt und unbewölkt in den flimmernden Äther. Die letzten Sterne konnte ich gerade noch sehen, wie sie herabsahen auf erwachende Menschen, auf Tiere, die zur Ruhe gingen. Dann goß die Sonne ihr Licht über die krausen Baumwipfel und traf mich noch nicht, denn ich stand im Schatten des Berges.

Es wird ein Tag wie viele andere; der müde Mittag kommt, der Hoffnung und Kraft ganz klein sieht, und der Abend, der neue Wünsche weckt für den kommenden Morgen; der nächste, der bringt die Erfüllung!

Der Speerträger weckte mich aus meinen Träumen. 'Weiter', sagte er halb fragend, halb ermunternd.«[47]

»Ich sehnte mich nach Afrika«

Irgendwann im Spätherbst 1906 liegt das alles hinter ihm: die lauernd verbrachten Löwennächte, das erhitzte Gesicht über dem dunklen Gewehrlauf, der Wind in den Dornenbäumen, der Geruch von Schilf und sonnendurchglühten Steppen und verdorrtem Busch, das unbefangene Leben in der Wildnis – in der Eindeutigkeit.

Hans Paasche verläßt Ostafrika über Mombasa auf einem Handelsschiff. An Bord lernt er drei Amerikanerinnen kennen, und die Begegnung mit ihnen, die Gespräche mit »Europäern ohne Mittelalter«[1], wirken lange Zeit nach. Vermutlich wird die Unterhaltung davon beeinflußt, daß der amerikanische Präsident Theodore Roosevelt in diesem Jahr den Friedensnobelpreis erhielt. Grund genug für Paasche, den Blick hoffend auf die Neue Welt zu richten. Daß er dabei, wie seine Gesprächspartnerinnen, wahrscheinlich Roosevelts abenteuerliche imperialistische Neigungen übersieht, ist wenig verwunderlich – das tat schließlich auch das Nobelpreiskomitee. Vielmehr noch beeindruckt ihn der Abscheu, den die offenbar weitgereisten Damen Deutschland gegenüber empfinden. Allerdings vermag das Deutsche Reich im Jahr 1906 ebenfalls einen über die Landesgrenzen hinaus berühmten Mann vorzuweisen: Wilhelm Voigt, den als Hauptmann verkleideten Schuster, der mit der Hilfe von der Straße weggerufener Soldaten die Köpenicker Stadtkasse beschlagnahmte und Beamte verhaften ließ. Aber die Posse, die zumindest im preußischen Teil des Reiches selbstgefällige Heiterkeit erweckt – eigentlich ist man stolz auf die Hörigkeit, in der »ein Leutnant und zehn Mann« ausreichend wären, den Reichstag aufzulösen –, diese furchtbare Groteske muß freilich Bürger demokratischer Staaten erschaudern lassen.

Vom Wortlaut jener Unterhaltungen ist nichts bekannt. Doch Hans Paasche entsinnt sich ihrer noch länger als ein Jahrzehnt danach und erwähnt dann, er hätte dem Drängen der Amerikanerinnen nachgeben sollen, die ihn bestürmten, nicht in ein von Machtwahn und Kriegsgeist beherrschtes Land heimzukehren.

Was mag den Damen eigentlich so verwerflich erschienen sein beim Blick auf den Staat, dessen Gründung schlechthin das

Ereignis des vergangenen Jahrhunderts gewesen war, dessen Techniker, Wissenschaftler und Künstler die Welt fortwährend um bedeutende Errungenschaften bereicherten? Gewiß, die Erinnerung, daß das Deutsche Reich seine Gründung drei unmittelbar zuvor geführten, sehr erfolgreichen Kriegen verdankte, blieb nicht ohne Einfluß auf die Politik, auf viele Lebensbereiche. Die Mehrheit der Deutschen war aggressiv gestimmt, fühlte sich zu einer großen, heroischen Rolle berufen, gefiel sich in der bedenkenlosen Willkür des Emporkömmlings und betrachtete den Krieg keineswegs als letztes, sondern als unumgängliches Mittel, Vorteile zu erlangen. Wie sehr entsprach sie damit ihrem Kaiser, dessen Auftritte und Abbilder schon Kriegserklärungen glichen, von ebenso pathetischem wie martialischem Gehabe bestimmt wurden und im Grunde doch nur eine Verkrüppelung verbergen sollten!

Aggressiv gestimmt waren allerdings auch andere Emporkömmlinge, wie Japan oder die Vereinigten Staaten von Amerika. So spricht es für sich, daß »The Influence of Sea Power on History« – eine von zügellosem Imperialismus geprägte Studie des amerikanischen Marineoffiziers Alfred Thayer Mahan – als Lehrbuch an japanischen Marineschulen diente und sich gleichzeitig – nach einem Befehl des Kaisers – an Bord jedes deutschen Kriegsschiffes befand. Nein, die großen und kleinen Deutschen erschienen nur wenig kriegslüsterner als andere. Erschreckte vielleicht ihre etwas seelenlose Tüchtigkeit die drei scharfsichtigen Amerikanerinnen? Das Reich durchlebte ja gerade einen 1914 endenden Zeitabschnitt, in dem sich im Verlauf von fünfundzwanzig Jahren Sozialprodukt und Volkseinkommen verdoppelten, die Bevölkerung um fast ein Drittel wuchs und die deutsche Kohle- und Stahlproduktion zum Beispiel die britische weit übertraf. Ein Vierteljahrhundert, in dem deutsche Forschung, deutsche Philosophen, AEG und IG Farben gleichermaßen zu Synonymen für Gründlichkeit, Kraft, Wachstum und Ordnungssinn aufstiegen. Doch was sollten Amerikanerinnen daran als abstoßend empfinden? Wohl eher den unseligen Hang, diese Entwicklung beständig in einen Zusammenhang mit den Kriegen zu bringen, die zur Reichsgründung führten. Militarismus beherrschte deshalb die politische Kultur, das soziale Leben. Militarismus war die Ideologie, die nahezu alle Deutschen einte und sie unter dem Prinzip von Befehl und Gehorsam große Leistungen vollbringen ließ. Jeder konnte es sehen: Tressen und Uniformen wurden derart abgöttisch verehrt, daß ein Kabinettserlaß von 1880 Offizieren zugestand, straflos mit der Waffe selbst gegen Polizeibeamte vorzugehen, wenn sie sich von ihnen bedroht oder behindert fühlten. Noch jeder kleine Werkmeister eiferte mit am Kult um Schwert und Ehre, indem er die Belegschaft wie ein Feldwebel führte. Menschliches Verlangen nach Harmonie pervertierte auf sehr gründliche, sehr deutsche Weise zu militärischer Zucht. Die Mächtigen im Staat begünstigten aus guten Gründen den – im Doppelsinn des Wortes – verheerenden Prozeß, weil militaristische Daseinsformen die nationale und soziale Eintracht festigen sollten.

Empfand niemand Unbehagen angesichts dieser Ideologie ohne Idealismus? Es geschah selten. Unfähig, in der Vielfalt zu wirken, mehr analytisch als schöpferisch begabt, wortgewaltig, ohne mit der Wirklichkeit eigenen Lebens dafür einzustehen und nur mäßig am sittlichen Fortschritt der Menschheit interessiert, klitterten deutsche Geistesgrößen an einer Einheit von Weimar und Potsdam. Gewiß kennzeichnet Paasches Formulierung vom »Reserveoffizier auf dem Katheder« recht gut die Haltung einer Kaste, von der er sagte: »Sie verdankt ihr Entstehen zum großen Teil der Feigheit und ist ja auch zur käuflichen Dirne der Gewalt geworden. Stiere Betriebsamkeit, unergründliche Forschertiefe, das ist nur böses Gewissen von Männern, die fühlten, daß das Denken zuerst in den Dienst der Freiheit gestellt werden müßte ... So wurden Feiglinge, lebensfremde Menschen zu einer neuen unkontrollierten, deshalb gefährlichen Macht, der nicht anzusehen war, daß sie sich brutalerer Macht, der nationalistischen Gewalt, unterordnete, die schließlich ihre Brotherrin war. Die Unkontrollierten selbst merkten nicht, daß ihr Wissen ein anmaßendes Oberflächenbewußtsein war, eine hoffnungslose Sackgasse, die nirgends in Leben mündete. Tot ist eine Wissenschaft, die heute oder morgen die absolute Wahrheit zu finden meint; lebendig die Weisheit, die auf das rollende Leben blickt und in dem ewig sich Wandelnden den Sinn sieht.«[2]

Und mit noch kühlerer Schärfe blickte schon zuvor ein Verwandter im Geiste auf die ebenso erfolgreichen wie mißgelaunten Deutschen der Zeit vor dem Ersten Weltkrieg: »Man darf ... sagen, daß das deutsche Volk auf die Entladung geradezu wartete und sie wie eine Erleichterung begrüßte. Zu oft schon war es in Kriegserregung gehalten worden, zu häufig hatte die äußere Politik gewechselt oder fruchtlose Anläufe gemacht, zu stetig und drückend waren die Lasten für die kriegerischen Rüstungen gewachsen. Und doch war dabei das lähmende Bewußtsein im Volke immer stärker geworden, daß das deutsche Ansehen in der Welt nicht gestiegen, sondern gefallen war. Deutschland war reich geworden und materiell mächtig, aber die Abneigung des Auslandes gegen alle deutsche Art hatte sich ins Unglaubliche vermehrt ... Man fand die Deutschen brutal, wo sie Politik machten, ... skrupellos, wo sie Geschäfte trieben, unbedeutend und verknöchert, wo sie dozierten, ungewandt und anmaßend, wo sie auftraten, ... feige, wo es auf individuelle Überzeugung ankam, unzuverlässig, wo sie sich bewähren sollten, ... ungerecht, wo sie über Fremdes zu urteilen hatten ... All das hatten die Deutschen bis zum kleinsten Mann herausgefühlt [...]

Dies war ein furchtbarer Zwiespalt, denn zu Hause taten die Tonangebenden so, als ob der Deutsche aller Welt voranleuchte und ihr Zukunftsideal sei. Seine Moral, seine Kraft, seine Grundsätze, seine Ziele seien höher und tiefer als die aller anderen Völker. Freilich wußte niemand so recht, inwiefern, freilich fühlte niemand im Volke tiefinnerlich die Wahrheit dieser Behauptung. Im Gegenteil, man sah sich in Deutschland selbst in die stärksten Gegensätze zerrissen, fand sich gegenseitig unleidlich: Süd und Nord, katholisch und protestantisch, Junker, Demokraten und Sozialisten, Kaiser und Bundesfürsten, ins Unendliche ließe sich die Aufzählung solcher Gegensätze vermehren.«[3]

Zerrissen und feldgrau – so mag Hans Paasche das Land erschienen sein, in das er im Oktober oder November 1906 heimkehrte. Er hielt sich zunächst nicht lange in Berlin auf. Inzwischen zweifelte er nämlich auch am Berufsstand der Ärzte, an ihrem Wissen, an ihren Behandlungsmethoden, entzog sich ihrer Fürsorge durch die Flucht nach Waldfrieden. Das ist so leicht hingesagt worden; offenkundig trieben zudem andere Beweggründe Paasche zum stillen Gut am See: »Als ich aus dem Kriege wieder unter Menschen kam, beherrschte mich das Gefühl, ich müßte büßen für jeden Toten, den ich gesehen hatte. Ich war erfüllt von Eindrücken, die mich beunruhigten, und hatte erfahren, wie leicht wir Menschen uns an den Krieg gewöhnen und Entschuldigungen finden für unentschuldbare Dinge ... In welcher Geistesverfassung aber fand ich die Menschen, die ich belehren wollte, was Krieg sei? Sie bewunderten das, was ich für Verbrechen hielt, sie nannten Härte und Gedankenlosigkeit starke Eigenschaften und bestimmten mich, von meinen Erlebnissen ganz anders zu sprechen, als ich es wollte. Es gefiel ihnen nicht, wenn ich die Wahrheit sagte. Die Frauen hörten es nicht gerne, sie waren gewohnt, von Aufständischen, von feindlichen farbigen Völkern zu hören, von der Abrechnung mit kriegerischen Stämmen, von Gefechten, von Siegen.«[4]

Das zuletzt Gesagte galt nicht für eine junge Frau, der er im Dezember 1906 begegnete. Bevor aber davon erzählt wird, müssen wir weiter zurückblicken.

Um die Mitte des vergangenen Jahrhunderts lebte in Berlin die Familie des Tuch- und Seidenhändlers Arnold Witkowski, der sich zum jüdischen Glauben bekannte und dessen Vorfahren aus polnischen Ghettos stammten. Joseph Goebbels sprach und schrieb deshalb später gern von den »Gebrüdern Witkowski« oder von »Isidor Witkowski«, wenn er die zwei berühmten unter Arnolds vier Söhnen begeiferte, obgleich die beiden seit langem andere Namen führten. Den einen – Felix Witkowski oder Maximilian Harden –, haßte Goebbels wegen seines Erfolges als Publizist, den anderen – Richard Witting – wegen seiner Urheberschaft an der Weimarer Verfassung. Übrigens blieb es sowohl Harden als auch Witting erspart, das sogenannte Dritte Reich zu erleben.

Hier ist nur belangvoll, daß die Brüder nach düsterer Kindheit und Jugend – der Vater, zuvor tätiger Demokrat und ein Freund August Bebels, verfiel im Alter geistiger Umnachtung – ihr Elternhaus verließen. Maximilian Harden wurde Schauspieler, Theaterkritiker, schließlich einflußreicher politischer Schriftsteller. Seine von 1892 bis 1922 erscheinende kulturpolitische Wochenschrift »Die Zukunft« wurde insbesondere vom Hohenzollernregime so gefürchtet, daß es Harden mehrfach vor Gericht stellte und ihn zweimal sogar zur Festungshaft verurteilte. Mutig, in brillantem Stil schreibend, unermüdlicher Widersacher aller Unbedenklichen, die Deutschland an den Abgrund führten, besessen von einer Art Enthüllungsmanie, überaus eigenwillig und aufreizend arrogant, führte Harden seinen einsamen, widersprüchlichen Feldzug des romantisch-konservativen Ritters gegen den Kaiser, dessen Paladine und die Bourgeoisie der Gründerzeit. Politisch eigentlich unentschieden, zwischen konservativen und demokratischen Anschauungen schwankend, am Beginn des Ersten Weltkrieges wie so viele dem nationalistischen Taumel verfallend und dann rasch ernüchtert, suchte der bedeutendste und umstrittenste Publizist des Kaiserreiches qualvoll nach Wegen zu einem anderen Deutschland. Daß er dabei nicht wirkungslos blieb und seinen Gegnern gefährlich war, erwies sich letztlich 1922, als ein von der Femeorganisation »Consul« gedungener Totschläger Harden schwer verletzte.

Das Dasein Hans Paasches war geraume Zeit mit dem Maximilian Hardens verbunden, sie trafen sich zuweilen und korrespondierten miteinander. Ihre politischen Ansichten zeigten überdies häufig eine seltsame Parallelität; oft ist schwer zu sagen, wer da wem vorausgeht, ob es unabhängige oder vom anderen angeregte Schlüsse sind. Die Übereinstimmung findet sich auf merkwürdige Weise sogar in charakterlichen Zügen. Was zum Beispiel Theodor Lessing in einem recht kritischen Nachruf für Harden sagte, galt grundsätzlich wohl auch für Paasche: »Der Grund seines reichzerklüfteten Wesens war bei eiserner Selbstzucht und beständig wachender Bewußtheit eine ihn ewig gefährdende Reizsamkeit, die ihn zum Spielball starker Eindrücke zu machen drohte. In seinem Gefühl schwankend, war er doch in seinem Kerne gut, edel und treu. Geneigt zum Umschlag der Stimmung, war er doch in seinem Urteil nicht zu beirren. Er war ein Sekundenmensch, wenn es je Augenblicksnaturen gegeben hat, so 'aktuell', daß jeder neue Tag, neue Ort, neue Eindruck ihn verändern konnte ... Nie aber war es die Konjunktur, nie der Vorteil, nie ein niedriger Zweck, was sein Verhalten bestimmte. Im Gegenteil! Er hatte die Neigung, jede Meinung zu verlassen, sobald die Aussicht bestand, daß sie allgemeine Meinung werden konnte. Er mißtraute dem Erfolge. Jeder, der allgemein Beifall erntete, wurde ihm verdächtig. Er entschied sich immer nach moralischen Gesichtspunkten.«[5]

Von etwas versöhnlicherer Natur war dagegen Richard Witting, Hardens ältester Bruder. Witting, überaus tatkräftig, ideenreich und redegewandt, begann seine Karriere als preußischer Verwaltungsbeamter, war Stadtrat in Danzig und von 1891 bis 1902 Oberbürgermeister von Posen. Während seiner Amtszeit blühte die Stadt wirtschaftlich und kulturell auf, wozu sicherlich beitrug, daß Witting die zuvor übliche Zurückweisung des polnischen Teils der Bevölkerung beendete. So war es nur ein weniger bedeutendes – damals freilich aufsehenerregendes – Zeichen dieser Bestrebungen, wenn er seinen in Posen geborenen zweiten Sohn auf die Namen Axel Boguslaw taufen ließ. Wie sehr die Polen Wittings Bemühungen um Verständigung schätzten, zeigte sich noch in der Zeit nach dem Ersten Weltkrieg, als sie die Porträts aller deutschen Oberbürgermeister aus dem Posener Ratssaal entfernten – nur Wittings Abbild blieb verschont, bis es dort 1945 verbrannte.

Die Fähigkeiten des Geheimen Regierungsrates drängten ihn in weitere Bereiche. Witting gehörte als Mitglied oder Vorsitzender zahlreichen Aufsichtsräten an, gründete die Deutsche Orientbank und die Deutsch-Südamerikanische Bank, wurde 1902 Direktor und 1911 Aufsichtsratsvorsitzender der Nationalbank, vertrat von 1908 bis 1913 die Nationalliberale Partei – deren rechtem Flügel er wie Hans Paasches Vater angehörte – im Preußischen Landtag, gründete mit anderen das Deutsche Telegraphenbüro sowie den Berliner Zoo und verfaßte eine große Anzahl bedeutender Publikationen zu kommunalen, sozialen, politischen und wirtschaftlichen Fragen, über Reformen in der Diplomatie, der Ostmarkenpolitik und der Ausbildung von Beamten. Daneben schrieb er Veröffentlichungen, denen man seine Urheberschaft nicht ansehen sollte: etwa Novellen unter dem Pseudonym Richard Gabriel oder Betrachtungen in der linksliberalen »Weltbühne«, die er als »Georg Metzler« zeichnete. Letzteres geschah freilich erst nach dem Weltkrieg, der Richard Wittings Anschauungen völlig veränderte.

Eine von Wittings Töchtern – und damit wären wir wieder am Ausgangspunkt dieser Abschweifung – ist die am 21. März 1889 geborene Gabriele Emilie Ernestine Hildegard Witting, genannt Ellen. Eine Fotografie vom März 1907, also aus einer Zeit, in der sie Hans Paasche schon kannte, zeigt sie als schlanke, schöne junge Frau mit offenem Blick, lächelndem Mund und einem Kinngrübchen. Das lange blonde Haar ist aufgesteckt, darauf ein modischer Hut mit üppigem Putz, dem allerdings der »dernier cri« fehlt: die Vogelfedern. Vielleicht ein erster Einfluß ihres Verlobten, dem die Federmode zuwider ist. Die Fotografie stammt aus dem Atelier Wertheim in der Leipziger Straße – die Wittings wohnen unweit davon in der Stülerstraße 6 am Tiergarten. Wenig ist bekannt über die Jugendjahre ihrer ältesten Tochter; eine Freundin schildert sie als lebhaftes, frühzeitig gebildetes, kulturell rege interessiertes Mädchen, das ihr nach einer »Carmen«-Aufführung unter großem Vergnügen die halbe Nacht hindurch Arien aus der Oper vorsang. Von Ellen wird gesagt, daß jeder sie gern haben müsse, und ihre Fotografie, die eher Gedanken an Ännchen von Tharau als solche an Carmen weckt, spricht nur dafür. Aber das liebliche Abbild wird ihr nur zum Teil gerecht: Ellen führt eine geistreiche, anspruchsvolle Korrespondenz mit »Onkel Felix« – das ist Maximilian Harden –, sie behauptet sich gerade gegen die Eltern, die ihrer Verlobung erst nach großem Widerstand zustimmten, und sie wird die Lebensanschauungen ihres Auserwählten bald in einem Maße bestärken, das kaum zu überschätzen ist. Auch gewinnt Hans Paasche mit ihr etwas Sanftes, etwas Kostbares, das ihn davor behütet, ein vereinsamender Eiferer zu werden.

Die beiden müssen einander im Dezember 1906, nach Paasches Rückkehr von Waldfrieden, kennengelernt haben. In dem besagten Lebenslauf heißt es dazu knapp: »Ich verlobte mich mit Ellen Witting, der ältesten Tochter des Geheimen Regierungsrats Richard Witting, der damals Direktor der Nationalbank für Deutschland war, nachdem er jahrelang im Dienste der Verwaltung gestanden hatte, zuletzt als Oberbürgermeister von Posen. Die geistige Regsamkeit und Wahrheitsliebe meines Schwiegervaters und das vorbildliche Familienleben in seinem Hause hatten einen wohltätigen Einfluß auf mich.«[6]

Zur ersten Begegnung kam es im Haus an der Stülerstraße – der Anlaß ist ungewiß. Vielleicht gab es über die im Ex- und Import in London tätigen Witting-Brüder Carl Sigismund und Henry eine Verbindung nach Südafrika, genauer gesagt nach Transvaal, wo späterhin eine Witting-Hof genannte Ansiedlung bestand. Da Paasche zuvor in Südafrika war, liegt die Vermutung nahe, daß er den Wittings Grüße ausrichtete. Die Beziehung der beiden scheint sogleich leidenschaftlich begonnen zu haben. Sicherlich spürte Ellen, deren mütterliche Züge wir hier übersahen, wie zwiespältig und zutiefst verwundet der Mann war, den andere als Heimkehrer aus einem glorreichen Kolonialfeldzug hofierten. Bemerkt und mit großer Besorgnis wahrgenommen wurde das auch von den künftigen Schwiegereltern. Verständlich, wenn Richard Witting – lebenserfahren und doppelt so alt wie Paasche – eine Verbindung abzuwenden suchte: »Mein Schwiegersohn Hans Paasche ist im Jahre 1906 in unser Haus gekommen. Er kam direkt aus Ostafrika, wohin er auf einem unserer Kriegsschiffe als Oberleutnant zur See gegangen war. In Afrika hatte er sich in dem Aufstand ausgezeichnet, und sein Name war in der Öffentlichkeit häufig genannt worden. Ausserdem hatte er mit Erlaubnis seiner Vorgesetzten grössere Jagdexpeditionen ins Innere unternommen und auch hierbei viel Umsicht und Geschick gezeigt. Er verlobte sich, wenn ich nicht sehr irre, in den ersten Monaten des Jahres 1907 mit meiner Tochter, und diese Verlobung erfolgte erst nach starkem Widerspruch von Seiten meiner Frau und von mir. Sein ganzes Auftreten erschien uns seltsam; er schien uns nicht die für eine Ehe und für die Führung einer doch noch sehr jungen Frau – meine Tochter war damals 17 Jahre alt – erforderlichen Eigenschaften zu besitzen. Er machte damals noch sehr den Eindruck eines Knaben, obwohl er im 26. Lebensjahre stand, und zeigte in Briefen und bei verschiedenen Gelegenheiten gar kein richtiges Verständnis für den Ernst einer ehelichen Verbindung. Schliesslich haben wir die Verlobung auf Drängen meiner Tochter zugegeben, die wohl durch den Reiz des Abenteuerlichen, des Kühnen und etwas Seltsamen bewogen wurde. Aber während der ganzen Verlobungszeit, die bis Ende 1908 dauerte – die Kinder heirateten am 19. Dezember 1908 – haben wir öfter vor dem dringenden Wunsche gestanden, dass dieses Verlöbnis wieder aufgehoben werde. Ich habe mehrfach meine Tochter inständigst gedrängt, den Bund zu lösen, denn bei jedem Zusammentreffen der Brautleute vertieften sich unsere Bedenken. Nicht dass es zu lebhafteren Szenen oder dergleichen gekommen wäre, obwohl auch das das eine oder andere Mal vorkam, sondern die ganze seltsame und unberechenbare Art des jungen Bräutigams stiess uns damals empfindlich ab.«[7]

Ganz anders verhalten sich die Schwiegereltern der Braut: Elise Paasche begrüßt das Verlöbnis begeistert, erweist Ellen jede erdenkliche Aufmerksamkeit und Zärtlichkeit, und Hermann Paasche kann es keineswegs ungelegen kommen, auf solche Weise mit dem sowohl politisch als auch wirtschaftlich einflußreichen Parteifreund Witting verbunden zu sein. In einem von Wünschen bestimmten Denken befangen, sind sie sicherlich mit dem Sohn so zufrieden wie niemals zuvor: er hat sich als Krieger ausgezeichnet und nun abermals eine Wahl getroffen, die zu achtbarem, angepaßtem Dasein führen muß. Wenn die Paasches diese Hoffnung dereinst getäuscht sehen, werden sie daran fast zerbrechen und in zäher, ermüdender Rachsucht Zuflucht suchen.

Es gibt noch einen weiteren Grund für die ungewöhnlich lange Verlobungszeit. Während einer medizinischen Untersuchung im Sommer 1907 wird festgestellt, daß Hans Paasche an Syphilis im Sekundärstadium leidet. Er zog sich die Krankheit vermutlich während des Aufenthaltes in der Massaisteppe zu – Syphilis tritt derzeit unter den Massai sehr häufig auf – und übersah ihre ersten Anzeichen wegen der allgemeinen körperlichen Zerrüttung, in der er sich befand. Paasche ist beschämt, obwohl die Erkrankung Ellens Mitgefühl nur vermehrt. Wiederum sieht er sich im Verlauf der langwierigen und nicht ungefährlichen Behandlung mit Quecksilber von Ärzten gedemütigt, findet ihr Verhalten gegenüber Patienten von Strukturen bestimmt, die ihm auch in der Gesellschaft begegnen und seinen Widerspruch herausfordern. So wird Richard Witting peinlich berührt Zeuge, wie Paasche namhafte Ärzte belehrt, die Wassermannsche Reaktion sei kein unfehlbarer Hinweis auf Syphilis. Witting erfährt nie, daß der künftige Schwiegersohn damit durchaus nicht unrecht hat. Im Gegensatz zu seiner Tochter und Paasche sind ihm die vielfältigen Legenden und stillschweigenden Übereinkünfte heilig, auf denen gutbürgerliches Leben beruht.

Woher aber stammten Paasches Kenntnisse? Damalige Erlebnisse mögen ihn veranlaßt haben, sich der Naturheilkunde und verwandten Bereichen zuzuwenden, die ihm zumindest später sehr wesentlich erschienen. Daß sein Interesse daran in jener Zeit geweckt wurde, zeigen drei Bücher aus seinem Besitz. Es sind Bestandteile der achtbändigen Ausgabe von »Das Leben der Pflanze« von Raoul H. Francé; sie wurden 1988 von Helga Paasche in Afrika aufgespürt, wohin sie während der zwanziger Jahre mit Paasches Schwager Richard Witting gelangten. Eines der Bücher – es ist der 1908 erschienene erste Band der »Floristischen Lebensbilder« – trägt auf dem Vorsatzblatt die von Paasche niedergeschriebene Bemerkung: »Die Biologie ist der wichtigste Bildungszweig der Zukunft. Über die Bedeutung der Biologie Seite 204«. Der erste Satz ist dem Text des durch volkstümliche Darstellungen biologischer Fragen bekannten Francé entnommen, der zweite führt hin zu mehreren Anstreichungen. Zunächst ist der Nebensatz markiert, »daß man mit dem Interesse für irgend welche Naturgegenstände unausgesprochen oder offen die Absicht verbindet, sich über sein eigenes Sein dadurch mehr Klarheit zu verschaffen, daß man seine Mitgeschöpfe mehr beachtet.« Und dann, nachdem festgestellt wurde, der Biologie komme künftig außerordentliche Bedeutung zu: »Wenn ja, so wird selbstverständlich das Naturstudium die wichtigste Quelle sein müssen, um den menschlichen Geist und seine Äußerungen, seine Fehler, seine Großtaten, das Wesen des Genies und des Verbrechers, die Künste, das Gesellschaftsleben, den Ursprung der Gesetze, der Moral, der Erfindungen, kurz, den ganzen Interessenkreis des Menschen von Grund auf zu verstehen und dadurch alle unsere Einrichtungen auf natürliche, gesunde und darum auch dauerhafte Weise zu verbessern.« Auf der folgenden Seite unterstrich Paasche hernach: »Ich wählte natürlichere Nahrung, vermied ungesunde Getränke«, »Lebensreform« und »Reform der Wissenschaft«.

Dem als Direktor eines privaten biologischen Institutes tätigen Francé war es kaum zu verübeln, wenn er das Gewicht seiner Wissenschaft maßlos überbewertete. Weitaus verderblicher schon, daß Hans Paasche, getrieben von unbestimmtem Verlangen nach Umgestaltung der vorgefundenen Verhältnisse, auf derlei Irrwege geriet. Denn mit den »Mitgeschöpfen«, die mehr beachtet werden sollten, meinte Francé ja nicht Menschen, seine »Lebensreform« galt keineswegs der Veränderung politischer oder sozialer Gegebenheiten. Das war weit entfernt von Moritz von Egidys Forderung »den Gerechtigkeitssinn zu erhöhen, dem Frieden zu dienen, dem guten ... Genius des Volkes zu huldigen.«

Die angesichts Paasches stattlicher Bibliothek niedrigen Bestandsnummern von Francés Werken beweisen, daß ihr Besitzer solche Anschauungen etwa 1908 kennenlernte. Dem nach einem Kurs suchenden Marineoffizier erklangen sie wohl wie Offenbarungen. Er glaubte, die Ursache dafür gefunden zu haben, weshalb seine Mitmenschen Kritik an den Vorgängen in Deutsch-Ostafrika zurückwiesen, warum sie immerfort »von der Abrechnung mit kriegerischen Stämmen, von Gefechten, von Siegen« hören wollten: »Alle diese Menschen sind betäubt, betrunken. Der nüchterne Verstand muß die Dinge so sehen, wie ich sie sehe, und ich glaubte zu erkennen, daß tatsächlich die tägliche Betäubung die Menschen unfähig macht, die Stimme ihres Gewissens zu hören.«[8] Das war wirklich so gemeint: Die zuweilen barbarischen Trinksitten seiner Landsleute, am offenbarsten in den Gelagen unter Militärs oder Korpsstudenten, erschienen ihm ebenso als Wurzel allgemeiner Verrohung und

Verdummung wie die gemeinhin übliche ungesunde Ernährung, die naturferne Lebensweise. In der Tat sah es so aus, als ob es ursächliche Zusammenhänge gäbe zwischen Stammtischgebaren und nationalistischer Verbildung, zwischen der in der Marine alltäglichen Trinksitte, auf »den Tag« – der kriegerischen Entscheidung – anzustoßen und Großmachtwahn. Hans Paasche brauchte mehr Zeit und noch einen Aufenthalt in der Fremde, um klarer zwischen vordergründigen Auswirkungen und tieferen Beweggründen unterscheiden zu können. Zunächst einmal gründete er 1908 in Kiel die »Vereinigung abstinenter Offiziere der Kaiserlichen Marine«.

Ein erheblicher Teil des Jahres 1907 war über der Arbeit an »Im Morgenlicht« vergangen. Paasche diktierte dem Sekretär seines Vaters das Manuskript – Hermann Paasche wirkte gewiß auf die Gestaltung ein und übergab es dem Berliner Verlag, in dem er selbst veröffentlichte. Danach verbrachte Hans Paasche mehrere Wochen oder gar Monate in einem Wiesbadener Sanatorium und muß dann irgendwann seinen Dienst in der Marine wieder aufgenommen haben. Ziemlich sicher ist allein, daß er damals in Kiel tätig war. Mit einem Datum verbinden lassen seine Aufenthalte sich erst wieder am 19. Dezember 1908, als er Ellen Witting in der Berliner Matthäikirche heiratete. Diese Kirche wurde gewählt, weil die Wittings der Matthäikirchgemeinde angehörten – vermutlich konvertierte schon Richard Wittings Vater zum Christentum. Möglich, da Paasche darauf keinen Ehering trägt, daß zuvor eine bekannte Fotografie des Paares entstand: Ellen im mit kostbarer Spitze gezierten Seidenkleid blickt in die Kamera, und man sieht ihr an, daß sie glaubt, noch nie in ihrem Leben so glücklich gewesen zu sein; Hans trägt Marineleutnantsuniform, den Offiziersdegen an der Seite, das schwarz-weiße Band des Kronenordens im Knopfloch. Sein Gesicht – es wirkt sauber und tatsächlich, wie Witting es nannte, knabenhaft – ist etwas abgewandt, erscheint versonnen, fügt sich nicht in die vom Fotografen arrangierte Pose. Der Ausdruck mutet wahrhaftig, um abermals Wittings Bericht zu bemühen, in dem das Wort zweimal erscheint, seltsam an.

Das Ehepaar zog nunmehr nach Kiel, wo Hans Paasche Navigationsoffizier auf dem Linienschiff »Schlesien« war. Die erst anderthalb Jahre zuvor in Dienst gestellte »Schlesien« war mit 13 200 Registertonnen eines der größeren deutschen Kriegsschiffe – sie wurde drei Jahrzehnte später unter dem Namen

»Schleswig-Holstein« bekannt, als ihr Feuer auf die Westerplatte bei Danzig den Zweiten Weltkrieg eröffnete. Paasches Kommando sprach also für eine gewisse Wertschätzung, wenngleich er nunmehr endlich Beförderung hätte erwarten dürfen. Weshalb es dazu nicht kam, erklärt der Lebenslauf: »Der militärische Frontdienst fiel mir jetzt sehr schwer. Ich sehnte mich nach Afrika zurück und hatte kein Interesse für die Waffenausbildung. Ich ließ mir kleine Nachlässigkeiten im militärischen Dienst zuschulden kommen. Der damalige Flottenchef, Admiral von Holtzendorff, redete mir selbst noch zu, ich sollte mich überwinden, es kämen dann später bessere Stellungen für mich, ich dachte aber an meine Pläne für Ostafrika und wollte meinen Abschied. So wurde ich mit dem Charakter als Kapitänleutnant im Frühjahr 1909 entlassen.«[9] Daß es sich so verhielt, bestätigt das Urteil Vizeadmiral Kochs, Chef des Admiralstabes der Marine: »Ich habe den Kapitänleutnant Paasche als einen vielseitig gebildeten und begabten Menschen kennen gelernt, der aber die für einen Offizier unerläßlichen militärischen Eigenschaften völlig vermissen ließ.«[10]

Hans Paasches Verhältnis zu seinen Kameraden war das wohl kaum abträglich. Dafür spricht ein silberner Trinkbecher mit seinen Initialen und der Gravierung »S.M.S. 'Schlesien' 3.IV.09", der sich heute im Besitz Helga Paasches befindet – ein Geschenk der Besatzung zum Geburtstag. Die überaus spärlichen Hinweise auf die Kieler Zeit enden mit einem Besuch von Gabriele und Richard Witting im Sommer 1909. Es war fast schon ein Abschied, denn das junge Paar bereitete damals seine Forschungsreise nach Afrika vor, die es in das Quellgebiet des Nils und zu den Vulkanbergen am Kivusee führen sollte. Wahrscheinlich finanzierten die Wittings diese recht kostspielige Unternehmung zu einem erheblichen Teil. Ihr Vertrauen in die Fähigkeiten ihres Schwiegersohnes scheint doch größer gewesen zu sein als Richard Wittings Bericht das vermuten läßt.

Zeit des Orions

Der Orion, das funkelnde Wintergestirn unserer Breiten, überstrahlt auch Ostafrikas Steppen. Mit ihm verglichen erscheint das Kreuz des Südens wie ein fahler Kinderdrachen, der am ohnehin nur dürftig erhellten südlichen Sternhimmel schwebt.

Im fragmentarisch erhaltenen Stückwerk der »Hochzeitsreise nach den Quellen des Nils« findet sich Hans Paasches Anmerkung, er wolle einem Teil der Reisebeschreibung den Titel »Zeit des Orions« geben. Vielleicht dachte er dabei an Stunden, in denen der Mond sich hinter Bergketten verbirgt, der Orion nach Westen flieht. Dann tönt den Himmel ein Blau, das er vom Tiefsee her kannte, es ist kühl und sehr still, und der Wachende mag wohl vermeinen, er sehe nochmals den ersten Tag heraufdämmern. Es könnte sein. Der Mann, der damals in der Savanne wachte, war ein sternkundiger Seefahrer und mußte wissen, daß dem Jäger Orion beständig ein todbringender Widersacher folgt: der Skorpion.

Zum soeben erwähnten Stückwerk gehört auch eine Fotografie.[1] Sie zeigt Hans Paasche, gekleidet in helles Flanellzeug und mit Tropenhelm, wie er in der den Afrikanern abgeschauten Weise, ohne den Stamm mit Armen oder Beinen zu umklammern, eine Kokospalme erklettert. Links davon, stets erdverbundener als ihr Mann, steht Ellen im langen weißen Kleid, einen der hübschen Topfhüte jener Zeit auf dem Kopf. Wie immer sieht sie Hans bewundernd zu, und wie fast immer – so dürfen wir vermuten – wird sie ihn zu dem Spaß angestiftet haben. Das als Postkarte verwendete Foto ist zum Glück datiert: »Nairobi, den 17. November 09«. Zum Glück deshalb, weil sich daraus schließen läßt, daß die Paasches über Mombasa, nicht über Dar es Salaam, nach Ostafrika kamen. Freilich, in Nairobi – derzeit lediglich eine Ansammlung mit Blechen gedeckter Hotels, Wohnhäuser und Läden, die sich um den Lateritschlamm der wenigen Straßen, den Bahnhof und das »Hoteli ya Kingi Georgi«, das Gefängnis, scharten –, in dieser hochgelegenen, meerfernen Stadt ohne Salzhauch, gab und gibt es keine Kokospalmenhaine. Die Aufnahme stammt also von der Küste, sicherlich aus Mombasa.

Der Hafen Mombasa muß besonders Ellen sehr eindrucksvoll erschienen sein: fuchsrote Klippen, schäumende Brecher am grün heraufschimmernden Korallenriff, die Filigrane der Kokospalmen am weißen Strand. Linker Hand die schroffen, mit Flechten bedeckten Mauern von Fort Jesus, zur Rechten ein Gewirr aus Masten, Rahen und eingerolltem Segeltuch, die dickbäuchigen, rotholzfarbenen Dhaus aus Indien und Südarabien mit hohen, von Schnitzwerk gezierten Achtersteven, dutzendweis verbunden vom Wust aus Leinen, Ketten, Laufbrettern. Auf dem Kai Säcke voller Kaffee, Schildpatt, Kopra, Gewürznelken, Harze, Porzellanschnecken. Dann Teekisten, Drahtbündel, Steinsalzbarren, Häute- und Leinwandballen nebst allerlei Überfluß aus den Füllhörnern Europas und Amerikas. Dazwischen Menschen – Araber, Inder, Swahili und andere Afrikaner, ihre langen weißen oder bunt bedruckten Gewänder, Umhänge, Schurze, schillernden Turbane, in der Sonne glänzenden, kahlgeschorenen Köpfe, fremden Gesten und Laute –, beladene Muscatesel, kaum größer als ein Kalb, das Fell mit Henna rotgefärbt, Geflügelkäfige, zitternde, an den Beinen gefesselte Hammel, Lämmer, Ziegen. Und über allem Fliegenschwärme, ein beißender Gestank von verfaulenden Algen, Urin, gesalzenen Häuten, dem Schweiß der Lastträger und dem Speichel der Betelkauer.

Tags darauf wohl ein Bummel durch die engen, schattigen Gassen der Altstadt, begrenzt von mehrstöckigen Häusern aus Korallenkalkblöcken mit kunstreich geschnitzten Fensterläden und messingbeschlagenen Türen. In den Gärten, am Mauerwerk Bougainvilleen, Jacaranda und Oleander. Hin und wieder ein Mangobaum, dessen Wurzeln noch umklammern, was von der Swahilikultur des Küstenstriches blieb: bröckelnde Ruinen mit leeren Fensterhöhlen, in denen Tauben nisten. Vermutlich auch ein Abend auf den Wällen von Fort Jesus, zwischen den schwarzmäuligen, bronzenen Kanonen glückloser portugiesischer Eroberer, herabblickend auf das unzerstörbare Meer. Und ein Morgen am Strand von Nyali, wo der Wind die Stirnen der Liebenden kühlt.

Irgendwann, sicherlich schon nach wenigen Tagen, die Bahnfahrt nordwestwärts. Durch Makupa Creek, vorbei an tausend Hütten, gedeckt mit Palmblättern oder dem flachgehämmerten Blech von Petroleumkanistern, durch die Taruwüste, bereits weithin kenntlich an den Skeletten rindenloser Schirmakazien. Und hernach endlich die Wildnis, das Land ihrer Sehnsüchte, die Steppe, von der Hans sagt, sie ermögliche es, daß man auswandere aus seinem alten Menschen.

Die Paasches durchqueren jenes Gebiet, das heute dem Tsavo Nationalpark zugehört. Noch weithin liegt die Zeit, in der hier traurige Zirkuselefanten mit armseligen Stoßzähnen umhertrotten, ehemals stolze Massai um Fotogebühren feilschen und Kikuyu drei Ngomas am Tag tanzen werden, um sich dann von den Zuschauern Geldscheine an die schweißnassen Körper kleben zu lassen.

Die Fahrt mag Hans Paasche Gelegenheit zu ersten Aufzeichnungen geboten haben. Ein von seiner Tochter bewahrtes Wachstuchheft, das Notizen aus späterer Zeit enthält, gibt einen Hinweis darauf, wie sie ausgesehen haben könnten: »Was ist uns die Wildnis? Ich will ganz deutlich sagen, was sie uns NICHT ist: nicht etwas Unvollkommenes, das schleunigst in Kultur genommen werden muß, vielmehr ein Ort, an dem wir unsere Vorurteile einmal nachprüfen sollten, ob wir nicht andere an ihre Stelle setzen könnten.

Ich bin voll Zweifel, ob das, was wir dorthin bringen, gut sei. Deshalb tue ich jeden Schritt in die Wildnis nur zögernd. Die Zeit, fühle ich, braucht solche Menschen wie mich, Menschen, die an allem, was wir herrlich finden sollen, zweifeln.

Der erste Weiße, der die Wildnis betritt, sieht zu, was er ihr rauben kann. Denn das Merkmal der Wildnis ist, daß das Geld der Kulturwelt dort keinen Wert hat, und wenn der Eindringling fragen würde, was ein Gegenstand kostet, so fordert der Wilde ebenso leicht eine Mark wie zehntausend. Der Eindringling hat die Wahl und zieht es vor, gar nichts zu geben ... Der nach ihm Kommende will diese Methode des Plünderns verfeinern, weil die Schätze schon nicht mehr so offen daliegen. Er baut Wege, entwässert Sümpfe, reguliert Flußläufe und fällt den Urwald ...

Die Wildnis flieht vor alledem. Die Tierwelt weicht zurück, und auch im Menschen flieht etwas: die harmlose Unschuld.

Der Weiße aber, der ins Land kommt, ist überzeugt, daß er Notwendiges und Gutes bringt. Er erschließt, hebt, bessert, kultiviert und verfeinert, macht dienstbar, und wie die Ausdrücke alle heißen.

Aber er hat keine Ehrfurcht vor dem, was da ist. Er entheiligt, verwüstet, vernichtet, verschandelt, zerstört, ohne es zu wissen ...

Worin glaube ich nun besser zu sein als diese? Ich zweifle an dem Wert dessen, was ich bringe und habe Ehrfurcht vor dem, was ich finde. Und daher schwebt mir ein ganz anderes Ziel vor: ich denke nicht daran, Menschen und Länder bessern zu wollen, sondern hoffe, selbst besser zu werden im Verkehr mit der Wildnis. Wenigstens nicht Schlechtes ins Land hineinbringen – wer diesen Wunsch hat, der hört nicht auf, neue Maßstäbe an das, was er ist und was er hat, zu legen.

Ich glaube, das Verhältnis zur Wildnis muß das sein, was rechte Eltern zu ihren Kindern einnehmen: sie sehen die Kinder nicht als etwas Mangelhaftes an, sondern als einen vollkommenen Rohstoff, der gleich bereit ist, zur Schönheit oder zum Greuel geformt zu werden, und erziehen sich selbst, weil sie Kinder erziehen wollen.«[2]

Anziehend, klug, anregend. Doch fehlt die Meinung der Betroffenen. Hans Paasche hat das bedacht; der zweite Satz ist keineswegs bloße Ironie, sondern verweist auf den notwendigen Abstand: Der Leser möge prüfen, ob er nicht andere Vorurteile anstelle der alten annehme.

Wo waren sie, die Betroffenen? Im Umkreis der Bahnlinie sahen die Paasches zunächst nur ganz selten die Shambas von Watavetabauern, häufiger schon umherstreifende Massai. »Eine Gestalt wie Apoll und das Gesicht eines Unholdes«, so beschrieb einer der ersten europäischen Reisenden in jener Landschaft das Äußere von Massaikriegern, der il-murran. Das mag zutreffen, wenn man sich Apoll als einen mindestens einen Meter achtzig großen, ausgezehrt wirkenden Mann ohne äußeren Anschein von Muskeln vorstellt, der in einen lediglich bis zur Hüfte reichenden Überwurf aus Ziegenfell gekleidet ist und um den Kopf ein kranzartiges, mit schwarzen Straußenfedern beflochtenes Gestell trägt, das entfernt einer Löwenmähne gleicht. Hinzu kam das notwendigste Handwerkszeug: ein halbzentnerschwerer Schild aus Ochsenhaut, ein zweischneidiges Schwert, eine sehr wirksame Hartholzkeule und der über zwei Meter lange Speer mit breiter, halbmeterlanger Klinge. Dergleichen schien sicherlich geeignet, das Gesicht des Trägers finster wirken zu lassen, und wirklich war ein murran für Leute, die sich zum Märtyrer berufen fühlten, stets ein verläßlicher Partner. Aber das ist nur die halbe Wahrheit. Die Kriegerzeit im Massaileben währte lediglich etwa acht Jahre, nach denen sie ihr Dasein als friedfertige Viehzüchter verbrachten. Allerdings blieben auch die heikle Nachbarn, weil sie glaubten – den nach Afrika kommenden Europäern hätte das nicht so überaus fremd erscheinen sollen –, ihre Gottheit Ngai habe ihnen ein Besitzrecht über alles Vieh dieser Erde verliehen. Zudem trug der Umstand, daß sie acht Jahre vor der Ankunft der Paasches aus den fruchtbaren Weideebenen am Mount Kenya vertrieben wurden, keineswegs zur Befriedung der wehrhaften Völkerschaft bei. Es gerieten deshalb immer häufiger Massai unter die Insassen des »Hoteli ya Kingi Georgi«, ohne daß dies eine annehmbare Lösung des Problems herbeiführte. Denn zum Entsetzen der Kolonialbehörden zogen gefangene Massai es vor, in der Haft zu sterben. Männer, die in der Steppe furchtlos Löwen speerten, hockten angesichts von Mauern und Gittern stumm auf dem Boden ihrer Zelle und starben. Es waren nicht die Gitter, nicht die Kränkung, es war der Skorpion der verlorenen Zuversicht, der die Jäger tötete.

Ein erhebliches Maß an Zuversicht war übrigens auch vonnöten, um den nun folgenden Zeitabschnitt aus Hans Paasches Leben zu beschreiben. Er tat das zwar selbst noch – im November 1917 erwähnte Paasche, er habe das etwa siebenhundert Seiten umfassende Manuskript »Hochzeitsreise nach den Quellen des Nils« im Sommer fertiggestellt und die zugehörigen Fotografien geordnet –, doch blieb von diesen Aufzeichnungen wohl nichts.[3] Paasches Tochter Helga, der Bremer Verleger Helmut Donat, der Autor und andere bemühten sich lange Zeit und an allen erdenklichen Orten vergeblich, die Darstellung aufzuspüren. Gefunden wurden allein drei kurze Veröffentlichungen in Zeitungen oder Zeitschriften, die viel über Hans und Ellen Paasches geistige Wandlung, aber wenig über den Verlauf und die Geschehnisse der Reise verraten.[4] Überdies war bekannt, daß Paasches Enkelin Karin zumindest ein Teilmanuskript der »Hochzeitsreise nach den Quellen des Nils« besaß, das sie gelegentlich veröffentlichen wollte. So jedenfalls lautete die Begründung, mit der Karin Paasche den daran Interessierten jahrelang jegliche Einsicht in das Manuskript verweigerte, bis ihre verwirrten Sinne sie dann trieben, es 1992 zu vernichten. Lediglich ein anderer Enkel, der in Kanada lebende Gottfried Paasche, sah die Aufzeichnungen zuvor, und seine spärlichen Notizen sind neben verstreuten Andeutungen und den Veröffentlichungen in Zeitungen schon alle Hilfsmittel, die Aufschluß über jene Afrikareise geben.[5]

Daher ist es möglich, bisweilen sogar wahrscheinlich, daß die Reiseroute der Paasches im Abschnitt zwischen der Küste und dem Victoriasee anders verlief, als sie hier geschildert wird. Schwer einzuordnen ist zum Beispiel die Mitteilung ihres Sohnes Ivan, seine Eltern hätten den Kilimanjaro erstiegen.[6] Sofern da keine Verwechslung mit dem späteren Aufstieg auf den Nyiragongo in der Virungakette vorliegt, müßte das vor oder bald nach dem Aufenthalt in Nairobi geschehen sein, weil der darauffolgende Reiseverlauf recht gut bekannt ist.

So könnte das Paar vielleicht die von Mombasa über Nairobi nach Kisumu am Victoriasee führende Ugandabahn bereits in Voi wieder verlassen haben. Von dort ging es dann gemeinsam mit wenigen Trägern weiter zum von Palisaden geschützten, schattigen Taveta – damals eine weithin gepriesene Oase in der glühenden Steppe. Überaus heiß wird es allerdings nicht gewesen sein; die ersten ergiebigen Regenfälle kündigten sich an, und vielleicht war die Jahreszeit mit Bedacht gewählt worden, denn sie entsprach jener, in der Hans Meyer und Ludwig Purtscheller zwanzig Jahre zuvor den Kilimanjaro erstmals bezwangen. Gewiß zogen die Paasches über den nur fußbreit ausgetretenen Pfad, der Voi mit Taveta und Moshi verband. Vornan ein Führer, dann Hans in Khakizeug, ein Gewehrträger, Ellen in der Tracht, die sie in Afrika bevorzugte: Bergschuhe, Reithose, Bluse, das zu Zöpfen geflochtene Haar unter breitkrempigem Hut. Hernach Träger mit dem Zelt, dem Gepäck, der Ausrüstung und den Tauschartikeln, mit denen Helfer, Verpflegung und Aufenthalte bezahlt wurden. Ein befremdliches Bild für unser Zeitalter der lässig in Jeans und Anglerwesten gekleideten, in Geländewagen umherfahrenden Touristen, und gewiß auch damals ein ungewöhnlicher Anblick.

Nach Taveta also, zur Ansiedlung am kühlen Lumifluß, der vom Mawenzi herabstürzt, dann gemächlich zum Jipesee fließt und zuvor hohe Galeriewälder aus Raphiapalmen, Kigelien mit wurstartigen Früchten, Feigen- und Wollbäumen bewässert. Die Bewohner der Landschaft sind regsame Bauern. Sie unterscheiden sich durch ihre Lebensweise gänzlich von den Massainomaden, haben jedoch viele ihrer Äußerlichkeiten übernommen: die Frauen den Schmuck aus um Beine, Arme und Hals gewundenem Draht sowie die Sitte, den Kopf kahlzuscheren; die Männer tun es den Massai in der Bewaffnung, mit der Zopffrisur und in der Gewohnheit gleich, den Körper mit ockerrot gefärbtem Fett zu salben. Ihre Erscheinung wird derart den roten Männergestalten ähnlich, die man auf altgriechischer Keramik dargestellt sieht – ein Vergleich, den Hans Paasche oft gebraucht.

Seine zuweilen idealisierende Bewunderung der Afrikaner führt ihn freilich auch auf Irrwege. So darf vermutet werden, daß die späterhin von ihm aufgestellte Behauptung, in Ostafrika mit vegetarisch lebenden Menschen zusammengetroffen zu sein, auf Begegnungen mit Chagga- oder Watavetabauern gründete. Von denen gaben nämlich viele die Viehzucht auf, weil dies sie nachhaltig vor räuberischen Überfällen der Massai schützte. Als den Viehräubern schließlich Einhalt geboten wurde, verspeisten Chagga wie Wataveta sogleich wieder Buckelrinder, Fettschwanzschafe und Ziegen. Es wird nahezu unmöglich gewesen sein, irgendwo Vorbilder für die vegetarisch lebende, den Alkohol verschmähende Gesellschaft zu finden, die Paasche dann 1912/13 in den Briefen des Afrikaners Lukanga Mukara erwähnte. In Taveta zum Beispiel trank man gern eine Art von Bier, dessen Grundstoff das Mark von Raphiapalmen bildete. Verbreiteter war das Pombe genannte Hirsebier. Seine traurigen Wirkungen mußten die Paasches vielerorts und nicht selten unter den eigenen Trägern sehen. Richtig ist allerdings auch, daß afrikanische Gelage zumeist weitaus harmloser verliefen als die der Kolonialherren und daß man von einheimischen Säufern sagte: »Analewa kama mzungu!« – »Er betrinkt sich wie ein Europäer!«

Was hier als Anmerkung erscheint, war Hans und Ellen Paasche sehr wichtig. Ein 1911 gedruckter, zuvor und danach mehrfach gehaltener Vortrag Paasches mit dem Titel »Was ich als Abstinent in den afrikanischen Kolonien erlebte« verrät deutlich, daß die Hochzeits- und Forschungsreise deshalb häufig zum Feldzug gegen Alkoholismus geriet: »Ich habe nun nie Alkohol an Neger gegeben und kann aus meiner Erfahrung sagen, daß der Neger leicht dazu zu bringen ist, den Alkohol nicht zu wollen. Als Beweis dafür erwähne ich, daß der Islam, der die Abstinenz von seinen Anhängern fordert, in Ostafrika sehr schnell Verbreitung findet. Außerdem aber machte ich auch einen Versuch mit meinen Trägern, die von Hause aus gewohnt waren, mit der Pombeflasche auf der Straße zu gehen. Ich verbot meinen Trägern, Pombe zu trinken, solange sie in meinem Dienste wären. Wer Pombe in der Flasche hatte, bekam wegen Ungehorsams Strafe. Wo meine Frau und ich Pombe fanden, auch in den Dörfern, gossen wir ihn aus. Wir übten eine sehr scharfe Kontrolle, trotzdem gingen die Träger zwei Monate länger mit mir, als sie verpflichtet worden waren. Das geschah bei einer Privatexpedition, die keine Askari und keine Machtmittel hatte!«[7]

Jedenfalls bot Taveta Erfrischung, Rast und Geselligkeit – insbesondere die von Europäern, denn der Ort war Treffpunkt aller im wildreichen Kilimanjarogebiet jagenden Weißen. Ob Hans und Ellen solche Gesellschaft suchten, sei dahingestellt. Möglich ist es, denn Gottfried Paasches Notizen weisen auf ein ausgeprägtes Interesse für die Jagd hin. Ganze Kapitel des von Karin Paasche vernichteten Manuskriptes sollen dem Aufspüren und Erlegen von Großwild gewidmet gewesen sein, und damit scheint übereinzustimmen, daß Paasche nach der Rückkehr begann, ein Buch mit dem Titel »Jagderfolge in Afrika« zu schreiben.[8] Vielleicht bewegten ihn damals Überlegungen zum Zusammenhang von Wildtierhege, Jagd und den in Afrika stets offenkundigen Ernährungsproblemen, die er »Im Morgenlicht« bereits andeutete und zu denen er seine Erfahrungen beisteuern wollte. Solche Bestrebungen wurden darauf in mehreren Veröffentlichungen Paasches sichtbar; der Widerspruch, der im Verhältnis von Jagd und Naturschutz zu liegen scheint, offenbart darin eine ihm eigene Ironie: »Der Erfolg meiner Jagden ist ja nicht ausgeblieben und kommt in hohem Maße dem Wildschutz zugute: Nachdem ich Löwen, Elefanten, Nashorn, Flußpferd, Leopard geschossen hatte, glaubte man mir, daß ich ein Naturfreund sei. So erwarb ich das Recht, für den Schutz der Großtierwelt einzutreten. Ich bemerke, daß man sich dies Recht heute sehr wohl mit unblutigen Trophäen erwerben kann, und ich bin ja der erste gewesen, der die allernächsten Pirschleistungen auf 'große und gefährliche Tiere' mit der Kamera festgehalten hat.

... Heute noch [kann] die Naturliebe des tötenden Jägers wertvoller sein als die völlige Unkenntnis mancher Nichtjäger in der Tierkunde. Und welche gewaltigen Seelenkämpfe habe ich schon bei edlen Jägern erlebt! Allerdings darf niemand da an den unerfreulichen deutschen Jägertypus denken, der sich mit der Weinflasche, der Tabakpfeife und einer Jagdbeute so gern abbilden läßt. Narkose macht echtes Mitleid unmöglich.«[9]

Karin Paasches barbarische Tat nimmt uns die Möglichkeit, alle Beweggründe jener Reise zu erkennen, aber sie war ganz zweifellos kein Jagdausflug. Dafür spricht schon ein Teil der mitgeführten Ausrüstung: Fotoapparate für die Bildformate 9x12 und 13x18 cm, ein Phonograph, mit dem Gesänge und die Geschichten der Märchenerzähler festgehalten wurden. Kenntnis davon gibt zum Beispiel eine der in der Zeitschrift »Junge Menschen« veröffentlichten Reiseepisoden. Was dort beschrieben wird, geschah zwar sicherlich in einer Landschaft jenseits vom Victoriasee, könnte sich jedoch – wegen der sichtlichen Wertschätzung für die Mutter des Häuptlings und anderer Entsprechungen – auch im Land der Wataveta und Chagga ereignet haben: »Wir besuchten am nächsten Morgen das Haus der Sultansmutter, eine riesige, mit feinem Grase gedichtete Hütte. Auch der Boden war mit sauberem, trockenem Grase belegt. Das Innere sah geradezu märchenhaft aus. Im Hintergrunde hingen kunstvolle, schneeweiße Milchgefäße in langen Geflechten. Am Eingang standen wir in einer großen Säulenhalle. Die neuen, schwarzen Holzstützen ragten hoch in das glänzende, berußte Dach hinein. Die Beleuchtung brachte es mit sich, daß die Rohrstengel, die radial das Dach bildeten und durch waagerechte Läufe unterbrochen wurden, wunderlich strahlten. In der Mitte der Hütte war zu ebener Erde eine große, runde Herdstelle aus weißem Ton, worauf ein rotes Feuer glühte. Als dieses Feuer nun angefacht wurde, sahen wir erst eine und dann daneben drei Frauen sitzen, mit Kleidern aus Fell mit weißen Mustern. Sie sahen zu Boden. Die Mutter des Sultans saß hinter einem geflochtenen Schild, hinter einer Schutzwand. Ellen wurde von den Frauen angestaunt; sie trug ihren großen Hut und Reithosen. Der Sultan erzählte seiner Mutter von den Gesängen, die wir aufgenommen hatten, und bat, wir sollten die hier noch mal spielen lassen. Da es stark regnete, blieben wir gern noch länger und erfreuten uns selbst an den wiederholten Gesängen der Kinder. Vor der offenen Tür standen nackte kleine Mädchen und hörten zu. Sie schützten sich gegen den strömenden Regen, indem sie große, grüne Bananenblätter über sich hielten ... Es war ein reizendes Bild.«[10]

Die Reisenden sahen vielleicht auch noch eine der berühmten Tavetangomas. Da standen sich dann rot gesalbte Krieger und geschmückte junge Frauen aufgereiht, erhitzt und singend gegenüber, bis die vom Gesang erregten Frauen auf der Stelle zu hüpfen begannen und derart Kriegergruppen zu erstaunlichen Sprüngen ermunterten: mit angezogenen Beinen, meterhoch,

Schild und Speer in den Händen, die fettigrote Zopffrisur wie einen Löwenschweif schwingend. Ellen wird den Schmuck der Mädchen bewundert haben, die mit Glasperlen verzierten Buntmetalldrahtringe, von denen sich die Watavetaschönen soviele zwischen Schlüsselbein und Kinn um den Hals wanden, daß sie gezwungen waren, auf besonders dafür hergerichteten Gestellen zu schlafen. Hans dagegen könnte eher von den behenden Sprüngen beeindruckt gewesen sein, versuchte wahrscheinlich, es den Kriegern gleichzutun.

Wenige Tage später mag die kleine Karawane den Lumi überschritten haben und durch graubraune Ebenen zu den Wajimbahügeln gezogen sein. Allmählich stieg das Land an, in der Ferne erhob sich das von Quellwolken verhüllte obere Kilimanjaromassiv, darunter schimmerten die grünen Berge des Chaggalandes, bedeckt von Wäldern und Pflanzungen. Nur abends ging noch der Blick zurück in die Steppe, in der die Lagerfeuer der Massai flackerten. Die Träger kamen – obschon getrieben von der Aussicht auf Rast im volkreichen Moshi – immer langsamer voran. Statt der vereinzelten Steppenbäume säumten jetzt Riedgräser, hohe Stauden und dicht belaubte Sträucher den Pfad. Neugierige erschienen am Weg: »Während wir gehen oder stehen bleiben, um zu betrachten, zu messen oder aufzuschreiben, sehen uns die einsamen Menschenkinder bewundernd an. Der Kompaß, die Kartenskizze und die Tätigkeit des Schreibens beschäftigt sie. Sie scheinen in ihrer Unschuld zu wähnen, daß solch Kulturbesitz nur Gutem, nur einer besseren Zukunft dienen müsse, und ich schäme mich geradezu, wie ich denke, wie schlecht wir mit all diesen Dingen die Erde verwalten, welche Tränen und Blutströme, welche Schmerzen wir verschulden.«[11]

Es ist schön, daß diese Sätze Hans Paasches überliefert wurden. Er hatte also nichts vergessen. Nicht die fragwürdige Hinrichtung, die Toten im Maisfeld, die erschossenen Gefangenen. Eine der mit dem erwähnten Manuskript vernichteten Federzeichnungen Paasches stellte übrigens eine an Goya erinnernde Szene dar: Menschen, aufgereiht vor den Gewehrläufen eines Erschießungskommandos. Quälende Erinnerungen. Da täuscht sich, wer angesichts der exotisch wirkenden Unternehmung zu dem Eindruck gelangt, die Paasches seien nach Afrika gekommen, um Pombe zu verschütten, den Menschen unbekümmert ihre Lebensanschauungen aufzuzwingen, von hohen Bergen herabzusehen, Elefanten zu töten. Statt dessen sollte die Hochzeitsreise zu den Quellen des Nils tief nach innen führen und schließlich auch ins innerste Deutschland.

Das Siedlungsgebiet der Chagga prägten sauber gerodete und sorgsam bestellte Täler. Auf den von Bewässerungsgräben durchzogenen Feldern gediehen Kaffee, Bananen, Tabak, Körner- und Hülsenfrüchte. Für die Reisenden, die gekommen waren, um fremden Lebensformen nachzuspüren und sich ahnend daran zu messen, wiederum eine anregende Erfahrung: »Der Dschagganeger«, bemerkte zwei Jahrzehnte zuvor Hans Meyer auf seinem Weg zum höchsten Gipfel Afrikas, »muß hart arbeiten, vielmal härter, als es der Europäer in diesem Land vermöchte, und hat darum wie jeder ostafrikanische Neger einen Maßstab für die Erzeugnisse seiner Arbeit, an dem die törichten Märchen, daß man in Ostafrika für einen Klapphut und eine alte Husarenjacke alle Schätze Äthiopiens kaufen könne, zu Schanden werden.«[12]

Auch Hans Paasche kannte die achthundert Meter hoch gelegene, braunrote Ebene um Moshi sicherlich von seinem zwei Monate andauernden Jagdausflug im Jahre 1906 her. Dem Wild folgend, mag er im Verlauf von Streifzügen weiter auf das von drei Gipfeln überragte Kilimanjaromassiv – mit dem abgeflachten Shira, der Eishaube Kibo und der Zackenkrone Mawenzi – gelangt sein. Manche Säugetiere der Hochlandsavanne zieht es ja zuweilen in erstaunliche Höhen, und es bleibt zum Beispiel rätselhaft, was die von Meyer und Purtscheller in einer Gletscherspalte bemerkte Antilope oder jener – durch Ernest Hemingway berühmt gewordene – Leopard dort suchten, den der Missionar Reusch 1926 erfroren im Schnee auffand. Aber der überaus fruchtbare Ort Marungu, die letzte Gelegenheit, bergkundige Führer und Träger anzuwerben, war Paasche bestimmt noch unbekannt.

Da waren die Reisenden schon fast anderthalbtausend Meter hinaufgestiegen. Sie sahen nun, was Afrika sein könnte, wenn es genügend Wasser hätte: Marangu war grün wie der Garten Eden, trug das gesamte Jahr über Früchte und beherbergte wohlhabende Menschen. Von einem Hang grüßte letztmals die Steppe durch einen Korallenbaum herauf, dessen blattlose Äste mit scharlachroten Blüten die Regenzeit erwarteten. Dann nahm immer dichter werdender Regenwald die Paasches auf: Adlerfarn wie in Waldfrieden, nur weitaus größer, von Lianen umschnürte, flechtenbehangene Bäume, deren Laub Ausblicke zu den Gipfeln und in die Ebene verwehrte. Unbekannt, wieviel Zeit damit verbracht wurde, auf Wildwechseln, zumeist jedoch durch das Geröll eines Bachbettes, einige hundert Meter am Tage aufwärts zu gelangen, bis der Wald überging in die Zone erst baumhoher, später immer niedrigerer, zerzauster Erikagewächse. Vermutlich blieben Ellen und nahezu alle Begleiter hier, in der Höhe von etwa zweitausendachthundert Metern, in einem Lager zurück. Schneeweiß und tiefschwarz erhob sich dort der zerklüftete Mawenzi über Heiden und Moore; ringsum rote Fackelblumen, denen Immortellen und weiße und gelbe Strohblumen folgten.

Gewiß, ein imaginärer Aufstieg unseres Helden, eine von mehreren Möglichkeiten. Aber es ist wenig wahrscheinlich, daß Paasche eine andere als die Maranguroute wählte. Also wird er bald die weißen Rhododendronhaine gesehen haben, von Honigsaugern umschwirrte Lobelien, Felskuppen wie flechtenbedeckte Schildkrötenpanzer und märchenhaft anmutende, jahrhundertealte blühende Riesensenecien im Schnee, Sümpfe, den absonderlich geformten Lavaschutt im Sattelplateau zwischen Mawenzi und Kibo, steile Geröllhalden, Schlackekegel. Die aufgehende Sonne über dem Mawenzi, die versinkende über dem Berg Meru, Sternbilder von funkelnder Klarheit. Hernach bizarr abschmelzende Eisblöcke und das Geheimnis des Kibos: ein jäh abstürzender, riesiger Krater mit einer Galerie aus weißem, blauem und von schwefligen Dämpfen verfärbtem Eis.

Der Weg dorthin brachte auch eiskalte Nächte, Temperaturen, fünfzehn Grad unter dem Gefrierpunkt, schmerzhaften Herzschlag, stechende Lungen und vielleicht bisweilen brusthohe Einbrüche im Eis. Weshalb all die Mühe? Der Kibo ist eine Insel im Wolkenmeer, von der man nicht selten nur andere Inseln, aber sonst wenig zu sehen vermag – es sei denn, der Aufgestiegene nutzt Höhe und Einsamkeit, um tief in sich hineinzuschauen. Jedenfalls war es kaum allein sportlicher Ehrgeiz, der Hans Paasche auf den Kilimanjaro getrieben haben könnte. »Von Bergen«, schrieb er nämlich einmal, »kommt alles, was die Ebene befruchtet hat: Gletscherwasser und Salze; Gesetze, Gottes Wort und die Dichtung. Steigen wir auf und sehen wir, was wir den Menschen bringen können!«[13]

Seither sind – allerdings auf gebahnten Wegen – Tausende dort oben gewesen, doch wäre es schon wissenswert, ob Paasche tatsächlich zwei Jahrzehnte nach Meyer und Purtscheller erneut den Kibo bezwang. Entsprechende Nachforschungen beim Kilimanjaro Mountain Club blieben ergebnislos[14], aber das mag lediglich besagen, daß der Aufstieg nicht gemeldet wurde. Zudem könnten stürmisches Wetter oder eine ungünstige Route – an einigen Stellen erstreckt die Eishaube sich teilweise bis an die Basis des Kibokegels und erfordert eine alpine Ausrüstung – Paasche daran gehindert haben, den Gipfel zu erreichen. Es bleibt uns also nur das Zeugnis seines Sohnes Dr. Ivan Paasche, dem dessen Onkel Klaus Witting berichtete, was andere Quellen im Besitz der Familie bestätigen sollen: Hans Paasche sei auf dem Kibo gewesen und wäre beim Abstieg im Sattel zwischen Kibo und Mawenzi seiner Frau begegnet, die das Basislager verlassen hatte und selbständig dorthin aufgebrochen war. Somit ist zumindest eines recht sicher: die erste weiße Frau auf dem Kilimanjaro hieß Ellen Paasche.

Eine andere Spur der Reisenden bildet dann die erwähnte Postkarte aus Nairobi. Sie wurde am 17. November 1909, also während der bis Mitte Dezember andauernden Kleinen Regenzeit geschrieben und könnte deshalb auf ein längeres Verweilen hinweisen. Der nur teilweise erhaltene Text erscheint mit einem vorhergehenden Ausflug zum Kilimanjaro unvereinbar, erwähnt allein Mombasa, Nairobi und das Reiseziel Muanza. Dieser Ort – die heute übliche Schreibweise lautet Mwanza – befindet sich im Süden des Victoriasees; er war damals von Nairobi her ziemlich mühelos erreichbar, wenn man mit der Eisenbahn nach Kisumu fuhr und dann eine der auf dem See verkehrenden Fähren benutzte. Nördlich von Mwanza liegt Ukerewe Island, die größte Insel im Victoriasee, von der Franziskus Hähnel in seinem Vorwort zum »Lukanga Mukara« sagte, daß die Paasches dort im Januar 1910 eine Schilfhütte bewohnten. Ukerewe, in zwei Schriften Hans Paasches erwähnt, ist zweifellos die »Insel im Binnenmeer, wo einst meine Hütte stand und wo zwei Menschen glücklich waren«.[15]

Der Aufenthalt auf der Insel spricht für eine überlegte Wahl, für die Absicht, ungestört Einblicke in afrikanische Lebensverhältnisse zu gewinnen. Hier war es möglich, dem eigentlichen Anliegen der »Hochzeitsreise nach den Quellen des Nils« nachzugehen: »Es gibt nach meinem Wissen nichts in der Welt, was einen Menschen in Anschauung und Denken so stark erfrischt und kräftigt wie das Anschauen von Urzuständen in der Wildnis. Die rohen Hütten der Menschen mit den einfachsten Bedürfnissen zu sehen, ihre Lebensweise, ihre Art, ihre Sitten und Gebräuche, ihre Gesetze kennen zu lernen, das Gerät zu sehen, mit dem sie zu leben verstehen: das unterrichtet und reizt zur Betrachtung, und das Betrachten wird so zur Gewohnheit, daß man, zurückkehrend in die Kultur, von der Gewohnheit nicht läßt, die Menschen mit kritischen Augen zu sehen.«[16] So geschah es, und als schönste Frucht solcher Bemühungen reifte späterhin Paasches »Forschungsreise des Afrikaners Lukanga Mukara ins innerste Deutschland«, eine Satire auf noch heute wahrnehmbare, beschämende Zustände in der deutschen Gesellschaft.

Es gibt inzwischen eine größere Zahl von Mutmaßungen darüber, wer dieser Afrikaner gewesen sein könnte, welchen Anteil er am Entstehen des Werkes hatte. Hans Paasche erklärte dazu: »Lukanga Mukara ist, wie sein Name sagt, ein Mann, der von der Insel Ukara im Viktoriasee stammt. Er ist frühzeitig von der übervölkerten Insel nach der Nachbarinsel Ukerewe ausgewandert und hat dort bei den 'weißen Vätern' Lesen und Schreiben gelernt. Dann ist er auf einer Reise dem Pater, den er begleitete, entlaufen und bei Ruoma, dem König von Kitara, geblieben, wo er als Dolmetscher, Erzähler und Gerichtsberater seine reichen Kenntnisse verwertete. Dort lernte ich ihn kennen.«[17] Die »Weißen Väter« sind eine französische Missionsgesellschaft, die auch auf Ukerewe tätig war und den Paasches besonders anziehend erschien, weil ihre Station den Zusammenkünften eines Kreises von Alkoholgegnern diente. Gewiß hörten sie zuvor davon und wählten die Insel ebenfalls aus diesem Grund für einen längeren Aufenthalt aus. Daß Lukanga Ukerewe sehr gut kannte, bezeugt überdies ein Abschnitt aus seinem dritten Brief, in dem er die musikalischen Fertigkeiten der Weißen preist und von ihrer Musik an die Heimat erinnert wird: »Ich glaube dann am Strande von Ukerewe zu sitzen und sehe die Sonne hinter den Kurwibergen untergehen. Von Ukara her weht der Wind, die Welle brandet, und Ibisse ziehen schreiend vorüber.«[18] Alles übrige jedoch dürfte Fabel und nicht Fakt sein, denn eine andere Textstelle verrät, daß das Land Kitara am Fuße der Virungavulkane in Rwanda lag, dessen König einen anderen Namen trug und in dem andere als die geschilderten Verhältnisse herrschten.[19] Vielmehr zog das Urbild Lukangas wohl mit den fünfundsechzig Männern, die den Paasches vom Ufer des Victoriasees nach Rwanda und Burundi folgten. Vermutlich war es einer ihrer Zeltdiener. Und gewiß begannen die Unterhaltungen, die hernach Anregung zu kritischer Sicht auf die heimische Gesellschaft gaben, bereits auf Ukerewe – wie immer Hans Paasches verschmitzter Gesprächspartner auch hieß und wohin er danach auch ging. Es war ohnehin gänzlich Paasches von den Begegnungen mit Afrika geschärfter Blick, der da mißbilligend und mitleidend die Deutschen besah.

»Ich dachte an eine Insel im Binnenmeer, wo einst meine Hütte stand und wo zwei Menschen glücklich waren. Der Gesang der Ruderer klang über das Wasser. Hochgetürmt in den Booten Säcke mit Reis. Fruchtbarkeit, die nach fernen Ufern drängte.«[15] So erinnerte er sich danach der Wochen am Victoriasee, aber es war keine Zeit unbefangenen Glückes und idyllischer Betrachtung. Selbst der Anblick von den Reismühlen am Seeufer zurückkehrender Boote ließ ihn wiederum zweifeln, grübeln, suchen: »Je länger ich aber hier lebe, desto mehr sehe ich, daß wir vorsichtig sein müssen mit dem, was wir den Negern bringen. Wir halten vieles für gut, was in Wirklichkeit schädlich wirkt. So zweifle ich auch schon, ob wir Europäer den Eingeborenen mit den Reismühlen etwas Gutes bringen? Der Reis, der aus dem Schälwerk kommt, sieht sauberer aus, das ist richtig; es ist aber kein Vorteil. Denn die beliebte weiße Farbe des Reiskornes entsteht dadurch, daß die bunten, äußeren Schichten abgeschliffen werden ... Wir wissen heute, daß das ein Fehler ist; denn die bunten Häutchen, die die Reismühle beseitigt, enthalten wertvolle Nahrungsstoffe, die der Mensch notwendig braucht. Wo die Eingeborenen längere Zeit geschälten Reis essen, bekommen sie Beriberi, eine Krankheit, die verschwindet, wenn dem Kranken das, was die Mühlen vom Reiskorn herunterschälen, als Heilmittel gegeben wird. Es ist also eine Sünde, den Eingeborenen zum Vorteil einer Industrie die Bearbeitung des Kornes abzugewöhnen, damit sie das Korn nach der Fabrik bringen. Wenn sich die Folgen solchen Vorgehens zeigen werden, dann kommen sehr gelehrte Herren der Wissenschaft, sprechen von Entartungserscheinungen der Eingeborenen, impfen und suchen nach Medizin.

Man rühmt aber, es werde Arbeit gespart, wenn nicht mehr in Tausenden von Negerhütten täglich Frauen an den Holzmörsern stehen und das Korn mit schweren Stampfern enthülsen. Auch das ist ein Irrtum ... Die Negerin, die das Korn stampft, hat eine gesunde Körperübung regelmäßig zu verrichten und wird sie nie vergessen, weil der Magen mahnt und ohnedem kein Essen zubereitet werden kann. Aber noch etwas ist wichtig: das Reiskorn, das erst an dem Tage, an dem es gekocht werden soll, von seiner Hülse befreit wird, ist für die Ernährung des Menschen wertvoller als das tote, seiner schützenden Hülle seit Tagen, Wochen und Monaten beraubte, ausgetrocknete Korn.

Die Reismühlen bedeuten also eine große Gefahr für die Gesundheit der Eingeborenen, und ein weitschauendes Kolonialvolk wird den Eingeborenen die althergebrachte und erprobte häusliche Bearbeitung des Kornes lassen.

Es ist falsch zu sagen, Maschinenreis sei reinlicher. Es gibt nichts Reinlicheres als das Mittagessen, das eine Negerin zubereitet hat. Im Ernten, Reinigen und Aufbewahren des Kornes sind die Neger Meister, solange man ihnen das nicht abgewöhnt und ihnen Zeit dazu läßt. Und wenn der Reis in Säcken, die die Neger selbst geflochten haben, daliegt, dann ruht jedes einzelne Korn in seiner Schutzhülle, bis der Stampfer die Schale sprengt.«[20]

Vom folgenden Reiseabschnitt wissen wir durch einen Erlaubnisschein, der am 10. März 1910 vom Kaiserlichen Residenten in Bukoba am Westufer des Victoriasees ausgestellt wurde. Bukoba gehörte ja – wie die anschließenden Gebiete von Rwanda und Burundi – dem deutschen Kolonialreich an, und der Kaiserliche Resident bescheinigte also dem Kapitänleutnant a.D. Hans Paasche die »Erlaubnis zur Reise mit Frau Gemahlin und 5 Boys, 50 Trägern und 10 sonstigen Leuten durch den Bezirk über Kifumbiro, Katoja und Kiboroga durch Karagwe nach Ruanda und Urundi«.[21] Vermerkt wurde zudem, daß Paasche einen Drilling und zwei Büchsen nebst sechshundert Patronen Kaliber 9,3 sowie dreihundert Schrotpatronen mit sich führte und die Kaution für die Reise bei der Residenturkasse Bukoba hinterlegt sei. Drei Tage darauf begann nun das Abenteuer, das die Paasches zu Vulkanbergen am Kivusee, zur Quelle des Nils und an den Hof eines afrikanischen Königs führen sollte. Davor lag zunächst Karagwe: eine Landschaft, geprägt von braunroten Hügelrücken, Steppengras und lichtem Baumbestand, in dem unzählige Nashörner umherstreiften, aber auch von sumpfigen, papyrusgrünen Tälern. Die ersten Sätze in Hans Paasches neun Jahre danach erschienener Schrift »Das verlorene Afrika« zeigen, daß die Reisenden auch in Karagwe mehr als Ziele für das Kaliber 9,3 suchten und fanden: »Ich trete hin und spreche mit dir, Issigati von Karagwe. Du sitzest wieder am Wegerand unterm Tulpenbaum und fragst. Die Stirn unter deinem Kraushaar ist die eines Menschen. Deine feinen Hände greifen naiv nach den blonden Zöpfen meiner Gefährtin. Du glaubst, ich sei weise, weil ich Bücher habe, sei glücklich, weil mein Weib mit mir ist, und mit mir täglich Formen zerbricht und Vorurteile zerstäubt. Du beneidest mich; denn du vermutest vielfaches Leben der Seele hinter Zeltwänden, zwischen Schriftzeilen, und wenn spät der Mond über der Steppe steht und meine Saiten tönen. Der Rauch eurer Feuer zieht herüber, wenn der Wind unvermutet zurückkehrt und diese zarten Schultern küßt, der Träumenden. Ein Löwe brüllt hinter dem Hügel. Schließet das Dornverhau. Es schützt uns, eine Welt, ein Glück.«[22]

Das Zitat spricht für die zärtliche, starke Beziehung Hans Paasches zu seiner Frau, deren Anteil am Gelingen der »Hochzeitsreise nach den Quellen des Nils« fraglos sehr groß war. Einmal nur, aber vielsagend genug, scheint ihre besonnene Gegenwart in den erhaltenen Mitteilungen auf: »Wir entdeckten in uns eine Fähigkeit, mit der Wildnis allein zu sein und uns häuslich einzurichten, wo immer unser Zelt, unsere Hütte stand. Bei früheren Reisen in der Steppe gab ich alle Anordnungen für den Haushalt selbst. Jetzt überließ ich das Ellen; denn ich merkte, daß sie sich freute, wenn sie Aufgaben hatte, die ihr ganz gehörten. Die Küche, die Ordnung des Zeltes und der Koffer und die Beaufsichtigung der Wäsche mußte ich ihr überlassen, und sie gab den Dienern die Befehle in Kisuaheli. Ich konnte dann das Lager schnell verlassen, um die Gegend kennen zu lernen, photographische Aufnahmen zu machen, zu sammeln, Wild zu erlegen und den Weg für den nächsten Tag auszukundschaften. Wenn ich dann wiederkam, fand ich einen fertig eingerichteten Steppenhaushalt vor.

Ellen hatte sich inzwischen schon in den Lehnstuhl gesetzt, hatte Bücher vorgenommen und sich mit Negern und Negerinnen unterhalten, die zum Lager kamen, um Nahrungsmittel zum Kauf oder Tausch anzubieten oder die weiße Frau zu sehen.«[23]

Maximilian Harden bezeichnete Paasche einmal als »fahrigen Planer«. Das mag nun zum geringsten auf den Verlauf der Aufenthalte in Afrika zutreffen, erscheint aber keineswegs belanglos, wenn es Ellens Rolle zu ermessen gilt: sie ist gerade einundzwanzig Jahre alt; der Mann an ihrer Seite bleibt ein anregender, liebevoller Gefährte – sofern seine Vorhaben ihm Zeit dazu lassen. Er eilt voraus, unbeständig, Stimmungen unterworfen, immer noch zerrissen. Da will er die Kunstfertigkeiten und handwerklichen Begabungen von Afrikanern aufzeichnen, ihre Märchen und Tänze bewahren, seinen Landsleuten den Spiegel vorhalten, Ernährungsprobleme und solche der Wildhege lösen, dankbarer Gast, Forscher und väterlicher Freund sein, Schaden von den Menschen abwenden, sie belehren – all das gilt ja auch den Toten im Maisfeld, den Gehängten, den Erschossenen. Nicht, daß er sich gelähmt und in Schuld völlig verstrickt sähe. Aber die Aufgaben, die er sich stellt, sind im Grunde die der ganzen Menschheit, und nur die Naivität, mit der er vielen Problemen begegnet, behütet ihn vor dem Zerbrechen: »Heute einen Krug Matamapombe und einen Krug Honigbier ausgegossen. Wo ich nur Neger sehe und unter diesen Negern so häßlichen Alkoholismus, denke ich an die Notwendigkeit, daß jeder Weiße, der her kommt, Abstinent sei. Diese Neger dürfen nichts Halbes sehen.«[24] Das ist weder anmaßend noch grotesk. Paasche will »selbst besser werden«, aber – im Gegensatz zu seinen Aussagen in der Betrachtung »Die Wildnis« – auch »Menschen und Länder bessern« und kann deshalb nur Held einer Tragödie sein: ein schwieriger Partner für eine einundzwanzigjährige Elevin. Doch die Harmonie der beiden scheint ungebrochen. Freilich fehlt Ellen Paasches Stimme; das Tagebuch, das sie in Afrika führte, ist verschwunden, ihr Bericht »Makotis Ehe« – während des Ersten Weltkrieges veröffentlicht, weil sie damit zur Ernüchterung und Verständigung der Völker beitragen wollte – war einem anderen Gegenstand gewidmet, Beiträge zum Manuskript der »Hochzeitsreise nach den Quellen des Nils«, im Verlauf einer Vernehmung von ihr erwähnt, sind wohl vernichtet. Erhalten blieb dagegen die Fotografie einer erschöpft wirkenden, lächelnden jungen Frau mit dünnen blonden Zöpfen. Zwischen den hochgestreckten Händen hält sie einen blühenden Zweig.

Zunächst dem Südufer des Kageras folgend, bewegt die Karawane sich westwärts. Der Kagera ist der wasserreichste Zufluß zum Victoriasee und gehört dem Quellsystem des Weißen Nils an – ein silbern leuchtendes, gewundenes Band, gesäumt von ausgedehnten, hellgrünen Papyrussümpfen. Schlammige

Wege führen über eintönige Grasrücken und durch vor Nässe triefende Bananenhaine. »Wenn jemand die Entfernungen vom Ufer des Victoriasees ... (bis zum Rusizi) auf der Karte abgreift, kann er sich nicht vorstellen, welche Anstrengungen wir durchgemacht haben ... In Wirklichkeit aber gehen wir durch Sümpfe und Flüsse, die keine Brücken haben, bergauf, bergab, bei schlechtem und gutem Wetter.«[25] Und manchmal werden die Reisenden abweisend empfangen. Die Ankunft einer Karawane bedeutet schließlich häufig den Verlust von Nahrungsmitteln, Brennholz, ein versiegendes Wasserloch, selbst wenn die Ankömmlinge reichlich Tuche, Glasperlen und Geld hinterlassen. Auch begegnet man einander bisweilen nur widerstrebend: »Der Sultan Ruhikira von Katojo ... ließ sich entschuldigen, daß er den Weg zu mir nicht machen könne. Er schickte ein Rind, für das ich nur 10 Rupien zahlen sollte. Das war sehr freundlich. Meine Träger sagten, als sie hörten, daß der Alte nicht kommen könne: 'Amechoka wasungu' – 'Er ist der Europäer müde!' Und wir hatten Lust, es ihm zur Ehre anzurechnen, daß er sich vor dem unehrlichen und kindischen Radau ekelte, mit dem die Neger hier den hochgestellten Europäer empfangen zu müssen glauben. Wobei es übrigens nicht sicher ist, wer von beiden Parteien den andern mehr verachtet.«[26]

Paasches Route entspricht lange Zeit ziemlich genau jener, die drei Jahre zuvor von Mitgliedern der Deutschen Zentral-Afrika-Expedition unter Adolf Friedrich, Herzog zu Mecklenburg, begangen worden war. Er muß den im September 1909 erschienenen Expeditionsbericht[27] eingehend studiert haben, folgte ihm jedoch nicht blindlings. Vielleicht schon deshalb, weil es ihn entsetzt haben muß, darin die Nachricht zu finden, die Unternehmung habe einhundertachtzig Trägerlasten Getränke mitgeführt. Sicherlich sahen Hans und Ellen gemeinsam mit den Wittings, die schließlich die »Hochzeitsreise nach den Quellen des Nils« in erheblichem Maße finanzierten, auch die im Frühjahr 1909 in Berlin ausgestellten Sammlungen. Derlei Zusammenhänge sind schon deshalb interessant, weil sie den Zeitraum der Reise begrenzen. Im Besitz Helga Paasches befindet sich übrigens ein aus der illustrierten Beilage einer Zeitung ausgeschnittenes Bild des Paares; der Text weist auf die Rückkehr der Paasches aus Afrika hin, und daneben hat jemand »November 1909-August 1910« geschrieben.

Weiter. Am Morgen dampfende Flußlandschaften, verdorrtes Gras bricht unter den Füßen der Träger, auf dem Pfad, der nicht immer zu heiteren Dorfszenen führt: ausgestreutes Mehl vor den Hütten, um bösartige Geister zu vertreiben, die Bewohner aufgefressen von den Schrecken der Nacht oder denen menschlicher Verderbtheit. Am Nachmittag das Lager um das weiße Zelt, Honigsuche im Wald, der Mehlbrei in den Töpfen oder Fische auf dem Rost, strahlende Gestirne und der Schein eines Steppenfeuers in der Ferne. Dazu der Klang der Geige.

Allerdings nicht selten auch der von Hans Paasches Gewehr. Einmal geht er mit Ellen – er kann das tun, denn Ellen fürchtet sich lediglich vor Fledermäusen – auf die Nashornjagd: »Wir hatten das plumpe Tier in seiner Harmlosigkeit überrumpelt und totgeschossen. Nun konnte es kein anderer töten, auch wenn er sich das Recht dazu kaufte. Das war so etwa das einzige freudige Gefühl, das wir hatten, als wir an dem Tier standen und, seltsamer Widerspruch, an seiner Leiche entstand der Entschluß, dafür einzutreten, daß dieses Tier der Landschaft Karagwe, in der es seit Urzeiten lebt, erhalten bleibt. Dieses Tier, das in der Einöde lebt, dessen Nahrung Baumäste sind, die keinem Menschen unmittelbaren Nutzen bringen, und das durch seinen täglichen Weg schöne, schattige Wege im Urwald offen hält, Wege, auf denen der Mensch in die geheimsten Schlupfwinkel der Wildnis gelangt.«[28]

Im Lande Lukanga Mukaras

Der Bezirk Bukoba – und damit Karagwe – endete dort, wo der Kagera seinen Lauf nach Süden wendet. Heute die Grenze zwischen Tanzania und Rwanda kennzeichnend, schied er damals Deutsch-Ostafrika von dem zugehörigen Gouvernement Ruanda. Das ist die Gegend, in der die Spur der Paasches sich einstweilen verliert, bis derzeit zugängliche Überlieferungen sie am Kivusee wieder erscheinen lassen.

Resident in Ruanda war seit 1907 Richard Kandt, vormals Arzt in psychiatrischen Kliniken, dann zehn Jahre lang Forschungsreisender in den Grenzgebieten zwischen Belgisch-Kongo und Deutsch-Ostafrika, Verfasser der 1904 erschienenen, hervorragenden Schilderung »Caput Nili. Eine empfindsame Reise zu den Quellen des Nils«. Wie die Veröffentlichungen Adolf Graf von Götzens und Adolf Friedrich zu Mecklenburgs dürfte auch Kandts Buch für den Verlauf der »Hochzeitsreise nach den Quellen des Nils« erhebliche Anregungen geliefert haben. Hans Paasche schätzte und bewunderte den Autor sehr; Kandt war keiner von jenen Deutschen, die »im Stile Alt-Heidelbergs« an Palmenstränden landeten, kein alldeutscher Herrenmensch. Folgen wir den von Gottfried Paasche aufgezeichneten Bruchstücken aus dem vernichteten Manuskript, dann kam es recht bald zu einer Begegnung mit dem Residenten:

»Ich merkte, daß er für mein Bestreben, Elefanten zu schießen, kein Verständnis hatte. Mir war die Elefantenjagd noch der größte Wunsch, ich war sehr einseitig darin, und das Lesen vieler Jagdbücher hatte in mir einen seltsamen Ehrgeiz großgezogen. Dr. Kandt verurteilte wohl jede Jagd im Grunde und war da auf dem Standpunkte, zu dem ich erst durchdringen muß, weil ich eine lange, tiefgreifende Erziehung zur Jagd durchgemacht habe. Dagegen war ich im Naturschutz doch radikaler. Kandt meinte, der Elefant sterbe ja doch aus ... In seltsamem Widerspruch mochte mein Bestreben stehen, Elefanten zu schießen! Ich gebe zu, wenn damals schon Gesetz gewesen wäre, was wir später erst zum Gesetz vorschlugen, mir wäre wohler gewesen: Ich war zu ehrgeizig, zu abenteuerlustig, zu begehrlich.«[1]

Offensichtlich sind hier Anzeichen späterer Bearbeitung des Textes, der immerhin zeigt, daß Paasche seine Jagdleidenschaft nicht unbekümmert genoß. Seine Haltung zur Großwildjagd in Afrika wandelte sich selbst noch im Verlauf der Reise – spätestens dann, als er auf dem Rückweg zur Küste von Massakern hörte, mit denen verhindert werden sollte, daß die in Britisch-Ostafrika ausgebrochene Rinderpest nach Süden übergriff. Damals wurden Truppen eingesetzt, um das Wild ganzer Landstriche auszurotten und derart das Vieh auf den wenigen Farmen Deutsch-Ostafrikas vor Schaden zu bewahren. Der schonungslose Umgang mit den Wildbeständen gab Hans Paasche ja schon 1906 Anlaß zu einem »warnenden Aufsatz«.[2] Auch »Im Morgenlicht« beunruhigte die Leser immer wieder durch Mitteilungen über unbedarfte Beraubungen der Natur: So, wenn der Autor erwähnt, daß Nashörner von gewinnsüchtigen Jägern zu Dutzenden geschossen wurden, obgleich jedes Horn nur »den Preis eines Hasen« einbrachte.

Rwanda – künftig sei die heutige Schreibweise verwendet – war ohnehin für Jagdabenteuer weniger geeignet. Mit nahezu zwei Millionen Einwohnern verhältnismäßig dicht besiedelt, wurde das Land weithin von baumlosen, kegelförmigen Hügeln geformt, auf denen terrassenförmig angelegte Felder grünten. Das galt nicht überall, zum Beispiel bot sich dem Reisenden im Nordwesten die überwältigende Szenerie der Virungavulkane dar, im Westen wucherte der damals noch kaum angetastete Rugegeurwald fast bis zum Ufer des Kivusees hinab. Die verschiedenen Bewohner dieser Landschaften waren schon an ihrer Körpergröße kenntlich. Da gab es in den Bergwäldern und auf Inseln im Kivusee lebende Batwapygmäen, kundige Jäger, die dem Wild mit Pfeil und Boden nachstellten und selbst dort, wo sie seßhaft lebten, keine Feldarbeit verrichteten, sondern sich der Töpferei zuwandten. Weitaus zahlreicher waren zur Bantusprachfamilie gehörige, negride Wahutu, die Hackbau betreibende Bauernbevölkerung. Beherrscht aber wurde der Staat Rwanda – der Begriff traf bereits durchaus zu – von den nilohamitisch geprägten Watussi: überaus hochwüchsigen Hirtennomaden. Sie unterwarfen Rwanda, von Norden kommend, seit dem 15. Jahrhundert. Ihr Oberhaupt, der von einer kriegerischen Adelskaste umgebene Mwami oder König, war absoluter

Herrscher und regierte das Land mit der Hilfe tributpflichtiger Großhäuptlinge. Die deutschen Kolonialherren entschieden deshalb klug, als sie einen Mann wie Richard Kandt zum Residenten beriefen und Rwanda weitgehende Autonomie gewährten. Jeglicher gewaltsame Eingriff in die festgefügten Machtstrukturen hätte zu unbezähmbarem Chaos geführt.

Die Paasches und ihre Begleiter überschritten die rwandaische Grenze noch im März 1910. Ihr Weg über grasbestandene, nach Westen hin allmählich höher gelegene Hügel wird sie durch den Urwald von Bugoye zum Nordufer des Kivusees geführt haben, ohne daß sie den an die Sagenwelt gemahnenden Watussi und ihrem ruhelos umherziehenden König begegneten.

Statt dessen fanden sie großartige Berggestalten und den wohl schönsten See Afrikas. Zusammengedrängt in einem lediglich fünf Dutzend Kilometer breiten Gebiet, erheben sich dort die zehn ebenmäßigen Kegel der Virungavulkane bis zur Höhe von viereinhalbtausend Metern. Zumindest zwei davon, Nyiragongo und Nyamlagira, entladen immer wieder einmal Fontänen aus Rauch und Asche über die Umgebung, während glühende Lava – den Anwohnern eine unverhoffte Mahlzeit von gekochtem Fisch bescherend – zähflüssig bis in den See quillt. Und weit unter dem schneebedeckten Karisimbigipfel liegt mit tief in das Land hineingreifenden Buchten der Kivusee, fahl silberblau, umrahmt von sanft gerundeten Hügeln und Bergkuppen oder bis in die Wolken aufragenden Gebirgen. Aus irgendeinem Grunde – Hans Paasche mag das nach früheren, unliebsamen Erfahrungen anziehend erschienen sein – beherbergt das Gewässer keine Krokodile; ungefährdet nehmen die Fischer ihre Reusen auf. In Paasches Erinnerung ist diese Gegend zum Phantasieland Kitara verklärt worden, aus dem Lukanga Mukara vorgeblich entsandt wurde, das innerste Deutschland zu erforschen:

»Die Berge und Täler Kitaras sind durch schmale Steige verbunden, auf denen Rinder, Schafe und Menschen gehen. Wo der Boden von Quellen erweicht ist, treten die Rinder in ihre alten Spuren und lassen Erdschollen wie Schwellen zwischen ihren Tritten. Über die Papyrussümpfe der Talsohlen legen ... Wahutu Rohrbündel, und am Strom wartet ein ausgehöhlter Baumstamm, der als Fähre dient. An den Strohhütten unterm Felsen stehen Bananen; das Korn lagert in geflochtenen Körben, die auf Pfählen stehen, und in einer hohlen Kürbisschale reicht ein Mädchen dem Wanderer den Honigtrunk. Die Häup-

ter der Vulkane Karrissimbi, Sabinjo, Niragongo grüßen herüber. Die Wolken, die über ihnen lagern, ergießen ihre Tropfen
auf die Täler, und das Wasser fließt in lieblichen Bächen zur
Ebene des Kagera.«[3]

Unter den Vulkanbergen am Kivusee ist der 1894 erstmals
von Graf Götzen – zu Paasches Marinedienstzeit Gouverneur
von Deutsch-Ostafrika und sein oberster Befehlshaber in der
Schutztruppe – bestiegene Nyiragongo. Auf damaligen deutschen Karten trug er den Namen Ninagongo, auf englischen
wurde er als Kirunga bezeichnet, und auch Paasche nannte ihn
den Kirungavulkan. Kennzeichnend für den 3 470 Meter hohen
Berg war, daß sich in seinem etwa 150 Meter tiefen Krater zwei
kreisrunde Eruptionsschlote befanden, aus denen zumeist Was-
serdampf brausend emporstieg. Das Naturschauspiel war derart
geraume Zeit zu sehen, bis 1918 ein Ausbruch die beiden Schlo-
te zu einem einzigen vereinte. Diese Eigentümlichkeit des Nyi-
ragongos ist hier von Belang, weil damit ein weiteres der in der
Zeitschrift »Junge Menschen« veröffentlichten Fragmente aus
der »Hochzeitsreise nach den Quellen des Nils« eingeordnet
werden kann. Zudem dürfen wir annehmen, daß der darin be-
schriebene Aufstieg im April 1910 stattfand.

»Aber der Führer will bei uns bleiben und tut recht daran;
denn bald ist an der harten, an verwittertem Boden armen Lava
kein Fußpfad mehr zu erkennen. Die Pflanzen werden spärli-
cher. Die Steigung wird steiler. Wir müssen im Zickzack hin-
aufgehen. Eine Linie über uns: das muß der Kraterrand sein.
Steil, hoch. Der Führer ist vorausgeeilt. Er ruft. Das spornt den
unermüdlichen, reiselustigen Koch zum schnellen Lauf an. Er
läuft und bleibt oben mit einemmal halten. An seiner Überraschung konnten wir erraten, was sich uns zeigen werde. Der
Blick in die große Arena kam trotz aller Erwartung zu schnell.
Die Plastik eines gähnenden Schlundes. In ihm etwa 100 Meter
unter uns ein erstarrter Teich, aus dem zwei kreisrunde Löcher
ausgestanzt sind. Aus dem nächstliegenden steigt blauer Dampf
hervor. Aus konzentrischen Rissen in der erstarrten Fläche zün-
gelt weißer Dampf. Der Kraterrand selbst sieht neugierig in den
Krater. Rings um die grausame Öffnung fällt es so steil, steinig
und feindlich ab. Während wir mit unseren Augen schaudernd
in die Runde sehen, sickern über den zackigen Rand weiße
Dämpfe hinab. Sie tanzen, schweben in dem Riesenzirkus und
fließen auseinander. Es ist, als ob selbst ihnen der Raum zu groß

sei. Sie decken drüben die nördliche Kraterwand, mischen sich mit dem Hauch der Tiefe, decken die Schlünde und nehmen uns endlich das ganze Bild, so daß wir für Minuten auf eine nähere Wirklichkeit, auf uns selbst beschränkt werden, wie um nachdenken zu müssen, was wir gesehen, und zu merken, was wir übersehen hatten.

Wir freuten uns über die Neger, die alle freiwillig und aus Neugierde mit hinaufgestiegen waren. Mit blutenden Füßen waren sie hier oben angekommen; jetzt saßen sie auf den Steinen, für unseren Maßstab der Vorsicht allzunahe dem Kraterrande und schrieben und zeichneten sogar. Der Wäscher Massudi, ein Suaheli, zeichnete den Krater, ohne hinzusehen. Saidi und Clementi hatten Grün gepflückt, das sie nach Hause mitnehmen wollten, und alle sprachen vom 'Kilima ya moto', dem Feuerberge.«[4]

Der Auszug verrät, wie unfertig das Manuskript noch war, aus dem die 1923 veröffentlichten Abschnitte stammen. Der letzte Absatz läßt überdies kaum Zweifel daran zu, daß Ellen Paasche an dem Aufstieg teilnahm, und kaum weniger erstaunlich ist die Erwähnung eines Führers. Denn den Einheimischen galt der Nyiragongo als »wasimu«, verhext, als Sitz des Geisterfürsten Gongo. Gemeinsam mit Gongo sollte dort oben der Geist Riangombe hausen, der über die Seelen von verstorbenen Bösewichten wachte, sie band und züchtigte. Beiden wurde nachgesagt, daß sie Aufstiege zum Gipfel mit dem Tode bestraften. (Im »Lukanga Mukara« begegnet uns Riangombe dann als ein den Menschen wohlgesonnener Berggeist.) Wahrscheinlich hieß der mutige Führer Kisubi – ein Mann, der sich zwei Jahre zuvor noch weigerte, Adolf Friedrich zu Mecklenburg bis zum Gipfel zu begleiten, später jedoch zahlreiche Reisende dorthin geleitete.

Bekannt ist auch der Name des reiselustigen Kochs, von dem in Paasches Aufzeichnung die Rede ist: Makoti. Ellen Paasche widmete ihm 1914 ihre Veröffentlichung »Makotis Ehe«: »Makoti war ein Neger, der uns auf unserer Hochzeitsreise in Innerafrika als Koch begleitete und ein Jahr in unserem Dienst stand. Er war ein kräftiger, hübscher Mensch, etwa siebzehn Jahre alt, und in seinem Benehmen so fein und klug, wie man es von einem 'minderwertigen Farbigen' eigentlich nicht erwarten sollte. Seine auffallendste Tugend war ein aufmerksames, ritterliches Wesen gegen mich. Er half mir, wo er nur konnte. Sah er mich im Gebirge an einer schwierigen, steinigen Stelle klettern, kam er angesprungen, um mir einen festen Stock als Stütze zu geben; wenn der Marsch schwierig wurde, gleich war er da, um mich zu führen, mich über einen Bach zu geleiten, mir einen besseren Weg zu suchen. Er war immer in der besten Stimmung, trotz aller Anstrengung. Die Märsche schienen ihn nicht zu ermüden; als erster stand er auf, als letzter ging er – zu Bett kann man nicht gut sagen, da er auf der Erde schlief – also als letzter wickelte er sich in die Decke!

'Der Neger ist faul!', so lernt man es leider bei uns schon in der Schule. Ich wäre undankbar, wenn ich nicht Zeugnis ablegen würde für den Fleiß der Neger, die ich in Afrika gesehen habe, oder die gar für uns arbeiteten. Makoti war wirklich sehr fleißig ... Er hatte ganz von allein – ohne jemals eine Schule besucht zu haben – lesen und schreiben gelernt ... Wie oft hörten wir, wenn wir bei dem Zelt der Diener vorübergingen, Makotis Stimme, der wie ein Kind stockend und langsam in seinen Büchern las. Er lernte eifrig Deutsch. Ich sagte ihm deutsche Vokabeln, er schrieb sie sich auf, und auf dem Marsch überhörte ich ihn. Wenn wir in ein Gebiet kamen, wo eine andere Negermundart gesprochen wurde, dann fragte Makoti die Eingeborenen und schrieb uns die notwendigsten Wörter auf. Das tat er aber nicht etwa auf unseren Befehl, sondern ganz aus sich heraus, aus der Freude an anderen Sprachen.«[5]

Es wurde von den beiden späterhin noch so mancher Brief zwischen Ostafrika und dem Gut Waldfrieden gewechselt, und sicher gehörte Makoti zu den Vorbildern, die Züge der literarischen Gestalt Lukanga Mukara bestimmten. Ganz zweifellos ist der Hans und Ellen Paasche eigene Glaube an die Belehrbarkeit des Menschen, an seine Fähigkeit zu Besinnung und Umkehr, in Afrika sehr viel seltener als in Deutschland enttäuscht worden. Dafür spricht auch, daß ihren Aufzeichnungen eine Liste ihrer Weggefährten beigefügt war, die nicht nur die Namen der ihnen besonders nahestehenden Menschen – wie Makoti, Masudi, Saidi, Clementi, Magurumangu und Hamis – bewahrte.[6] Darüber hinaus erscheint der Hinweis auf schreibende und zeichnende Afrikaner im Bericht vom Aufstieg auf den Nyiragongo vielsagend genug. Denn es ist keineswegs anzunehmen, daß Stift und Zeichenblock sich unter den Habseligkeiten eines Trägers fanden. Vielmehr hören wir da wohl von der Gegenwart des begnadeten Pädagogen Paasche, dessen

Mühen um seine Mitmenschen sich niemals auf das Verschütten von Hirsebier beschränkten.

Die erwähnte Liste führt den Namen Kibe mit dem hinzugefügten Vermerk »im Kiwusee ertrunken« – nur einer von mehreren Umständen, die auf ausgedehnte Bootsfahrten von Gisenji im Norden oder Ishangi im Süden des Sees hindeuten. Auf dem Kivu verwendete Boote waren etwa zehn Meter lang und einen breit. Man stellte sie in langwieriger Arbeit aus mächtigen Baumstämmen her, die ausgebrannt und mit dem Querbeil geformt wurden. Vier bis fünf Duchten dienten als Sitzplätze für Ruderer, die das Gefährt mit den herzförmigen Blättern ihrer Paddel vorantrieben. Der im Verhältnis zu den halbmeterhohen Bordwänden sehr starke Kiel schützte die ungemein tragfähigen und schnellen Boote vor dem Umschlagen, sofern nicht einer jener plötzlich hereinbrechenden Stürme über den See raste, für die der Kivu berüchtigt ist: Auch Paasches Vorgänger auf diesem Weg, der Herzog zu Mecklenburg, verlor bei solcher Gelegenheit zehn afrikanische Begleiter.

Das Ziel einer der damals unternommenen Bootsfahrten läßt sich sogar annähernd bestimmen: es könnte die dem Ostufer nahe Insel Mugarura gewesen sein, weil allein sie Heimstätte einer großen Kolonie der fledermausähnlichen Flughunde war. Die Tiere flogen abends zu Tausenden nach den benachbarten Inseln, um in deren Feigenbäumen ihren Hunger zu stillen. Der Anblick der gleich Krähenschwärmen vorüberziehenden Flederhunde ist in jener Zeit von mehreren Reisenden beschrieben worden. Auch war Mugarura bis auf wenige und nur zuweilen mit ihrem Vieh herüberkommende Hirten unbewohnt: »Alleinsein – zu zweien – auf einer menschenleeren Insel, von der weite Rundsicht die ganzen Länder der Erde erraten läßt, ohne daß ihr Lärm zu uns dringt; von der Höhe dem Spiel der Winde zuzusehen und auf das Rauschen der Brandung zu hören: wie schön ist das! Kurz vor Dunkelheit gingen wir über die Insel, um fliegende Hunde zu sehen. Immer wieder freuten wir uns, daß eine Geographie vor uns lag, die noch nicht in Reisehandbüchern stand, obwohl wir sahen, wie groß und ausgeprägt die Gebirge, Buchten, Vulkane waren.«[7] Da sind die Virungavulkane gemeint, die man bei klarem Wetter von dort sehr gut sieht: den ebenmäßigen Nyiragongo, den zerklüfteten Sabinyo und den glitzernden Schnee auf dem an Japans heiligen Berg erinnernden Karisimbi. Mugarura bot Rast nach den langen Märschen und vielen Mißhelligkeiten, von denen wir wenig wissen. Einmal nur heißt es, »Ellen hat so etwas wie Sonnenstich. Der Rücken tut ihr weh, und ich kühle sie mit Wasser.«[8] Und Hans Paasche, der unter chronischer Malaria mit ihren Folgen für die Milz und andere Organe gelitten haben muß, sofern er der Medizin immer noch mißtraute? Fraglos war endlich Ruhe notwendig und Zeit zum Bedenken: »Wir stehen vom Schreibtisch auf und lassen uns Stühle in den Hain bringen, so daß wir in die Krone des großen Baumes hinaufsehen konnten, in dessen feinem Dach aus Ästen und Blättern hundert Vogelleiber ruhige Sitze für die Nacht gesucht haben. Das Netz der gleich zum Licht gestellten Blätter ist wie eine feine Stickerei. Immer wieder entsteht Streit in den Zweigen, denn noch kommen neue Schlafburschen. Mehrmals übertönt das Gekrächze der pöbelhaften Menge eine dumpfe stärkere Stimme, die der eines Uhus ähnelt. Es ist die eines Kranichs. Rechts, links ruft laut ein Ibis. Ein Kronenkranich schwebt vom Baum und kehrt im Bogen zurück. Er braucht Sekunden, um sich sicher hinzustellen. Dann wird es fast auf einmal still. Noch klingt das Schreien in den Ohren. Da tönt auch nicht mehr ein Laut, und zugleich huschen die ersten Fledermäuse über unsere Köpfe.«[9]

Die Auswahl solcher Fragmente aus der »Hochzeitsreise nach den Quellen des Nils« wurde vom Gusto des damaligen Herausgebers bestimmt. Sie spiegeln zumeist vergängliche Stimmungen wider, wo man gern vom Werden einer großen Weltanschauung hören würde. Damals muß mehr geschehen sein mit dem ehemaligen Kolonialoffizier, mit der Bankierstochter – etwas, das sie künftig davor bewahrte, im Alltagsjammer davonzutreiben oder in einem faden Paradies zu stranden.

Um einen Begleiter vermehrt – nämlich um den auf einer Insel im Kivusee eingefangenen Graupapagei Kasuku – reiste die Karawane südwärts. Ihr Aufenthalt in Gisenji am Nordufer ist für die zweite Maiwoche verbürgt, in der dritten erschien sie am südlichen Ufer in Ishangi, der deutschen Militärstation nahe der Grenze zu Belgisch-Kongo. Das war nicht fern vom Rusizi, dem reißenden Fluß, mit dem die Wasser des Kivusees in den mehr als einen halben Kilometer tiefer liegenden Tanganyikasee stürzen. Es ist wahrscheinlich, daß Hans und Ellen Paasche an den – heute vor einem Kraftwerk aufgestauten – Rusizifällen standen, das brausende, strudelnd über Felsen gleitende Wasser besahen und die merkwürdige natürliche Brücke besuchten, unter der sich der Fluß einen Weg durch das Gestein höhlte. Luabugiri, früher König Rwandas, hatte hier einen Feigenbaum gepflanzt, bevor er in einem verhängnisvollen Feldzug das rechte Ufer betrat. Ringe aus Stroh und Metall, die Gaben andachtsvoller Wanderer, schmückten noch den Feigenbaum, und deutlich in den Fels der Brücke gepreßt war die Spur von Luabugiris Leibhund zu sehen, von dem die Sagenerzähler wundersame Dinge berichteten. Südwärts davon zog der Rusizi ruhig und gewunden durch ein breites, schilfbestandenes Tal dem Tanganyikasee entgegen. Ihm wollte Hans Paasche eigentlich folgen, mußte aber sein Vorhaben aufgeben. Das Rusizital war derzeit ein Hort der Schlafkrankheit und durfte von Reisenden nicht betreten werden. Künftig wandte die Expedition sich deshalb nordostwärts: zum Rugegeurwald, zur Nilquelle, zum Hof des Königs von Rwanda und sodann wieder dem Süden entgegen, nach Burundi.[10]

In Ishangi gab es mancherlei zu sehen, doch scheinen – jedenfalls wecken Gottfried Paasches Notizen diesen Eindruck – weiterhin zwei Themen bestimmend für den Reisebericht: Alkohol und Elefanten. Bereits in Gisenji hörten die Paasches von einem abstoßenden Zwischenfall, der ihren Abscheu vor alkoholischen Getränken wiederum bestärkte: »Wie schmählich der Eindruck betrunkener Europäer an solcher Stelle ist, das haben wir selbst einmal erfahren, als wir an den allerfernsten Punkt deutschen Einflusses, nach Kissenji am Fuß der Kirungavulkane, an der Grenze des Kongostaates, kamen. Dort hatte der Führer des benachbarten belgischen Offizierspostens ein paar Tage vorher den Unteroffizier, der vorübergehend den deutschen Posten führte, besucht. Die beiden hatten zusammen getrunken, waren bald betrunken und prügelten sich schließlich vor den versammelten Schwarzen auf der Straße des Dorfes. Das waren weit und breit die einzigen Europäer, die einzigen Vertreter der Nationen, die sich einbilden, Kultur verbreiten und dabei Alkohol trinken zu dürfen.«[11]

Ein rasches Ergebnis derartiger Erlebnisse und Überlegungen war nach der Heimkehr der Vortrag »Was ich als Abstinent in den afrikanischen Kolonien erlebte« – der »Lukanga Mukara«, in dem ein Brief das Thema satirisch widerspiegelt, mußte länger reifen. War es naiv, dem Übel Alkohol, das in Deutschland ja tatsächlich für »Not, Verbrechen, Schamlosigkeit, Irrsinn und tausend Gebrechen« verantwortlich war, solche Aufmerksamkeit zuzuwenden? Verschwendete da jemand angesichts grundsätzlicher Mißstände der Kolonialzeit Gedanken an nebensächliche Probleme wie die Reisaufbereitung oder die Schlägereien trinkfreudiger Grenzposten? Die Fragen sind anmaßend. Zum einen waren solche Probleme keineswegs nebensächlich, zum anderen wird da vorausgesetzt, daß Naivität, die angeborene, natürliche Anschauung der Welt, unbedarft sei und deshalb zwangsläufig zur Verirrung auf Nebenwegen führe. Paasche urteilt vielleicht naiv, aber niemals sentimental, und sein Weg führt durchaus nicht in die Irre: »Nein, wir können nicht kolonisieren: so nicht! Schauderhaft ist es für mich, der hier Gutes will, wenn mir bei dem Gedanken an das Land, aus dem die Erziehung kommen soll, der Segen für Afrika, die Bilder einfallen: meine Mitbürger, ihrer Sinne beraubt, wankend, betrunken.«[12]

Es gab angenehmere Begegnungen mit Europäern. Zum Beispiel am 19. Mai 1910, als Paasche aufbrach, um in der Nähe von Ishangi Elefanten zu beobachten und dabei mit dem Österreicher Rudolf Grauer zusammentraf. Die Tätigkeit Grauers, der zunächst Jurist war, aber im dritten Lebensjahrzehnt alles hinwarf, Landwirtschaft und Zoologie studierte und nun als Forscher und Sammler für britische Museen durch Zentralafrika reiste, zog Paasche sehr an, »weil sie das war, was mir von klein auf als mein Beruf vorgeschwebt hatte und was ich bisher nie betreiben durfte.«[13] Gebannt hörte der Neunundzwanzigjährige zu, wenn Grauer erzählte, wie er am Albertsee einen gigantischen Elefanten schoß oder im Kongostaat Berggorillas nachspürte. Paasche muß den Österreicher bereits als einen der ersten Erforscher des Ruwenzorigebirges gekannt und sehr bewundert haben. Er erwog wohl sogar ernstlich, künftig ein ähnliches Leben zu führen, denn er notierte die Adressen von Grauers deutschen Lieferanten und Geschäftspartnern. Ellen mag dergleichen bangend gesehen haben – ihr Jagdeifer war erlahmt, seit sie eine Gazellenkuh schoß und danach deren verwaistes Jungtier fand. Auch lassen die Aufzeichnungen jetzt bisweilen die unterschiedlichen Temperamente der beiden erahnen: »Ich eile voraus, um am Wege schreiben zu können, was ich rings um mich her sehe und zu vergessen fürchte ... Für Ellen war der Aufenthalt am Zelt etwas langweilig, weil sie niemand hatte zum gemeinsamen Gehen. So früh, wie ich aufstehe, wollte und konnte sie nicht. Sie benutzte den Tag zu allerlei Beobachtungen und zum Schreiben.«[14]

Was nun die Jagd auf Elefanten anbelangt, so war sie schon deshalb kein unbefangenes Vergnügen mehr, weil Paasche hin und wieder umherstreifende Afrikaner traf, die den Tieren im Auftrag indischer Elfenbeinhändler nachstellten. Er hatte übrigens eintausend Mark Abschußgebühr entrichtet und zahlte außerdem für jeden erlegten Elefanten weitere zweihundert Mark. Aber selbst Verärgerung über kostenfrei jagende Rivalen führte noch zu richtigen Schlüssen: »Eigentlich müsste bestimmt werden, dass nur Zähne in den Handel kommen dürfen, die auch Schussgeld eingebracht haben.«[15] Überdies darf angesichts derart hoher Gebühren wohl bezweifelt werden, daß der Elefantenjagd während jener Reise der von Gottfried Paasche bekundete Vorrang zukam. Das einzige der in »Junge Menschen« veröffentlichten Fragmente, in dem von Elefanten die Rede ist, zeigt Paasche als Beobachter, nicht als Jäger. Ebenso, wie er es früher in der Massaisteppe tat, näherte er sich den Tieren bis auf wenige Meter. Diesmal sicherlich nicht aus Lebensverdruß, sondern um ihr Verhalten eingehender zu erforschen.

Über die nächsten Ziele dieser weit ausschweifenden Hochzeitsreise belehrt uns ein Satz in »Makotis Ehe«. Da entgegnet Ellen Paasche in Ishangi dem unternehmungslustigen Koch, der gern zum Tanganyikasee weiterziehen würde: »Nein, ... der Herr will in den Rugege-Urwald und will die Quellen des Nils und Urundi sehen.«[16] Das hieß zunächst, die Halbinsel von Ishangi überqueren, den etwa zweitausend Meter hohen Grabenabbruch erklimmen, mit dem das Hochland Rwandas zum Kivusee hin abfällt. Auf dem Weg dorthin mußten zahlreiche Bachbetten durchschritten und die Geröllhalden einer zerrissenen Landschaft überwunden werden, bis von dichtem Adlerfarn bedeckte Hügel die Nähe des Urwaldes anzeigten. Farn wuchs überall dort, wo Brandrodungen den Wald vernichtet hatten. Schon damals war in den Randgebieten des Rugegeurwaldes zu besehen, wie das mit Bäumen ohnehin nicht gesegnete Rwanda riesige Waldflächen verlor, die ertragsarmen und nur kurze Zeit bestellbaren Erbsenfeldern weichen mußten. Hans Paasches kritisch umherblickender Reisender Lukanga wird also ein wenig unaufrichtig sein, wenn er später fassungslos davon berichtet, wie die Deutschen ihre Umwelt zerstören. Das gilt gleichermaßen für sein Entsetzen angesichts deutscher »Seelenesser«, denn bis auf einige Vogelgattungen und die Flederhunde von Mugarura gab es auch am Kivusee keine vegetarisch lebenden Zweibeiner.

Noch ein Ausblick auf den See, über den Fischerboote und weißschimmernde Reiherschwärme glitten, auf Bananenhaine, Hecken und Felder, weidendes Vieh und die in der Sonne gleich Bienenkörben gelb glänzenden Hütten – fast eine Parklandschaft, gestaltet mit Tatkraft und Ausdauer. Paasche wird sich darauf besinnen: »Wenn die Deutschen selbst so schwer unter ihren Begriffen von Pflicht und Arbeit zu leiden hatten, wie mußten sie erst farbige Menschen damit quälen, die sie als minderwertig anzusehen gelehrt wurden! Sie übersahen ganz, wie fleißig die Neger Innerafrikas zu allen Zeiten waren, muteten ihnen aber in ihrer Überhebung zu, Arbeit zu verrichten, deren Ertrag ihnen nicht zugute kam. Etwa aus Begeisterung für die Tatsache, daß ein Weißer, ein Vertreter der höheren Rasse zu ihnen gekommen war ... Aber hat der Neger seine Zeit ohne uns schlecht angewandt? Hat er nicht das Land gerodet, Hütten gebaut, Hausgerät, Kleidung, Schmuck hergestellt, Tiere gezüchtet, Tänze und Lieder erfunden?«[17]

Nun umschloß der Hochwald Rugege die Reisenden: zuweilen düster, völlig mit Laub gefüllt, so daß man keine Zweige und kaum Stämme sieht, nachts bitterkalt – zwei Breitengrade unter dem Äquator bereifen hier nicht selten die Bäume, und an den Bachrändern wachsen Eiskristalle –, dann wieder aufgehellt von Wiesen in den Lichtungen, auf denen Strohblumen und Lobelien blühen. Es war einer der üppigsten Urwälder Afrikas, durch den die Paasches da zur Nilquelle zogen, wildreich noch, bewohnt von Elefanten, Leoparden, Buschböcken, Colobusaffen und unzähligen Papageien. Begegnungen mit solchen Tieren mögen etwas Abwechslung in die Tage gebracht haben, in denen eisige Bäche durchwatet, tief zerklüftete Landschaften bezwungen, Sümpfe überquert und die Wege mit Haumessern gebahnt werden mußten. Und im Juni 1910 schließlich, nachdem die Karawane dem dort nur als fußbreiter Bach dahinfließenden Rukarara flußaufwärts gefolgt war, ein Rinnsal in zweieinhalbtausend Metern Höhe. Die Quelle des Weißen Nils. Richard Kandt hatte sie zwölf Jahre zuvor – geführt von einem Einheimischen – entdeckt und beschrieb den letzten Abschnitt seines Zuges zur jahrhundertelang gesuchten Quelle so: »Es war eine schlimme Arbeit; für je 500 Meter brauchten wir fast eine Stunde. Aber mit Äxten und Haumessern brachen wir uns Bahn und oft im Morast bis zum Leib versinkend, oft auf allen Vieren in dem eiskalten Bach selber kriechend, durch Schluchten und Nebenschluchten langsam ansteigend, erreichten wir nach mühevollen Stunden, erschöpft, durchnäßt, von oben bis unten besudelt, einen kleinen feuchten Kessel am Ende einer Klamm, aus deren Boden die Quelle nicht sprudelnd, sondern Tropfen für Tropfen dringt: Caput Nili.«[18]

Der Weiße Nil wird von zwei Quellsystemen genährt, und es gibt mehrere Quellen. Jene, die Ellen und Hans Paasche mit ihren Weggefährten erreichten, ist die am weitesten von der Mündung entfernte Nilquelle. Es muß ein großartiges Gefühl gewesen sein, am Ursprung des von dort aus gerechnet 6 670 Kilometer langen Stromes zu stehen und ihm im Geiste auf seinem Weg durch Länder und Völker bis hin zu den Pyramiden zu folgen. Insbesondere galt das natürlich für Ellen Paasche, die diesen Ort als erste Europäerin sah und dafür große Mühen und Entbehrungen auf sich nahm. Sie tat nie etwas dafür, ihre bewundernswerte Leistung öffentlich bekanntzugeben – wahrscheinlich teilte sie Richard Kandts Meinung: »Wer hinter die Kulissen des Ruhms geblickt hat, der tue wie ich, gehe zum nächsten Bach, schnitze sich eine Weidenflöte und pfeife sich eins.« So blieben nur die verblaßten, eingerahmten Blumen, die sich heute im Besitz in Südafrika lebender Verwandter befinden: »Diese Blumen pflückte unsere Ellen / an des Nils geheimnisvollen Quellen«.

Auf der Landkarte besehen, trennten lediglich sechzig Kilometer die Nilquelle vom Hofe des rwandaischen Königs. Die Kolonialbehörden zogen es übrigens vor, den Herrscher als Sultan zu bezeichnen – ein Titel, den sie auch jedem Mukama, den zahlreichen Kleinfürsten im Bezirk Bukoba, zugestanden. Seiner gesellschaftlichen Autorität und Rolle wurden sie damit kaum gerecht. Rwandas damaliger König Mzinga gebot unumschränkt über die nie versiegenden Wasserläufe, über Milch und Honig, die in dem fruchtbaren Land flossen, über die Hunderttausende langhörniger Rinder auf den Weiden. Alles dies konnte er jederzeit von den Untertanen zurückfordern, es gehörte ihm wie das Leben der Krieger, die Körper der Frauen und der Fleiß der Wahutu. Lukanga Mukara, in seinen Briefen einen vorgeblich maßvollen, weisen Monarchen anrufend, verschwieg die entwürdigende Knechtschaft der Bauern. Er erwähnte mit keinem Wort die bedrückenden Steuerlasten, die gewalttätige Tyrannei des »Leuchtenden Gebieters der Rinder«, der auch das Wahutuvolk wie Vieh hielt. Zutreffender war es da schon, wenn Lukanga das Land pries. Im Durchschnitt mehr als anderthalb-tausend Meter hoch gelegen, blieb Rwanda nahezu unbehelligt von den Fiebern Afrikas; Feldfrüchte und Herden gediehen üppig. Der landesübliche, bei Begrüßungen ausgesprochene Wunsch »Amasho! Ich wünsche dir Vieh!« blieb selten uner-füllt. Solche Dinge waren es wohl, an die Hans Paasche sich erinnerte, als er in seiner Schrift »Das verlorene Afrika« noch einmal dem Weg von der Nilquelle zum Inneren Rwandas folg-te: »Ich dachte an eine Quelle am Fuße eines Berges. Unendlich dehnte sich dort das herrenlose Land. Der Boden gab ungedüngt Ertrag. Antilopen weideten in der Steppe. Schlanke, schwarze Menschen kamen und boten ihre Hilfe an.«[19]

Irgendwann im Sommer 1910 erreichte Paasches Karawane König Mzingas Residenz beim heutigen Nyanza. Mzinga hatte inzwischen aufgegeben, was zuvor mehrere europäische Rei-sende irreführte. Er zog nicht – wie seine Vorgänger – fortwäh-rend ruhelos im Lande umher und ließ seine Besucher auch nicht mehr von königlich herausgeputzten Priestern narren. Nur dies galt noch: Kein Fremder bekam auch nur eine der Watussifrau-en zu Gesicht. Hans Paasche jedoch war von den edlen Zügen seiner Gastgeber so eingenommen, daß er sowohl darüber als auch über ihre beständige Vorliebe für Nzoga – ein alkoholi-sches Gebräu aus Bananen und gemälzter Hirse – hinwegsah.

»Als wir den letzten Sattel vor dem Sitz des Königs über-schritten, kamen uns zur Begrüßung drei große, schlanke junge Männer entgegen in einem wunderlichen Schmuck ihrer nack-ten, bronzefarbigen Glieder. Zwischen den glänzenden Schul-tern hing ein Ordensband aus flatternden Haaren herab, ein kek-ker Schmuck. Von den Hüften herab spielten Fransen und Ge-hänge aus Otternfell. Die Köpfe hatten über feinen Gesichtszü-gen eine wunderliche Haarfrisur. Die Jünglinge stellten sich in ihrer seltsamen Kleidung grüßend vor uns hin, als wollten sie sagen: 'Da sind wir.' Als die sonderlichen Gestalten aus einer anderen Zeit vor uns gingen, war uns ganz feierlich zumute, und wir drückten uns erregt die Hände. Wir erlebten einen Blick in uralte Zeiten und glaubten mit Odysseus an den Hof des Al-kinoos zu kommen, als uns diese Herolde begegneten und uns an die letzten rührenden Erscheinungen homerischer Zustände erinnerten, die in unsere alles gleichmachende Zeit hineinragen. Die Jünglinge hielten mit einer Hand den Lendenschurz fest, der lose über ihren Hüften hing. So geleiteten sie uns zu einer Gruppe von Hütten, die auf einem Hügel lagen. Unser Zelt stand schon auf einem Platze vor dem Zaun des Königsgehöftes.«[20]

Zu dem Bild gehörten noch in flatternde Umhänge aus Rindenbaststoff gekleidete Watussikrieger am Wege – alle um zwei Meter groß und die von ihnen zurückgedrängte Menge neugieriger Wahutu würdevoll überragend –, ein in der Sonne glitzernder Speerwald, das halbe Dutzend kuppelgleicher Residenzhütten inmitten von hundert kleineren Wohnstätten, von Bananenhainen, Weiden und Hirsepflanzungen, der Geruch von Vieh und der Lärm der königlichen Zwergenkapelle. Dazwischen das Zelt des deutschen Missionars Schuhmacher, der sich vergeblich mühte, seinen hünenhaften Nachbarn die Botschaft des Gekreuzigten zu überbringen.

»Der freundliche Mann aß ... bei uns zu Abend und schilderte uns die Batussi, daß sie sich bis in die Nacht hinein Märchen erzählen und Rätsel aufgeben, deren Inhalt dunkel sei, daß sie behaupten, nur zu essen, und daß noch kein Tussi Christ sei. Ich ließ dem König sagen, daß ich mich freuen würde, wenn er mich um vier Uhr besuchen würde. Eine Viertelstunde vor dieser Zeit wurde laut getrommelt, dann strömte das Volk vor den Graszäunen der Residenz zusammen, und nach einiger Zeit kam ein langer Zug Menschen an. Zu unserer Freude hatte der König seine einheimische Kleidung an und setzte sich mit seinen nackten Schenkeln auf einen Stuhl vor unserem Zelte. Er sprach Kisuaheli. Wir kannten seine Gestalt schon aus Abbildungen und zeigten ihm auch das Buch des Herzogs [Adolf Friedrich zu Mecklenburg]. Er bat, wir sollten doch dem Herzog schreiben, er möchte ihm ein solches Buch schicken. Das taten wir auch. Eine große Volksmenge umdrängte das Zelt. Wir ließen den Phonographen spielen und beobachteten dabei die Gesichter der Batussi, die auf ihre langen Stöcke gestützt zuhörten.

Ich freute mich, daß ich den Besuch des Königs als etwas Großes erlebte und nicht durch das Bewußtsein unbedingter Überlegenheit jedes Weißen und ähnlicher Vorurteile beeinflußt war. Mzinga war der Fürst und ich ein Vertreter abendländischer Bildung. Über Homer und die Ägypter ging von mir eine Verbindung zu der seltsamen Gestalt, die neben mir saß. Die homerische Welt stand lebendiger vor meinen Augen. Ich sah die Jünglinge zum Wettkampfe antreten, und wie Odysseus, dem die Phäaken ihre Spiele vorführten, zuletzt selber der Versuchung erlag, seine Kraft und Geschicklichkeit zu zeigen, so forderte ich die schlanksten Batussi zum Wettkampf heraus. Ich warf den Rock ab und kam als zweiter durch das Ziel. Nur ein Küstenneger lief besser als ich, ein fürchterlich ehrgeiziger Mensch. Ich glaube, der hätte mich umgebracht, wenn er nicht gesiegt hätte. Die Batussi aber hatte ich geschlagen. Anders im Springen. Mit 1,80 Meter blieb ich weit hinter den langbeinigen Springern zurück. Sie sprangen über 2 Meter hoch, und Ellen konnte sich unter den Schilfhalm stellen, der als Hindernis diente. Es war ein genußreicher Tag.«[21]

Die erstaunlichen sportlichen Fähigkeiten der Watussi wurden damals auch von anderen Forschern vermeldet. Der Herzog zu Mecklenburg berichtete zum Beispiel von Hochsprüngen, die den derzeitigen Weltrekord um mehr als einen halben Meter übertrafen. Für Hans Paasche kann dergleichen nicht allein eine Merkwürdigkeit gewesen sein. Da mehrten sich Wörter wie schlank, kräftig, geschickt, die Welt Homers schien auferstanden: Es gab ihn also, den nüchternen, bedürfnisarmen, körperlich gewandten und phantasievollen Menschen, dessen Lebensart Voraussetzung war für eine saubere Gesinnung. Zwei Jahre nach dem Aufenthalt bei den zentralafrikanischen Phäaken ließ Paasche seinen Lukanga schaudernd auf deutsche Korsettleiber und Bierbäuche blicken und dabei schlußfolgern, ein derart verbildetes Volk müsse auch geistig ungesund sein. In der Tat mochte es aufschlußreich sein, sich Deutschlands Häuptlinge beim Spannen eines der anderthalb Meter messenden Watussibogen oder im Kreis der Kranichtänzer vorzustellen – wir werden Hans Paasches schöpferischen Zweifel noch auf absonderlicheren Wegen daherkommen sehen.

Die Mitteilung vom Wettkampf mit den Watussi bildet das letzte jener Bruchstücke aus der »Hochzeitsreise nach den Quellen des Nils«, die Paasches Freund Walter Hammer 1923 in der Jugendzeitschrift »Junge Menschen« veröffentlichte. Alle Fragmente weisen mit unvermitteltem Wechsel der Zeitformen, mit kaum verständlichen Bezügen auf spätere Geschehnisse und mit anderem mehr darauf, daß die Arbeit am Manuskript unter ungünstigen Umständen oder gar nicht abgeschlossen wurde. Das würde auch erklären, weshalb Walter Hammer nur eine geringe Anzahl von Auszügen wählte und warum weder er noch zum

Beispiel Franziskus Hähnel versuchte, die »Hochzeitsreise« zu verlegen. Käufer für ein solches Buch hätten sich ja in den zwanziger Jahren zahlreich gefunden, als Paasches Bewunderer und Weggefährten noch lebten, schon das gewaltsame Ende des Autors allein Zuwendung herausforderte und das Interesse an den verlorenen Kolonien wieder geweckt wurde. Ein wenig Klarheit über derlei Fragen mag sich späterhin einstellen, wenn hier von den Ereignissen des Jahres 1917 die Rede ist.

Wahrscheinlich zogen die Paasches nach der Rast in Mzingas Residenz zum Nordosten von Burundi, wo Papyrussümpfe und anmutige Seen das Bild der Landschaft bestimmten. Ihr nächstes Ziel war schließlich wiederum das Ufer des Victoriasees, die Heimat der Träger. »Dann kam bald der Abschiedstag mit vielen Tränen. Das schöne Zelt, das an so vielen schönen Plätzen der Wildnis gestanden hatte, wurde weggepackt, und der Gedanke, von nun an wieder in einem festen Zimmer mit Balkendecke schlafen zu müssen, peinigte mich«, beschrieb Ellen Paasche den Tag der Überfahrt zum jenseitigen Ufer. »Alle Diener begleiteten uns auf den Dampfer, und wir nahmen Abschied vom Koch und von dem Wäscher. Als sie das Schiff verlassen hatten, winkten sie noch und riefen Grußworte herüber. Ich weinte mich in meiner Schiffskammer gründlich aus, während die Schiffsschraube erbarmungslos das Wasser des großen Binnenmeeres schlug und die Entfernung zum Ufer vergrößerte. Der Abschied von diesen Treuen, die mich vor mancher Gefahr behütet hatten, wurde mir zu schwer ...

Ich hatte viel Zeit, nachzugrübeln, worin denn eigentlich der so eifrig betonte Unterschied zwischen Schwarz und Weiß bestände ... Mir fiel ein, daß wir in Zentralafrika wochenlang an einer Stelle mit völlig unberührten Negern fernab von jeder Kultur gewohnt hatten, und, obwohl wir viele Dinge mit hatten, die einem Neger begehrenswert erscheinen konnten, war uns aus den unverschlossenen Koffern nicht eine Stecknadel abhandengekommen. Und dann – wie seltsam – an einem Platze, wo schon mehrere Europäer wohnten, wo also die sogenannte Kultur schon größer war, waren uns an einem Tage vier Paar Schuhe gestohlen worden. Ist also die Kultur, die wir bringen, unbedingt gut? Im Urwald gab es keine Diebe; die Neger haben dort alles, was sie brauchen, und geben jedem, der Not hat, von ihrer Habe ab. Erst, wenn die Kultur ihnen 'Bedürfnisse' beibringt, dann entstehen Diebe, und die braven Kerle müssen,

schuldig geworden, monate-, jahrelang, an der Kette ange-
schlossen, arbeiten.

Waren nicht alle Neger zu mir und meinem Manne stets höflich, zuvorkommend und hilfsbereit gewesen? Wie hatte ich
mich vor meinen Dienern geschämt, als wir an der Küste zwei
nicht sehr angenehme Europäer trafen, die auch in meiner Gegenwart ihren gewöhnlichen Bierton beibehielten. 'Meine Herren, ich bin jetzt monatelang nur mit Negern zusammengewe-
sen und an einen feinen Umgangston gewöhnt', hätte ich am
liebsten gesagt. Ich mußte es mir immer wieder eingestehen:
dort, wo am allerwenigsten Kultur hingedrungen war, hatten wir
vornehme, gerade, ehrliche und feine Neger gesehen, und bei
ihnen gab es Kluge und Dumme, Bildungsfähige und Tröpfe
wie bei uns.«[22]

Das berichtete Ellen Paasche im Oktober 1914 in der illustrierten Beilage des »Berliner Tageblattes«. Es steht neben
Fotos von den Verwüstungen, die das deutsche Heer in dem
kleinen, neutralen Belgien anrichtete und kennzeichnet somit
den in dem Beitrag verwendeten Kulturbegriff. Sah mancher
Leser den Widerspruch, verstand er die Botschaft aus Afrika?

Fragen auch für die Paasches, im August 1910, als sie zu-
rückkehrten in die Zwänge ihrer Gesellschaft. Was blieb? Würden der abendliche Nebel in Rwandas Tälern, der Wind im Pa-
pyrussaum des Kageratales oder die anmutig wie Segelschiffe
durch die Steppe ziehenden Giraffen eine Erinnerung an sie
bewahren? Sprach man noch von ihnen an den Lagerfeuern der
Massai, in den Watussibomas? Kehrten sie verändert heim aus
Afrika oder nur erschöpft – den Störchen gleich, die in Waldfrieden nisten?

Vielleicht empfanden sie wie Lukanga, der seinem Herrscher
bald aus Deutschland schrieb: »Es sind große Entbehrungen,
die ich ertrage, um meinen Auftrag zu erfüllen, dies Land zu
erforschen. Die Sitten des Volkes bedrohen mich und meine
Gesundheit ... Zwei Dinge nur begleiten mich von der Heimat
hierher: die Sonne, die meinen Rücken mit ihren Strahlen er-
wärmt und jener große Vogel, der früher als ich nach Kitara
zurückkehren und meinem König Grüße bringen wird.«[23]

»Sie glauben, die Erde sei um ihretwillen gemacht«

»Unser Weg, den wir in der Regenzeit, also in der beschwerlichsten Zeit des Jahres, machen mußten, ging über unzählige steile Berge. Er schien uns aber durchaus nicht sehr strapaziös, doch konnten wir auf Bergtouren, bei der Besteigung des Kirungavulkans und auf der Jagd erproben, wie leistungsfähig wir waren. Ich erwähne hier nur eine Sportleistung: daß ich sieben Tage lang alle Wege gegangen bin, die eine Elefantenherde ging, daß ich morgens die Spur aufnahm, die ich am Abend verlassen mußte, inzwischen aber den weiten Weg zum Lager und zurück gemacht hatte, meine Tagebücher geführt, photographische Platten gewechselt und die vielen anderen Arbeiten erledigt hatte, die man als Sammler auf Reisen zu tun hat. Ich war mehrmals ohne Unterbrechung sechzehn Stunden lang auf den Beinen, bei der größten Sonnenhitze und in weglosem Dornbusch und habe nie mehr als eine wohltuende Ermüdung gefühlt.«[1]

Es ist die Leistungsfähigkeit abstinent lebender Menschen, die hier vor Zuhörern gerühmt wird, die sich zum Deutschen Abstinententag 1910 in Augsburg versammelt haben. Der Redner, wenige Tage zuvor aus Afrika heimgekehrt, wird mehrfach von Beifall unterbrochen. Geradezu schwärmerisch schauen viele Guttempler, Blaukreuzler und Kreuzbündler zu dem ehemaligen Marineoffizier auf, der wie kaum ein anderer das Mannhafte, Frische – ja die Auserwähltheit – ihrer Ideen verkörpert. Zwar mangelt es der Abstinenzbewegung nach Erfolgen in den Vereinigten Staaten von Amerika und in Skandinavien nicht an Selbstbewußtsein, aber für die deutschen Mitglieder gehört Hans Paasches Auftritt zu den erhebendsten Ereignissen des Jahres – übertroffen nur vom Erscheinen des Buches »Helmut Harringa« seines Freundes Hermann Popert. So empfindet es wohl auch Paasche, und da läßt er sich – nachdem er die Kolonien als Ziele der Tätigkeit abstinenter Reformer empfahl – zum Schluß zu garstigen Sätzen hinreißen: »Die Kolonien sind das Feld, auf dem der Geist der Kulturvölker seine deutlichsten Furchen zieht. Zeigt, daß das deutsche Volk Söhne hat, die würdig sind, Herren der niederen Rassen zu sein. Zeigt der Welt, was der Deutsche kann, wenn er nüchtern ist!«[2]

Das wird neben anderen späterhin der vegetarisch und abstinent lebende Herr Hitler tun, der sich dabei auch des Vokabulars der Lebensreformer und Abstinenten bedient – zu dem zum Beispiel das Wort »Rassenhygiene« gehörte. Aber das ebenso groteske wie gefährliche Problem dahinter wird durch Sarkasmen nicht kenntlicher. Wahrscheinlich ist ein Blick in den »Harringa«, jahrzehntelang Kultbuch der Abstinenzbewegung, etwas hilfreicher.[3] Poperts Romanheld – wie der Autor nach »fröhlicher, seliger Soldatenzeit«, Studium und Ausbildung als Richter tätig – begegnet darin einem vor Gericht stehenden Opfer des Alkohols, das sein Mitgefühl herausfordert. Denn es ist, wie er, Vertreter einer starkknochigen nordischen Rasse, nie zugehörig dem »todgeweihten Volk der Großstadt«, nicht aufgewachsen »in slawischer Umgebung, selbst halbslawisch geworden in seiner Sinnesart«. Auch blieb der Angeklagte unverbildet von der Zeit, in der »- eingeschleppt vielleicht durch einige Südamerikaner – unter seinen Altersgenossen die Selbstbeflekkung ihr schmutziges Reich errichtet hatte« und er enthält sich »des Genusses käuflicher Weiber«. Sein Dasein hätte also ein unbehelligtes Schlammbad in Friesenblut und Heideboden sein können, gäbe es keine schurkischen Versucher mit »breiten Slawengesichtern« und den Teufel Alkohol. Landrichter Harringa erkennt somit die Ursache allen Übels und gelobt, nachdem er wieder einmal »das Roß bestiegen in der tauigen Morgenfrische«: »Ich will ein Krieger sein im Heere des Lichts!« Eine erhabene Szene, ein Hünengrab ist nicht fern, die Föhren rauschen bedeutungsvoll, es blitzen Blondhaar und Blauauge. Harringa kämpft fortan im Kreise Gleichgesinnter gegen »Brauergold und Brennermacht«, die sich verbündet haben, »daß solche Rasse ruiniert wird«.

Genug. Befremdend der Erfolg dieses Machwerkes, das die aufrichtigen Bestrebungen der Abstinenzbewegung erniedrigte – freilich auch viele ihrer Mitglieder in dem Gefühl bestärkte, auserwählt und »Krieger im Heere des Lichts« zu sein. Erwähnenswert vielleicht noch, daß zumindest *ein* Leser wohl bewegt war von dem im Roman geschilderten Schicksal eines jungen Mannes, der einen leichtfertigen Augenblick mit einer Syphiliserkrankung und schließlich mit dem Leben bezahlte. Rätselhaft dennoch, wie der im Wortsinne erfahrene Hans Paasche in

Poperts Kielwasser geraten konnte und zunächst hinwegsah über die im »Harringa« offenbare nationalistische und rassistische Mythomanie. Dabei lag doch darin schon ein Teil jenes »innersten Deutschlands«, das er nun erst im Verlauf einer mühseligen und schließlich todbringenden Forschungsreise finden sollte.

Nebenher erfahren wir aus dem Vortragstext, daß der Redner in Afrika bisweilen unter heftigem Malariafieber litt und inzwischen zumindest chininhaltige Medikamente zu schätzen wußte. Seine Gesundheit muß derzeit ganz allgemein beständig gefährdet gewesen sein. Ellen Paasche gab später an, nach der Heimkehr habe eine heftige Darmerkrankung ihren Mann gequält und seine Hinwendung zum Vegetarismus veranlaßt. Wie auch immer – nunmehr waren gewiß nicht nur Paasches Eltern und Schwiegereltern der Ansicht, daß die Zeit für einen festen Wohnsitz und für eine achtbare Existenz gekommen sei.

Magnus Schwantje gab in seiner knappen Biographie Paasches an, das Paar sei jetzt nach Waldfrieden gezogen und habe das Gut bewirtschaftet. Dem widersprechen sowohl die erst für das Jahr 1912 nachweisbare Übertragung von Waldfrieden als auch der von Hans Paasche während der Haft in Schneidemühl niedergeschriebene Lebenslauf, in dem es heißt: »Nach der Rückkehr wohnte ich in Berlin-Westend, war Geschäftsführer der Deutschen Nyanza-Schiffahrtsgesellschaft und beschäftigte mich viel mit Kolonialfragen.«[4] Tatsächlich verzeichnete ihn endlich 1912 Scherls »Neues Adreßbuch für Berlin und seine Vororte«: »Paasche, H., Kapit. Leutn. a.D., Charlottenbg., Reichsstr. 5 III«. Das blieb – gewechselt wurde nach dem Umzug nach Waldfrieden nur das Stockwerk – bis zum Ersten Weltkrieg seine Stadtwohnung.

Paasches Geschäftsführertätigkeit wurde nur ein kurzer Ausflug in die sogenannte freie Wirtschaft. Anlaß für seinen Mißerfolg war sicherlich, daß die Nyanza-Schiffahrtsgesellschaft nicht nur am Dampferverkehr auf dem Victoriasee teilhatte, sondern unter anderem in Niederlassungen am Seeufer Handel mit Reismühlen trieb. Vom Mann, der von der Schilfhütte auf Ukerewe Island her die Boote mit ihren Reisladungen gesehen und beschrieben hatte, wie schädlich der Gebrauch moderner Reismühlen war, konnte schwerlich Begeisterung für solch einen Handelszweig erwartet werden.

Wahrscheinlich wurde jene Anstellung von Paasches Vater

vermittelt, während – und dies ist verbürgt – Richard Witting die erforderlichen Geschäftsanteile kaufte. Hermann Paasche hatte derzeit längst die wissenschaftliche Arbeit aufgegeben und nutzte sein Amt als Reichstagsvizepräsident, um wachsenden wirtschaftlichen Einfluß zu gewinnen. Anfangs nur im Auftrag der deutschen Zuckerlobby häufig in Amerika unterwegs, wo er versuchte, den Marktanteil mittelamerikanischen Rohrzuckers zu schmälern, diente der Politiker bald den Interessen vieler Wirtschaftsbereiche. Ob es nun Krupps Konkurrent Rheinische Metallwaren- und Maschinenfabrik (Rheinmetall), die Howaldtwerke, die Polyphon, das Unternehmen Deutsche Mineralöl-Industrie, der Tabakkonzern British American Tobacco, die Hüttenwerke Kayser, die Nationalbank für Deutschland, die Deutsch-Österreichische Naphtagesellschaft, Kaliabbauunternehmen, Schnapsbrennereien oder ausländische Filmgesellschaften waren – sie alle konnten sicher sein, in Hermann Paasche ein unbedenkliches und regsames Aufsichtsratsmitglied zu finden. Das war allgemein bekannt und Ursache mehrerer Skandale, dämpfte die Erwerbssucht des Reichstagsvizepräsidenten jedoch nur zeitweilig, zumal er es verstand, sich Vorwürfen entweder anschmiegsam oder durch Lügen zu entziehen, deren Schamlosigkeit seinen Anklägern die Sprache nahm. Dieser Typ des »Geschäftspolitikers *en gros*« – ein Titel, der Hermann Paasche in der »Weltbühne« zugebilligt wurde – ist heute sattsam bekannt, war damals aber noch ein Phänomen und faszinierte mancherlei Betrachter: »Wenn man ihn so anschaut, seine übermittelgroße Gestalt ein wenig nach vorne gebeugt, in einen etwas schmuddeligen schwarzen Überrock gesteckt; wenn man ihn mehr nachlässig tapsen als schreiten sieht; wenn man ihn wie einen aufgezogenen Apparat gleichmäßig sprudelnd reden hört, stundenlang; wenn man in seine gutmütig-pfiffigen Korinthenaugen blickt, die in ein behäbig-rundes Gesicht eingebettet sind – weiß Gott, man würde ihm sein geradezu ungeheures geschäftliches Wirken und Streben hinter den Kulissen der Politik nicht zutrauen.«[5]

Etwa seit 1905 war der Blick dieser Korinthenaugen begehrlich auf Afrika gerichtet. Zunächst fand sich der Name Hermann Paasche meist in den Geschäftsunterlagen von Schwindelunternehmen – wie der »Afrikanischen Compagnie« oder der Aktiengesellschaft eines Herrn Holz, der Anteile imaginärer äthiopischer Goldminen verkaufte. Es waren deshalb bald erhebliche Anstrengungen seiner nationalliberalen Parteifreunde und mehrere Bloßstellungen in Zeitungsberichten vonnöten, um Paasches Raffsucht auf etwas vertrauenswürdigere Bereiche zu beschränken. Gänzlich scheint das nicht gelungen zu sein, denn es gibt Hinweise auf ein Zerwürfnis mit Hans Paasche, dessen Ruf als Kenner Ostafrikas der Vater offenbar für ein betrügerisches Vorhaben nutzen wollte. So schrieb zum Beispiel ein empörter Zeitgenosse über den Reichstagsvizepräsidenten: »Wagemut bewies er in jenen Jahren wiederholt, als er seinen aus der Offizierslaufbahn geschiedenen Sohn zum Hüter fabelhafter Mineralschätze in Ostafrika, in Uganda, machen wollte, dazu – mit 25 000 Mark! – ein 'Ostafrikanisches Kohlensyndikat' gründete; – das Geld hatten fünf Firmen hergegeben. Der junge Offizier war für den Betrieb seines Vaters aber nicht gelehrig und verstand nicht, wie der und dessen Geschäftsfreunde in London von seiner jugendlichen Unkunde ein öffentlich zu verwertendes Gutachten über die Schätze Ugandas verlangen konnten!«[6]

Auch das mag Hans Paasches Scheitern als Geschäftsführer der Nyanza-Schiffahrtsgesellschaft erklären. Was blieb, war das Anliegen, vorteilhafte Veränderungen in den Kolonien, insbesondere in Ostafrika, zu erreichen. Paasche versuchte das künftig mit der Hilfe des Kolonialen Verkehrsvereines – einer gemäßigten Stimme im lautstarken Chor der Kolonialvereine –, dessen Geschäfte er ehrenamtlich führte. Wenn ihm an Einfluß gelegen war, hätte er sich allerdings Gemeinschaften wie der Deutschen Kolonialgesellschaft, einem der beiden Afrikavereine, dem Centralverein für Handelsgeographie und Förderung deutscher Interessen im Ausland oder einer der nahezu achtzig kolonialen Erwerbsgesellschaften mit ihren insgesamt fast einhunderttausend Mitgliedern und entsprechend zahlreich verlegten Veröffentlichungen anschließen müssen. Vermutlich gehörte Paasche der erstgenannten Vereinigung, für die er in einem 1912 erschienenen Beitrag im »Vortrupp« noch warb, sogar zeitweilig an, suchte aber bald nach eigenen Wegen. Auch auf denen ging er nicht ohne die Last, die jene Zeit und der Zahlenkarl ihm aufgebürdet hatten. Da erscheint es gleichnishaft, daß er weiterhin Kopfbögen der Nyanza-Schiffahrtsgesellschaft mit der Aufschrift »Geschäftsführer: Kapitänleutnant a.D. Hans Paasche« verwahrte. Jahre später, als die Blätter mit Flugblattentwürfen und gegen den Krieg gerichteten Gedichten beschrieben waren, bescherte er damit seinen Häschern eindeutiges Beweismaterial.

Von der »Last der Zeit« war soeben die Rede. Was geschieht denn im Berlin der Jahre von 1910 bis 1912, in das die Paasches zurückgekehrt sind? Es wird noch immer gebaut: kaum Wohnhäuser, denn seit 1910 erschüttert eine Krise das zuvor maßlos aufgeblähte Wohnbaugewerbe, doch umso heftiger im öffentlichen Bereich. Prächtige Rathäuser, weitläufige Untergrund- und Stadtbahnlinien – sie befördern gemeinsam mit den Ring- und Vorortbahnen 1912 schon rund 388 Millionen Fahrgäste –, Straßen in die Vorortgebiete, Kanäle, der Osthafen und eine Vielzahl von Schießplätzen entstehen. Die jetzt zwei Millionen Einwohner beherbergende deutsche Hauptstadt – Orte wie Charlottenburg oder Neukölln mit jeweils mehr als einer Viertelmillion Bewohner gehören ihr ja noch nicht an – breitet sich regellos und ohne sozialpolitisches Konzept aus. Sie gleicht darin dem Land, das sich zur leistungsfähigsten Industriemacht auf dem Kontinent entwickelt hat. Dergleichen fordert seinen Preis: Wir werden sogleich von den Klagen Lukangas über Berlins zerstörte Umwelt hören. In der Tat sieht jedermann, wenn er nur sehen will, den Wasserspiegel der Grunewaldseen in wenigen Jahren besorgniserregend sinken, die ausgedehnten Schneisen für Vorortzüge oder eine Automobilrennstrecke, für Heerstraßen zu den Truppenübungsplätzen am Stadtrand, in Neu-Döberitz oder Zossen. Das Militär, dem das Tempelhofer Feld, auf dem mehrere Divisionen aufmarschieren könnten, schon seit langem nicht mehr genügt, gehört neben Bauspekulanten zu den maßlosesten Waldvernichtern: Augenfällig ist das im Grunewald, dessen gesamter Norden von großflächigen Schießständen zerrissen wird. Erste Protestbewegungen Berliner Bürger haben die Wuhlheide, die Königsheide und die Köllnische Heide nicht behüten können, bewahren aber wenigstens die Schönholzer Heide vor dem gänzlichen Kahlschlag.

Freilich deutet sich in jener Zeit selbst im Kreis der Herrschenden eine Wandlung an: Natur und Grünflächen gelten immer mehr als bewahrenswert, man beginnt bewußt wahrzunehmen, daß in Berlin 600 000 Menschen Wohnungen bewohnen, in denen jedes Zimmer mit fünf oder mehr Personen besetzt ist, daß mehr als 350 000 Kinder im Volksschulalter ohne Spielplätze aufwachsen. Der Sinneswandel mag nicht zuletzt davon angeregt worden sein, daß die ungesunden Verhältnisse für einen erschreckend geringen Rekrutennachwuchs sorgen. 1910 werden lediglich rund 28 Prozent der in Berlin gemusterten jungen Männer für militärtauglich befunden. So bewilligt denn im Jahr darauf das preußische Abgeordnetenhaus erstmals eine Million Reichsmark für Zwecke der sogenannten Jugendpflege, und Generalfeldmarschall von der Goltz gründet den Jungdeutschlandbund, der die Jugend unter dem Motto »Volkskraft und Wehrkraft sind eins!« auf Künftiges vorbereiten soll: im Verlauf von kriegerischen Geländespielen, von Wanderungen und Gepäckmärschen mit militärischer Ausrüstung. Sportliche Betätigung der Bevölkerung, zuvor insbesondere wenig geschätzt, wenn sie von sozialdemokratischen Arbeitersportvereinen ausging, wird nun wohlwollend gefördert, ohne dabei gleich völkerverbindenden Idealen der Sportbewegung zu verfallen: 1908 traten die als üble Nationalisten bekannten Vertreter der Deutschen Turnerschaft während der Olympiade in London vor leeren Tribünen auf und strafen die Welt 1912 dafür, indem sie an den Spielen von Stockholm nicht teilnehmen.

Die Wertschätzung gesunder, sportlicher Lebensweise gründet keineswegs allein auf militaristischem Verlangen. Sie ist allgemein und spiegelt sich beispielsweise in einer Vielzahl von Blättern der sozialdemokratischen Parteipresse wider. Da gibt es – sicherlich begünstigt von der zusammenführenden Wirkung des Sports – seit langem die »Arbeiter-Turnerzeitung«, den »Arbeiter-Radfahrer«, die »Freie Turnerin«, die »Athletik«, »Jugend und Sport«, »Der abstinente Arbeiter«, den »Wanderfreund« und schließlich seit 1911 die »Volksgesundheit«. Hermann Popert findet folglich vortreffliche Voraussetzungen, als er mit dem 1912 erstmals erscheinenden »Vortrupp« Menschen anspricht, denen die Lebensreform, die völlige Umgestaltung des naturfernen Daseins in der Industriegesellschaft zum Lebensinhalt geworden ist. Und er kann sich überdies glücklich schätzen, in seinem Mitherausgeber – dem körperlich gewandten, weitgereisten, abstinent und vegetarisch lebenden Kapitänleutnant a.D. Hans Paasche – einen Mann zu gewinnen, dessen öffentliche Auftritte ihm auch eine jugendliche Leserschaft zuführen. Aber davon wird späterhin zu erzählen sein.

Sportlich geht es also zu – nicht nur auf der Erde. Bereits 1910 werden am Stadtrand in Johannisthal drei Flugwochen veranstaltet, bei denen zumeist deutsche Teilnehmer in zerbrechlichen Fluggeräten um die ausgesetzten Preise wetteifern.

Im selben Jahr bezieht das Parseval-Luftschiff dort eine Halle, und die zahlreichen Berliner, die den Johannisthaler Schauflügen zusehen, tun dies wahrscheinlich mit argloseren Gedanken als die Abgesandten des preußischen Kriegsministeriums, das stattliche Preise stiftet und bewährte Flugzeuge aufkauft. »Luftfahreroffiziere« nennen sich diese stillen Beobachter, die an Bomben denken, wenn sie von den Konstrukteuren größere Nutzlasten fordern. Andere Schaustellungen deutscher Mannbarkeit und Schöpferkraft bleiben den Bewohnern der Hauptstadt leider versagt: die »schimmernde Wehr zur See« ist fern. Wer sie anschauen will, muß nach Kiel oder Wilhelmshaven fahren. Ein lohnender Ausflug, denn die deutsche Kriegsflotte ist mit einem Aufwand gerüstet worden, der die finanziellen Möglichkeiten des Reiches fast schon überschritt. Nun vereint sie moderne Großkampfschife, deren Geschütze den britischen an panzerbrechender Kraft weit überlegen sind sowie Mannschaften und Offiziere in einer Anzahl, aus der man zwei Armeekorps aufstellen könnte. Hermann Paasches Freund Alfred von Tirpitz, der Schöpfer dieser Flotte, ist sehr erfolgreich gewesen: Auch ihm, dem massigen Mann mit Neptunsbart und Eunuchenstimme, sieht man sein mächtiges politisches und wirtschaftliches Wirken hinter der Reichstagskulisse, seine Fähigkeit zu überaus geschicktem militärischem Lobbyismus – den er vielleicht teils mit der Hilfe des Reichstagsvizepräsidenten betreibt – nicht an. Virtuos benutzte er Instrumente wie den Flottenverein, den größten nationalistischen Verein im Reich, um eine ebenso kostspielige wie scharfgeschliffene Waffe zu schaffen. Scharf und nutzlos: Erreicht wurde damit nur, daß die aufgebrachte Seemacht Großbritannien sich dem französisch-russischen Bündnis zuwandte. Jetzt, nach der Marokko-Krise von 1911, scheint der deutsche Hang zu überseeischen Abenteuern ohnehin erkaltet; das Heer gewinnt seinen früheren Vorrang zurück.

Kriegerisch und nationalistisch ist man dennoch gestimmt, selbst in Berlin, einer Hochburg der Sozialdemokratie, der die absolute Mehrheit im Reichstag nur noch durch eine veraltete Wahlgesetzgebung vorenthalten werden kann. In Berlin, wo Paul Singer, August Bebel, Karl Liebknecht wirken, wo Rosa Luxemburg und Franz Mehring an der Reichsparteischule der SPD lehren. Sozialdemokraten haben – wahrhaftig nicht erst nach dem Ende des Sozialistengesetzes 1890 – ungeheuer viel

116

für soziale Reformen, gegen Aufrüstung, Völkerhaß und Greueltaten in den Kolonien getan. Ihre älteren Führer sind nüchterne Idealisten – Bebel zum Beispiel verhehlt nie seine Ansicht, uniformierte Sozialdemokraten würden auch auf ihn schießen und im Falle eines Krieges einmütig zur französischen Grenze marschieren –, die sich nunmehr zwischen zwei Fronten sehen: zwischen jener der radikalen, auf eine Revolution hinzielenden Kräfte und den weitaus zahlreicheren Revisionisten. Letztere weisen darauf hin, daß die von Karl Marx vorausgesagte Verelendung der Massen durch den Kampf der SPD und der Gewerkschaften abgewendet worden sei, Reform gehe also vor Revolution. Das ist nicht völlig abstreitbar. Nachdem die reine Lehre des Sozialismus solcherart in Frage gestellt war, Festungshaft allenfalls noch einem Karl Liebknecht drohte und der Parteiapparat in die Hände wohlbestallter jüngerer Funktionäre geriet, verfliegen allmählich kraftvoller Ungehorsam und Radikalität. Spürbar wird ein Unbehagen vor den Mächten der Straße.

»Die Liebe zu den Menschen hält uns nicht davor zurück, auch gute Deutsche zu sein«, verkündet der führende Revisionist Georg von Vollmar. Er läßt damit anklingen, daß er wohl von Gegensätzen spricht und kündigt nebenher ein ganzes Parteiprogramm auf. Den Massen die Ketten nehmen, sie mit einer flammenden Ideologie versehen und zur Morgenröte der Revolution führen – das liegt deutscher Mentalität wohl fern und muß nicht nur Revisionisten als Ausdruck pathetischer Irrlehre erscheinen. Der Lauf der Dinge bestärkt sie: bei der Reichstagswahl 1912 erlangt die SPD 32 Prozent der abgegebenen Stimmen und somit 110 Sitze, der Sozialdemokrat Philipp Scheidemann wird zum Ersten Vizepräsidenten des Reichstages gewählt. Und da mag noch als ehrenvoll gelten, daß die Sozialdemokraten sich dieses Amt wieder entreißen lassen, weil Scheidemann nicht bereit ist, am vorgeschriebenen Hochruf auf den Kaiser teilzunehmen. Fragwürdig wird ihr Verhalten, als sie gegen die Neuaufstellung von drei Armeekorps stimmen und gleichzeitig tatenlos der Finanzierung solcher Aufrüstung zusehen. Dabei ist die Partei mächtig und hervorragend organisiert: Im März 1910 vereint sie in einer überraschenden Aktion 150 000 Berliner zur Wahlrechtsdemonstration vor dem Reichstag, während die irregeführte Polizei die Menge an der Treptower Spielwiese erwartet. In der Führung debattiert man inzwischen über die Möglichkeit eines Generalstreiks. Wer dann aber die Oberhand gewinnen wird, zeigt sich schon nach Paul Singers Tod: Seinen Platz als Zweiter Parteivorsitzender nimmt nicht der intelligente, leidenschaftliche und streitbare Karl Liebknecht, sondern der schwankende, schrille Hugo Haase ein.

Liebknecht, bereits 1907 Autor der Schrift »Militarismus und Antimilitarismus«, die ihm anderthalb Jahre Festungshaft einbrachte, wäre sicherlich die bessere Wahl in einem Land, in dem nunmehr sogar der kluge Maximilian Harden schreibt: »Demokratisierung bewirkt Schwächung der Stoßkraft. Wir dürften sie als ein Unvermeidliches hinnehmen, wenn uns beschieden wäre, in Frieden und Fröhlichkeit eines 'Kulturvolkes' fortzuleben, das sich seiner Verfeinerung freut und mit Wehr und Waffe nichts mehr zu erkämpfen hat. Anders fiel dem Deutschen das Los ... In moderner Zeit ist kein Reich so wie das Deutsche entstanden; hat keins so auf Kosten der lange vor ihm geborenen den Machtkreis geweitet. Seitdem nistet über Europa das Empfinden, das einst in den Satz gefaßt wurde: 'Eine Großmacht zuviel!' Kann von den alten keine mehr in West und Ost des Daseins recht froh werden. Dem Deutschen ist Kampf beschieden. Nicht um das Recht auf Reichsdehnung nur; um den erworbenen Besitzstand wird er zu kämpfen haben, sobald die von ihm Überflügelten ihn schwächer glauben oder von Entkräftung noch fester verbündet und zur Wahl des letzten Mittels gezwungen werden.«[7]

Neben Hardens beginnender Stilmisere spiegeln die Sätze eine Weltsicht wider, in der viele Deutsche befangen sind. Das Ausland blickt demnach neidvoll auf deutsche Handelserfolge, auf das Vordringen deutschen Kapitals auf den Balkan, in die Türkei und in den Nahen Osten. Es mißgönnt Deutschland den Sieg und die Geburt von 1871, den wirtschaftlichen Aufstieg, die Großtaten in Kunst und Literatur, Lehre und Forschung, die herrliche Flotte, Schleswig-Holstein und Elsaß-Lothringen, die aufblühenden Kolonien, den »Friedenskaiser« – zumindest Chinesen, Herero, Nama, Warufiji und anderen mehr muß dieser Titel rätselvoll erscheinen –, die jeweils dreißigtausend Offiziere und Millionäre, ja eigentlich alles. Deutschland liegt »eingekreist« von Mißgunst und Revanchegeist neben dem einzigen Bündnispartner Österreich, ihm ist »Kampf beschieden«, den es besser heute als morgen ausfechten sollte. Gewiß, ähnlich empfindet man auch in anderen Staaten, selbst in Ländern

118

mit demokratischen Traditionen, aber im Reich der von Reserveoffizieren organisierten Wirtschaft, Wissenschaft und Kultur wirkt solcher Verfolgungswahn besonders tiefgreifend. Ausländer spüren das, wenn sie nach Berlin kommen. So der Franzose Luc Gersal: »Es ist keine Übertreibung, wenn ich sage: Berlin war früher nur eine große Kaserne, heute aber ist es ein riesiger Basar, der in Kasernen abgehalten wird. Nichtsdestoweniger aber fühlt man nach und nach die Wichtigkeit alles dessen, was Uniform trägt. Der Kaiser selbst ist vor allem Soldat, der in erster Linie für die Uniform, für Pferde, Paraden und das frische Leben und Treiben in freier Luft schwärmt. Die Folge davon ist, daß das Militärische direkt oder indirekt die Stadt regiert.«[8]

Es ist fraglos verwegen, immerfort von Deutschland – wenn es Preußen heißen müßte – und den Deutschen – von denen damals immerhin zehntausend Mitglieder der Friedensbewegung waren – zu schreiben, und abwertende Zitate sind für alles und jeden zu finden. Auch war das Berlin jener Jahre weitaus vielfarbiger, doch soll hier mit wenigen Strichen die Landschaft skizziert werden, die der aus Afrika heimgekehrte Hans Paasche vorfand. Sie muß ihm düster erschienen sein. Jetzt, nachdem die Freiheit der Steppe ihn erfaßt und er die ebenmäßig, stets nur zu gemeinsamer Höhe aufstrebenden Schirmakazien dort bewundert hatte – das Prinzip der Gleichheit schien wenigstens unter den Bäumen verwirklicht – und nachdem er unter fremden Menschen soviel Brüderlichkeit erfuhr.

Vordergründig besehen, erscheinen seine künftigen Handlungen wie ein beständiger Widerstreit mit dem Vater: Hermann Paasche gehört der Zuckerlobby an, sitzt im Aufsichtsrat der Polyphon, der British American Tobacco, verschiedener Filmgesellschaften und Schnapsbrennereien – Hans Paasche geißelt in Vorträgen und Schriften die verderbliche Wirkung von Weißzucker, Gassenhauern, des Rauchens, der Scheinwelt der Filme und der Betäubung durch Alkohol. Aber das geschieht bestimmt nicht bedachtsam. Beide erinnern an Romanfiguren, so eindeutig verkörpert der Vater alles Gestrige und der Sohn das Künftige. Hans Paasche versucht lange Zeit, eine verletzende Auseinandersetzung zu vermeiden, zu verstehen. In ähnlicher Weise schätzt er bald das Maß der Wandlungsfähigkeit seines Schwiegervaters falsch ein. Da er selbst nie aufhört, Forderungen an sich und an das Leben zu stellen, begreift er nicht, welche Kräfte von Besitz und Behaglichkeit ausgehen.

Erfreulichere Familiennachrichten. Im Sommer 1911 wird Ellen und Hans Paasche ein Sohn geboren: Joachim Hans, genannt Jochen. Ein von großer Sehnsucht erfülltes, sehr eigensinniges Kind mit dem blonden Haar der Mutter und den dunklen Augen des Vaters. Die für ihn zuvor so sinnreichen Namen Felix und Thomas bedeuten Paasche offenbar nichts mehr. Er ist viel unterwegs, hält Lichtbildervorträge über Reisen in Afrika, wirbt um Verständnis und Zuneigung für die gleichermaßen geschundenen Menschen und die Natur des sogenannten dunklen Erdteils. Wir hören von Auftritten in Greifswald, Berlin, Jena, Frankfurt am Main, Freiburg, Marburg. Sicherlich erregte Paasche Aufsehen, denn seine Abbilder Afrikas unterscheiden sich erheblich von jenen, die zum Beispiel die noch immer erscheinenden preiswerten Volksausgaben der Bücher Henry Morton Stanleys vermitteln. Zudem werden die Aufenthalte genutzt, um mit Gleichgesinnten aus der Abstinenz-, Reform- und Jugendbewegung zusammenzutreffen. Der faszinierende Erzähler, begabt mit mimischem Talent und zu raschem Wechsel zwischen satirischer Darstellung und überzeugender Ernsthaftigkeit fähig, findet vornehmlich bei jugendlichen Zuhörern Anklang. Seine abenteuerlich anmutende Vergangenheit und das, was man einander vielleicht schon über sein Aufbegehren gegen einen der politisch einflußreichsten Väter im Lande zuraunt, wirken auf junge Menschen sehr einnehmend. Überdies bleibt er ein überragender Sportsmann, entdeckt soeben den Skisport für sich, dem er dann leidenschaftlich anhängt. Beim Internationalen Kongreß gegen den Alkoholismus in Scheveningen 1911 sieht Otto Buchinger ihn wie früher über Tische und Stühle springen, bemerkt aber auch »bei einer meisterhaften Film-Vorführung Tränen in seinen Augen, während er rief: 'Die armen Kinder, das ist ja fürchterlich!' (Es wurde das ganze Elend einer typischen Trinkerfamilie geschildert.) Und als ... ein Redner in lebendigem Vortrag die grauenerregende amtliche Statistik über die ursächliche Verknüpfung der Alkoholtrinksitte mit Geschlechtskrankheiten, Tuberkulose, Verbrechen und Unzucht dargelegt hatte, da rief Paasche die ebenso schlichten wie denkwürdigen Worte aus: 'Und davon lebt das Alkoholkapital!'«[9]

Immer wieder ist Buchinger überrascht vom Reichtum der Gefühle, von der Fähigkeit zu selbständigem Urteil und der sprunghaften Gewandtheit seines Freundes. »Mehrfach kam es vor, daß ich neben Paasche in einer Allee unter dichten Bäumen herging. Plötzlich war er verschwunden, nur seine Stimme hörte ich von der Spitze des nächsten Baumes herab, wo er in einer Astgabel saß und einen sich 'lausenden' Affen nachahmte ... Ebenso rasch war er dann wieder unten, erklärte etwa einem 'Uneingeweihten': 'Wer nicht jede Turngelegenheit benutzt, der verfault langsam', und knüpfte schließlich das unterbrochene Gespräch genau an der Stelle wieder an, wo er es ... unterbrochen hatte.«[10] Und über Paasches Erfolge vor jugendlicher Zuhörerschaft teilt er mit: »Was wirkte an Hans Paasche eigentlich so stark auf die Mitmenschen, vor allem auf die Jugend jeglichen Alters? Die Antwort kann nur lauten: Weil er lebendige Natur war. Kein Zerfaserer, Vernünftler, Heuchler und Moralist, sondern sprühendes, springendes, fließendes, rollendes Leben mit all seinen 'Ungereimtheiten', seinem scheinbaren Chaos, seiner 'Unvernunft', seinen Höhen und Tiefen, vor allem aber auch: weil er jene überwältigende Komik des 'trockenen Humors' besaß, hinter dem eine ernste, mutige und fast zwingende Persönlichkeit stand.«[11]

Er trifft keineswegs nur auf Zustimmung und nimmt dann bisweilen wörtlich, was er im Hinblick auf die kriegerische Geistesverwirrung vieler Mitmenschen feststellt: »Alle diese Menschen sind betäubt, betrunken. Der nüchterne Verstand muß die Dinge so sehen, wie ich sie sehe, und ich glaubte zu erkennen, daß tatsächlich die tägliche Betäubung die Menschen unfähig macht, die Stimme ihres Gewissens zu hören.«[12] Paasches oft herausfordernde und auch verletzende Angriffe auf Nikotin-, Alkohol- oder Fleischkonsum werden so erklärlicher. »Nikarnalken« sind für ihn die Unbelehrbaren und Betäubten: »Nikarnalke ist ein *Kar*nivore, der *Ni*kotin raucht und *Al*kohol einnimmt und dadurch weniger schlank, weniger klug und weniger schön wird, als er sein könnte. Ein Nikarnalke kann ein tüchtiger Mensch sein; dennoch wäre es gut, wenn weniger Deutsche Nikarnalken wären. Das Gegenteil von Nikarnalke ist Lebenserneuerer«, steht auf einem Flugzettel, den er seinen Briefen beilegt. Manchmal jedoch wählt er die falschen Gegner. Etwa die bedauernswerten Kellner, von denen er sich Schinkenplatten oder gedünstete Nieren anbieten läßt, um solche Gerichte dann lautstark als den »gesalzenen Hintern einer Schweineleiche« oder »fleischerne Nachttöpfe« zurückzuweisen. Oder jenen Mann in einer Berliner Straßenbahn, bei dessen Anblick er Ellen auf Kiswahili zurief: »Sieh dir bloß das fette Flußpferd an, bestimmt ein Bierbrauer!« Aber der Dicke zog höflich den Hut und erwiderte in ebenso gutem Kiswahili, er sei nur Rentner und vormals Bezirksamtmann im ostafrikanischen Tanga gewesen. Wahrscheinlich einer der seltenen Augenblicke, in denen Hans Paasche um eine Antwort verlegen war. Das geschieht ihm nicht oft; er weiß zu unterscheiden. »Er ließ bei einfachen Leuten andere Ansichten gelten oder setzte sich ganz ernsthaft und liebevoll mit ihnen auseinander«, versichert Otto Buchinger.[13] Ohnedies kommt bald die Zeit, in der man Paasche hin und wieder in eine Gaststätte stürzen und ein Schnitzel verschlingen sehen wird.

Was treibt er, wenn er zu Hause ist? Da sind Aufzeichnungen und Sammlungen zu ordnen, ist eine überaus umfangreiche Korrespondenz zu führen. Hans Paasche bleibt lernbegierig, vergleicht seine afrikanischen Erfahrungen mit denen anderer, stellt zum Beispiel Musikwissenschaftlern die während der Reise bespielten Phonographenrollen zur Verfügung. Das erfüllt ihn alles noch nicht, er will öffentlich wirken. Im Spätherbst 1911 gründet Paasche gemeinsam mit Hermann Popert, Reinhard Kraut und Ludwig Gurlitt die Zeitschrift »Der Vortrupp«. Die Anregung zu dieser »Halbmonatsschrift für das Deutschtum unserer Zeit« geht von Popert aus. Hans Paasche ist Mitherausgeber – eine Aufgabe, die er auch für Carl Streckers »Die Abstinenz. Central-Organ für die Nüchternheitsbewegung« übernimmt. Popert wie Strecker wird gewiß daran gelegen sein, daß auf ihren Titelblättern ein »Kapitänleutnant a.D.« erscheint. Das Ziel des »Vortrupps« wird mit dem Begriff »allgemeine Lebensreform« umschrieben. Die ersten Beiträge wenden sich unter anderem gegen Trunksucht, Schundliteratur, Sprachverhunzung, Korsette, Ausrottung der Wale, Federmode, übermäßige Reklame und sprechen für Vegetarismus, einen einheitlichen Weltkalender, Bodenreform, Frauenstimmrecht, Esperanto und patriotische Erziehung. Wahrhaftig ein weites Feld, auf das Popert in der ersten Ausgabe vom Januar 1912 noch einige Vogelscheuchen stellt, die wir vom »Helmut Harringa« her kennen: die Deutschen in Österreich-Ungarn würden »von den Slawen dort erdrückt und aufgesogen«, im Baltikum und in Finnland werde eine germanische Kultur »von asiatischer Barbarei Stück für Stück zertreten«. Das alles neben Vorwürfen an deutsche Kaufleute, die angeblich »europäische Waffen in großen

Massen an Gelbe, Braune und Schwarze verkaufen«, Klagen über die beständig größer werdende Zahl von Kneipen in Großstädten und einem guten Wort für die Sozialdemokratie, der Poperts Zuneigung allerdings nicht gehört.

Weitaus anziehender ist Paasches Beitrag unter dem Titel »Protest in elfter Stunde«. Zwar beginnt auch er mit nationalistischem Anspruch, mit vorgeblicher Berufung der Deutschen zur Kolonisation, die sich aus ihrer Kultur ableite. Es sei deshalb »schade um jedes Stück Afrika, das nicht deutsch ist ..., weil das Land und seine Geschöpfe uns brauchen: uns Deutsche, die wir doch nun einmal anders sind, als etwa Italiener. Welche Singvögel essen.«[14] Dann aber zeigt sich, daß der Autor unter dem Begriff Deutschtum etwas anderes versteht als die meisten seiner Zeitgenossen. Heftig attackiert er das selbstherrliche Kolonialregime in Deutsch-Ostafrika, das maßlose Jagdgesetze erläßt und die Ausfuhrstatistik mit dem Elfenbein herdenweise abgeschossener Elefanten aufbessert. Er empört sich gegen die dort vorherrschende Einstellung, man könne, um nicht Autorität zu verlieren, das geltende Jagdrecht nicht sogleich wieder verändern: »Und es gibt ein Volk, das den zum Zustandekommen solcher Überlegungen nötigen kindischen Respekt vor seiner Regierung hat? Ein Volk, dessen Lakaiensinn schließlich die Beamten hindert, dafür zu sorgen, daß nicht Gesetz Unsinn und Wohltat Plage werde?

... Mit mineralischen Schätzen, mit Steinen mag man in den Kolonien vorläufig noch umgehen wie man will; Elfenbein, Hörner, Pelze und Federn sind, wie die unersetzlichen Kräfte und die Schönheit der Tiere, von allzu kurzem Nutzen für die Menschheit und nie wieder zu beschaffen, wenn die letzten Träger von Keimzellen getötet wurden ... Es ist, als kämen die trauten Gefährten, die den Menschen von Urzeit her begleiteten, hilfesuchend zu uns. Und wir erwürgen sie, bis nur totes Gebein und trockene Haut daran erinnert, daß sie uns einst das Bild der Erde verschönten.«[15]

Das ist erfahren, durchdacht und deshalb lebendig. Dennoch – ein zweifelhaftes Vergnügen, heute in den »Vortrupp«-Jahrgängen zu blättern. Zu verwirrend erscheint, was Hermann Popert seinen Lesern da bot – unter den Autoren sind so gegensätzliche Menschen wie der scharfsinnige und weitblickende Theodor Lessing, die eifernde Elise Paasche und der Dunkelmann Fidelis, hinter dem sich Popert selbst verbarg. Zu kompromittiert sind seither die verwendeten Begriffe. So wirkt es auch mißverständlich, wenn Paasche in einem Artikel das Pfadfinderleben rühmt und dabei das Wort »Wehrkraft« gebraucht. Zum einen meint er damit etwas anderes als der Jungdeutschlandbund oder der Wehrverein, denn er schreibt: »Alles Militärische hat zurückzustehen, wo die Kraft und der Wirklichkeitssinn der Jugend geweckt, wo die Wehrkraft gesteigert werden soll ... Abwege nur sind es, auf denen Soldatenspiel für Wehrkraft gehalten wird.«[16] Zum anderen hält er es wohl für listig, seine Ansichten in Uniformen zu kleiden, weil er das Interesse der Betäubten erregen möchte und noch an ihre Wandelbarkeit glaubt. Andere halten es ebenso: Selbst der friedfertige Mutterschutzbund argumentiert mit dem Verlust von »Wehrfähigkeit«, wenn er Maßnahmen gegen die Säuglingssterblichkeit oder für die Gleichstellung lediger Mütter fordert.[17]

Später schämt Hans Paasche sich solcher Zugeständnisse, bedauert er die beim »Vortrupp« vertane Zeit. »Ich schloß mich den Bewegungen an, die etwas Besseres aus den Menschen machen wollten, die den Rausch bekämpften und das Mitgefühl mit allem Lebenden weckten. Ich tat das, weil ich glaubte, Zeit zu haben, die Menschen zu bessern. Unterdessen ging aber die Lüge weiter, und das Volk wurde reif gemacht für die Kriegsstimmung des 4. August ... Weshalb sagte ich das, was ich erkannt hatte, nicht immer wieder laut und öffentlich? Weil ich dann meinen Titel verloren hätte, mit dem ich als Herausgeber auf einer Zeitschrift stand und den meine Freunde ... benutzen wollten, um das, was wir für gut hielten, zu verbreiten. Ich konnte also die Wahrheit nicht sagen, weil ich den Titel nicht verlieren durfte, der der Verbreitung der Wahrheit dienen sollte, in diesem der Erkenntnis sonst unzugänglichen Volke.«[18]

Weitere Beiträge Hans Paasches im Jahre 1912 sind zunächst der Frauenrechtsbewegung (»Alles, was Menschen im öffentlichen Leben vollbringen, ist, wenn Männer es allein zustande brachten, nicht so gut, wie es sein kann.«[19]) und dem Skisport gewidmet. Im Mai erscheint dann die erste aus einer Folge von sechs Briefen, die sich bis zum August 1913 hinzieht. Sie trägt die Überschrift »Die Forschungsreise des Afrikaners Lukanga Mukara ins innerste Deutschland«. Hans Paasche zeichnet lediglich als Herausgeber. Angeblich stammen die Briefe von dem genannten Afrikaner, der im Auftrage des Königs Ruoma von Kitara Deutschland bereist. Im ostafrikanischen Kitara sind nämlich Wasungu – Weiße, doch Lukanga gebraucht das Wort gemeinhin für die Deutschen – erschienen, und der Sendbote soll nun erkunden, wie diese Menschen daheim leben und ob ihre Kultur wirklich so erstrebenswert ist, wie sie behaupten. »Die Briefe des Lukanga«, schreibt Paasche im Vorwort, »haben einen besonderen Wert. Der fremde Mann legt an die Zustände in Deutschland seinen Maßstab. Was uns gewohnt erscheint, fällt ihm auf. Seine Beobachtungsgabe und die Nacktheit seines Urteils bringen es mit sich, daß er bedeutend über Dinge sprechen kann, denen wir selbst gar nicht einmal unbefangen gegenüber stehen können.«[20] Natürlich spricht dann kein Afrikaner, sondern Paasche selbst – der »Lukanga« ist das schönste Ergebnis seiner Reisen in Afrika. Getreu dem Vorsatz, in der Fremde den Blick auf die heimatliche Gesellschaft zu schärfen, hatte er während der Gespräche mit Afrikanern deren Ursprünglichkeit des Urteils angenommen. Das gibt den Briefen unverwechselbaren Reiz, der beständig wirkt: Es ist – insbesondere wegen mehrerer Raubdrucke – inzwischen nahezu unmöglich, die Gesamtauflage zu ermitteln, aber fraglos bleibt der auch heute noch verlegte »Lukanga« Hans Paasches meistgelesene Veröffentlichung. Wir benutzen hier die 1921 erschienene, von Franziskus Hähnel in Broschur herausgegebene Erstausgabe. Sie umfaßt im Gegensatz zu den Veröffentlichungen im »Vortrupp« neun Briefe, aber das ist wenig belangvoll, da auch die drei hinzugekommenen Vorlagen noch vor dem Ersten Weltkrieg entstanden. Lediglich im sechsten Brief der Buchausgabe sind während des Krieges geringfügige Änderungen vorgenommen worden.

Lukanga, der seine Nachrichten in Berlin und in Birkhain – eindeutig das Gut Waldfrieden – niederschreibt, fröstelt beim Anblick des Landes, in das ihn seine Mission führte, es bedrückt ihn: »In Deutschland ist sehr viel Rauch. Aber das ist kein Rauch, der eines Wanderers Augen auf sich zieht, der die Schritte beschleunigt oder das Herz höher schlagen läßt. Es ist kein Rauch in frischer Luft; es ist Rauch im Dunst, ja Rauch im Rauch. In langen, steinernen Röhren wird er zum Himmel geleitet. Aber der Himmel will ihn nicht, und so liegt er wie ein Frühnebel über der Erde ... Unerträglich ist die Luft, die die Wasungu sich gewöhnen einzuatmen. Sie lieben es, zur Arbeit, zum Vergnügen, zum Unterricht, ja zum Gottesdienst in geschlossenen Räumen beisammen zu sein. Stundenlang. Jeder atmet Luft, die schon ein anderer geatmet hat. Dahinein mischt sich Rauch, Dunst und Essensgeruch. Es müssen viele von ihnen krank sein. Ich weiß das nicht; denn ich sehe nur gesunde Leute in den Straßen und glaube, daß sie die Kranken an einen anderen Platz schaffen.«[21] Ratlos sieht der Afrikaner, wie die Deutschen ihre Umwelt zerstören, Flüsse begradigen, deren Lauf Gott angeblich falsch festlegte, Berge abtragen und mit der Erde Sümpfe füllen, in denen Reiher leben, Wälder für Straßen und Eisenbahnlinien abholzen, auf denen sie dann den Ergebnissen ihrer Arbeit entfliehen. »Es gibt überhaupt keinen Sungu, der es nicht eilig hat ... Sie arbeiten alle, weil sie Geld haben wollen. Und wenn sie Geld haben, benutzen sie es nicht dazu, sich Glück zu verschaffen, was ja nichts kosten würde, sondern sie lassen sich von anderen, die Geld gewinnen wollen, einreden, sie müßten, um glücklich zu sein, alle möglichen Dinge kaufen, Dinge, die ganz unnütz sind und da gemacht werden, wo der Rauch aufsteigt. Ich glaube, ein Mann, der mit wenigem auskommt und nichts kauft, ist in Deutschland nicht angesehen. Ein Mann aber, der sich mit tausend Dingen umgibt, die er aufbewahren, beschützen, verschließen und reinigen ... muß, der gilt etwas ... Weil aber die Menschen ... bei solcher Beschäftigung verrückt werden, muß man große Häuser außerhalb der Städte bauen, in die man die Verrückten einsperrt. Dadurch entsteht wieder Arbeit und neues wirtschaftliches Leben. Die aber, die noch nicht ganz verrückt sind, müssen, um nicht völlig verrückt zu werden, sehr oft aus der Stadt hinausfahren, um in der Steppe und im Urwald zu schreien, Blumen abzureißen, Tiere aufzuspießen oder zu verscheuchen. Deshalb fahren ... sehr viele Wagen mit Menschen hin und her. Außerdem aber müssen in der Steppe und im Urwald Häuser gebaut werden, in denen diese Halbverrückten Schnaps und Rauchrollen kaufen können, und es müssen Kästen aufgestellt werden mit Maschinen, die Radau machen, was die Wasungu lieben. Sie machen dazu viel Rauch, gießen Flüssigkeit in ihren Hals und brüllen sich gegenseitig an. Dann lassen sie Bilder von sich machen mit Trinkgefäßen in der Hand.«[22]

Man muß bekennen, daß uns seither im Hinblick auf die Gestaltung des Urlaubs nicht sonderlich viel eingefallen ist. Wer dagegen in Kitara reist, braucht dazu nur einen Stock, zwei Hölzer zum Feuerreiben, einen Beutel und eine Zupfgeige, versichert Lukanga, und kann, »wenn er, nach Monden, heimkommt, von den Tänzen und Liedern fremder Völker erzählen, von der Art, wie andere Völker den Elefanten jagen und wie sie die reifen Jungfrauen schmücken.«[23] Die Anklänge an Hans Paasches Afrikareise sind – von der Geige bis zur Elefantenjagd – unverkennbar.

Zuweilen wird behauptet, der »Lukanga« sei ein Lobgesang auf den »Edlen Wilden« der Aufklärungsepoche. Davon kann schon deshalb keine Rede sein, weil der Leser bis auf einige Vergleiche und vom Heimweh bestimmte Erinnerungen kaum etwas von Lukangas Lebensumständen erfährt. Lukanga schildert vorwiegend nur, was er vorfindet, ohne es vergleichend zu kommentieren – dabei ginge schließlich auch die Heiterkeit verloren, die der Bericht zunächst vermittelt. Selten nur wertet der fahrende Geselle aus Afrika. So dann, wenn er einräumt, man könne durch Lesen sehr weise werden, er jedoch gebe den Zuständen in Kitara, wo kein Bauer lesen und schreiben kann, den Vorzug. »Denn sieh«, schreibt er König Ruoma, »es gibt in diesem Lande zwar Gesetze, die jedem gebieten, Schreiben und Lesen zu lernen, es gibt aber kein Gesetz, das verbietet, Schlechtes zu schreiben, Schlechtes zu lesen. Und so wird viel Schlechtes über ein Volk, das schreiben kann, hingeschrieben. Es kann kein Gesetz geben, das verbiete, Schlechtes zu schreiben. Denn wer will abmessen, wo die Grenze des Guten liege? Und gerade das Schlechte, das sich unter dem Schein des Guten verbirgt, ist den Menschen am gefährlichsten. Die Wasungu haben Geschriebenes, das so gut ist und so rein wie die Luft in den Bergen von Bugoie in der Regenzeit. Aber wenige nur atmen diese reine Luft ... Unter denen, die schreiben und Geschriebenes verkaufen, gibt es allzuviele, die nicht schreiben, um den Lesern Notwendiges zu sagen, sondern nur, um recht viel Geld zu bekommen.«[24]

Bemerkungen wie jene über das keineswegs beklagenswerte Analphabetentum in Kitara sind von mißlaunigen Interpreten gern herausgelöst und mit den Etiketten »Schwärmerei«, »Fortschrittsfeindlichkeit«, »Utopismus« – oder was auch immer einem angesichts einer originellen Darstellung so einfällt – versehen worden. Beneidenswert, wer sich damit zufriedengibt.

Es ist natürlich durchaus der Geist der Aufklärung, der da einen Stachel im Hirn des Lesers hinterläßt: Helga Paasche verbürgt, ihr Vater habe Charles de Montesquieus »Lettres persanes« sehr geschätzt und mehrfach gelesen; sie seien wohl eine

Anregung gewesen, den »Lukanga« zu schreiben. Hinzu kommt, daß der Autor eine kommende Katastrophe ahnt, daß er um das Chaos weiß, das hinter jeder durch Gewalt gesicherten Ordnung lauert.[25] Dergleichen klingt nur zuweilen an, verleiht aber dem anscheinend leicht hingeworfenen, grotesken Text eine merkwürdige Eindringlichkeit: »Ich habe, großer König, die Torheit dieser Wasungu jetzt deutlicher erkannt ... Das eine sage ich Dir: Hüte dein Volk vor diesen Mördern und Räubern. Meine Tränen rinnen, wenn ich das schreibe: denn leider kannst Du weder Dein stolzes Volk noch Dein stilles Land vor Wesen schützen, die irre sind und nicht sehen, daß sie mit Feuerbränden die Strohdächer der Hütten segnen wollen. Sie sehen nicht, daß sie sich im Kreise drehen, daß sie nichts tun, als durcheinanderwerfen, was auf oder in der Erde ist und daß sie die Schönheit und den Reichtum der Erde zerstören. Dabei haben sie einen Wetteifer gegeneinander. Nicht nur einzelne Menschen, auch Menschen ganzer Gegenden und Völker wetteifern, wer von ihnen mehr Unsinniges tut, mehr Schätze zerstört, mehr hin und her rast. Sie nennen das Leben. Ich nenne es Tod.«[26] Das Jahr 1914, das mit dem Krieg die furchtbarste Form unsinnigen Wetteifers und der Zerstörung bringt, wird Lukangas Sehergabe erweisen.

Hin und wieder irrt er freilich: Wenn der Impfgegner Paasche sein literarisches Geschöpf Abscheu vor Schutzimpfungen äußern läßt, dann blieb ihm offenbar unbekannt, daß mehrere afrikanische Völkerschaften seit langem einfache Formen solcher Immunisierung anwendeten. Auch ist Lukangas Entsetzen über »rauchstinkende« Wasungu nicht ganz verständlich, weil Paasche zumindest Hanf rauchenden Makonde begegnet sein muß. Zugestanden, deren Art des Rauchens war eher eine rituelle Handlung. Aber überall in Afrika wurde schon damals viel Tabak angebaut und so begeistert geraucht, »daß ernsthafte Pflanzengeographen sich bewogen gesehen haben, die Frage aufzuwerfen, ob nicht der Tabak eine ursprünglich afrikanische Pflanze sei, da es nicht denkbar sei, daß er sich seit der Entdeckung Amerikas so weit verbreitet und so tiefe Wurzeln in den Sitten des Volkes geschlagen habe.«[27] Wasungu und Afrikaner haben noch andere Schwächen gemeinsam, die Lukanga vorgeblich erstmals sieht, aber die Briefe erscheinen schließlich nicht als Bestandteil eines völkerkundlichen Werkes. Am gründlichsten täuscht ihr Verfasser sich jedoch dort, wo er hoffnungsvoll auf eine abstinent, vegetarisch und naturnah lebende deutsche Jugend blickt, die sich um die Lagerfeuer des Freideutschen Jugendtages auf dem Hohen Meißner versammelt: »Um den Berg ... lag das Land, dessen Feuer hier oben brannte. Ich sah die Gestalten von jungen Männern und Mädchen. Ich sah ihre Augen und Feuerglanz darin. Ich sah, als Fremder, die Zukunft eines Menschenvolkes.«[28] Ernüchtert und bitter wird er sechs Jahre später schreiben: »Die einzige Hoffnung war die freideutsche Jugend. Auch sie war zum größeren Teil erst seelisch im Gleichgewicht, als sie mit Zupfgeigenpopeia Reserveoffizier wurde und die Juden beschimpfte.«[29]

Bedenkenswerte Beiträge zur Völkerkunde liefert Lukanga dennoch. Der Afrikaner schaut und hört den Deutschen zu, wenn sie am Stammtisch sitzen, sich über die Körper von Pferden und Frauen unterhalten, qualmen und saufen, dabei fettes Fleisch verschlingen und anschließend das »Abtrittspiel« spielen. (»Einer sagt zum anderen: 'Du hast mich angesehen'; darauf sagt der andere: 'Du Schwein.' Dann nehmen sie die Rauchrollen in die linke Hand und hauen sich gegenseitig mit der rechten Hand ins Gesicht.«[30]) Er beschreibt ihre ungesunde Kleidung, das von Hast bestimmte Leben, die Zählsucht, allerlei wirtschaftlichen Unfug. Und gerät zuweilen tiefer in das »innerste Deutschland«: »Sie wissen ..., daß durch ihre rohen Sitten das Gute in ihnen getötet wird. Sie wollen aber von ihren Sitten nicht abstehen und können sich nicht bessern. Deshalb schaffen sie sich einen Aberglauben ...: Sie sagen ... nie, daß sie schlecht seien, sondern sagen, die 'Ehre' sei verletzt, und wie alle tiefstehenden Völker mit niedrigen Sitten suchen sie sich einen Feind, hauen oder schlachten den und glauben, dadurch selbst wieder gut zu werden ... Bei den Wasungu ... gibt es viele, die fortwährend Reue empfinden über ihr schlechtes Tun und deshalb andere Menschen hauen wollen. Sie glauben, daß ein Mensch durch rohe Gesinnung gegen andere eigene Fehler wieder gutmachen könne.«[31]

Kaum verwunderlich, daß die Mär vom fahrenden Afrikaner Lukanga Mukara immer wieder Leser findet. Zu Hans Paasches Zeit fühlte sich davon namentlich die Jugend des Mittelstandes in ihrem Protest gegen die als materialistisch und spießerhaft empfundene Welt der Eltern bestätigt. Doch das Thema sprach weitere Kreise an. So schreibt noch 1990 Erich R. Schmidt – sich seiner Jahre in der Sozialistischen Arbeiterjugend erinnernd und nach Übereinstimmungen mit der bürgerlichen Jugendbewegung forschend: »Gemeinsam waren uns lebensreformerische Bestrebungen sowie jene Umwelt- und Kulturreformideen, die besonders durch die von Hans Paasche veröffentlichten Briefe über 'Die Forschungsreise des Afrikaners Lukanga Mukara ins innnerste Deutschland' einer breiten Öffentlichkeit bekannt wurden und Einfluß ausübten. Es war ein Kriterium für alle Jugendbewegler, Nichtraucher und Abstinenzler zu sein. Wir waren es alle. Mukaras Briefe gegen das 'Rauchstinken' und den 'Rauch im Rauch' der Städte, gegen den Alkoholgenuß, weil er 'den Rausch eines Menschen für unwürdig hält', gegen das Einschnüren der Körper und Füße, und darüber, wer von all dem, was so vielen so sichtbar schadet, profitiert, formulierten den Kulturprotest ... brillant und mit ... frappierender Authentizität.«[32]

Das Zitat soll nicht allein auf den für Paasches Lebensweg bedeutsamen Widerhall hinweisen, den der »Lukanga« weithin fand. Es zeigt, daß die exotisch und scheinbar unbedarft daherkommende Kulturkritik auch als Bloßstellung jener verstanden wurde, die Nutzen aus den angeprangerten Verhältnissen zogen: der »Zahlenkarle«, der Geschäftemacher jeglicher Art, der nationalistischen Schreihälse. Den publizistischen Angriff auf letztere probte Paasche übrigens bereits vor dem Erscheinen des ersten Lukanga-Briefes, als er ihren selbstgefälligen Lärm beschrieb: »'Deutschland, Deutschland über alles!', Sedanfeier, klirrende Medaillen auf dem Gehrock; ein Gebrüll, ein Gefeier und Getrommel! Biergeruch und Rauch. Und noch einmal: 'Hurra!'«[33] Bedachte er, daß viele der Betäubten Gescheiterte waren, hinabgestoßene Bürger, entwurzelte Proletarier, deren Leben klein geworden war in der gnadenlos berechnenden Industriegesellschaft – so ganz unrecht hatte Karl Marx wohl doch nicht gehabt. Die auf »große Zeiten« hofften, in denen sie ihre Menschenwürde – Lukanga Mukara sprach von Ehre – zurückgewinnen wollten. Sofern sie jung waren, scharte eine große Zahl von ihnen sich um die Lagerfeuer der Jugendbewegung. Andere zog der Fackelschein an, den der »Vortrupp« ausstrahlte.

»Sie glauben«, berichtete Lukanga seinem König von den Zahlenkarlen, »die Erde sei um ihretwillen gemacht.« Das war Aufbegehren, noch nicht Widerstand.

Ferne Küsten

Hans Paasches publizistische Tätigkeit im Jahr 1912 endet mit den Beiträgen »Seefahrt« und »Deutscher Naturschutz«. Der erstgenannte zeigt, daß er den Entschluß, zur See zu fahren, nie bereute und sich oft nach den Empfindungen sehnt, die jene Zeit ihm vermittelte: »Kühnheit, Weltkunde, Unternehmungsgeist, Erfahrung und eine Vorsicht und Verschlagenheit, die unter den Begriff der Seemannschaft fällt, vereinen sich in denen, die die Schiffe eines seefahrenden Volkes lenken ... Das Meer wird nie bezwungen werden. Eine Fahrt zur fernen Küste bleibt eine Aufgabe, bleibt ein Erlebnis auch für den, der zum zehnten Male in seinem kurzen Erdenleben nach demselben Ziel hinüberfährt ... Wer das feste Land verläßt und über der Tiefe des Weltmeeres schwimmt, der soll nach den Sternen sehen, die dem Seefahrer den Weg zeigen. Er soll den Wind fühlen, der vom warmen Süden oder vom kalten Norden kommt. Er soll der Menschen gedenken, die vor ihm dasselbe Meer durchquerten und Gedanken und Taten an ferne Küsten trugen.«[1]

Die zweiteilige Folge »Deutscher Naturschutz« ist abermals ein »Protest in elfter Stunde«, der sich nicht nur gegen die Verhältnisse im Deutschen Reich und in seinen Kolonien richtet: »Das Leid der geschändeten Natur war niemals, seit die Erde besteht, so groß wie jetzt, unter der nichtsschonenden Macht des Welthandels, des Verkehrs, der Industrie. Maßlos sind die im Nehmen, im Verschleppen und im Füttern ihrer Maschinen. Was irgend die Erde an lebender Schönheit und Pracht hervorbrachte, muß ihnen dienen. Solange noch eine Gazelle lebt, deren Fell auf dem Weltmarkt Wert hat, ein Wal im Eismeer, ein Paradiesvogel im Urbusch entlegener Inseln, solange ruht die geschäftige Betriebsamkeit nicht, gepaart mit menschenunwürdiger Gedankenlosigkeit und Kurzsicht.«[2] Überall werde die Natur »nach Geld durchstöbert«, und wer nichts gegen die »gedankenlose Preisgabe lebender Naturschätze« durch Politiker und Beamte unternehme, der verarme auch geistig. Darüber hinaus unterbreitet Paasche handfeste Vorschläge: »Die Maßnahmen zum Schutz der Tierwelt müssen dahin gehen, den Handel mit Teilen begehrter Tiere, ebenso wie einst den Sklavenhandel, aussichtslos zu machen. Sobald das geschieht, wendet der Handel seine Aufmerksamkeit anderen Dingen zu, und die Tiere sind gerettet.«[3] Er übersieht dabei, daß der Sklavenhandel nicht endete, weil er verboten wurde, sondern weil die industrielle Revolution »eiserne Neger« schuf – dauerhafter, bedürfnisärmer und leistungsfähiger als Sklaven. Das verwickeltere – weil gleich mehrere Daseinsfragen der Menschheit berührende – Problem des Naturschutzes besteht weiterhin und mit ihm auch Paasches Warnung: »Mit jeder Tierart, die uns von Urzeit bis hierher begleitet hat, die unsrer Phantasie oft Nahrung war und uns in trüber Zeit wohl selbst zur Nahrung werden mußte, verschwindet ein Stück unsrer selbst. Da helfe heute, wer helfen kann, und schütze im Tiere den Menschen.«[4]

Aber das Jahr 1912 wird weniger von publizistischen Ereignissen bestimmt. Im Frühjahr übertragen Elise und Hermann Paasche ihrem Sohn das Gut Waldfrieden. Richard Witting erklärt sich bereit, seiner Tochter und seinem Schwiegersohn sowohl die Stadtwohnung in der Reichsstraße als auch die zunächst auf dem Gut anfallenden Kosten zu finanzieren. Er stellt allerdings eine Bedingung: Paasches Eltern müssen Waldfrieden verlassen haben, bevor das junge Paar dort einzieht. Witting hält nämlich nicht mehr viel von seinem geschäftstüchtigen Parteifreund und noch viel weniger von dessen Frau: Elise Paasche, die durch die Heirat von Hans und Ellen eine Tochter hätte gewinnen können, tut inzwischen alles, um auch den Sohn zu verlieren. Besonders seit Jochens Geburt richtet sie krankhafte, von Neid und Eifersucht bestimmte Gefühle gegen die Wittings, Ellen Paasche und selbst gegen das Kind; keiner der Beteiligten bleibt verschont von ihren Drohungen und Lügen, von übler Nachrede. Es ist nicht sicher, ob sie ihren antisemitischen Neigungen schon in jener Zeit verfällt. Jedenfalls gibt Richard Witting ihr Gelegenheit zu einer Entschuldigung, die nur unvollkommen genutzt wird und lehnt künftige Annäherungsversuche der älteren Paasches ab.

»Diese bedauerlichen, in ihrer Schwere nur durch einen Roman zu schildernden Verhältnisse wurden Voraussetzung für das, was sich ereignete«, schreibt später Hans Paasche, als der Waldfrieden längst nachhaltig gebrochen ist und ihn nicht nur Geldsorgen bedrängen. »Als ich das Gut 1912 übernahm, hatte sich mein Vater in der Nähe ein Haus gebaut. Da er von Ruhebedürfnis sprach und schon lange gesagt hatte, die Wirtschaft und die Unkosten Waldfriedens würden ihm zu viel, konnte ich nicht annehmen, daß er eine neue Wirtschaft in so unmittelbarer Nachbarschaft beginnen werde. Hätte ich das gewußt, dann hätte ich das Gut nicht übernommen ... Ich übernahm die sehr arme Wirtschaft mit der ansehnlichen Hypothek von 50 000 Mark und mußte, um die Häuser bewohnbar zu machen (meine Eltern hatten nur Sommerwohnung da gehabt) und mit der Wirtschaft in Gang zu kommen, eine hohe Summe von meinem Schwiegervater nehmen. Es stellte sich dann heraus, daß die Wirtschaft jährlich 8 000 Mark Verlust brachte.«[5]

Mit dem Haus in der Nähe, das der Vater baute, ist das Gut Springwerder – heute die Försterei Zacisze – gemeint: auf einer großen Lichtung tief im Wald gelegen, auf Wiesen und Gärten blickend, nur zwanzig Minuten Fußweg von Waldfrieden entfernt. Einige der Obstbäume, die Hermann Paasche dort pflanzen ließ, tragen jetzt noch Früchte, und erhalten blieb auch ein anderes Gebäude, das seine Tochter Lisi und deren Mann, der Artillerieoffizier Paul Kritzler, als Sommerhaus nutzten.

Die »hohe Summe von meinem Schwiegervater« beträgt 30 000 Mark. Richard Witting läßt sie als Hypothek zu Lasten von Waldfrieden eintragen, weil er dem ganzen Handel nicht traut. Von einem Handel muß man hier wohl sprechen: Hans Paasche wird der Wert des nunmehr mit 80 000 Mark belasteten, uneinträglichen Gutes auf sein Erbteil angerechnet, sein so gern mit Grundbesitz spekulierender Vater geht schuldenfrei davon, wagt ein neues Abenteuer und erzählt nun gern, er habe dem Sohn ein Gut geschenkt. Der Wert von Waldfrieden – 800 Morgen Wald, 200 Morgen Acker, Wiesen und See – wird derzeit auf 80 000 Mark geschätzt; Paasche verfügt also über einen Besitz, der mit seinem Wert belastet ist, für den er Zinsen und Tilgung zahlen muß und der ihm jährlich 8 000 Mark Verlust einbringt.

Richard Witting, der Hans Paasches tiefe Bindung an Waldfrieden schwerlich nachempfinden kann, beteiligt sich zunächst widerstrebend, dann jedoch rückhaltlos: Der Aufsichtsratsvorsitzende der Nationalbank für Deutschland ist ein aufrichtiger, rechtschaffener Mensch, aber doch noch ein Mann jenes Regimes, das Paasche verändern will. Und sein ständig um Reformen bemühter Schwiegersohn erscheint ihm immer unheimlicher: »In den Jahren vom Herbst 1910 bis Frühjahr 1912 hat Hans Paasche unausgesetzt neue Ideen verfolgt, sich in allerhand Unternehmungen betätigt, sehr viele Konflikte gehabt und hat mit seinem Leben nicht nur bei seiner jungen Frau, sondern vor allem bei uns häufig heftig Anstoß erregt. Immer mehr vertiefte und befestigte sich in uns die Überzeugung, daß dieser so begabte, vielseitige und liebenswürdige Mann völlig ungeeignet für das wirkliche Leben sei ... Die Art seiner Lebensführung war schon damals eine höchst merkwürdige: ... Er war immer beschäftigt, ohne jede Regelmäßigkeit und ohne jede Disposition, mit Korrespondenzen und Schreiben, mit Konferenzen und Rücksprachen ... Die Erfahrungen in den Kolonien hatten in ihm das Eintreten für bedingungslose Abstinenz gezeitigt, und daran schloß sich dann in weiterer Folge der Kampf für den Vegetarismus, für Tierschutz, besonders für Vogelschutz, für Impfgegnerschaft und alle verwandten Bestrebungen. Er hat bei den Abstinenten und Guttemplern gewirkt, er hat für den Vegetarismus gekämpft und überall zu den radikalsten und fanatischsten Vertretern dieser Richtung gehört. Es hat Zeiten gegeben, wo er sich nur von Kräutern und Wurzeln und allenfalls rohem Obst ernährte. Er hat zeitweise Fruchtsäfte in erstaunlichen Mengen konsumiert, er hat sich überhaupt mit den Ernährungsfragen monatelang beschäftigt ... Da er vollständig falsch ernährt war, so sah man diesen etwa 30jährigen Mann häufig in Decken gehüllt in seinem Zimmer sitzen oder liegen, was ihn nicht abhielt, gleich darauf bei kühler Witterung stundenlang barhäuptig und zwar nicht etwa mit dem Hut in der Hand, sondern ganz ohne Hut, durch die Straßen Berlins zu gehen. Ich besinne mich, ihn zweimal auf der Straße in einem Aufzug getroffen zu haben, daß ich mich direkt schämen mußte; mit den lang wachsenden Haaren, ohne Hut, in nachlässiger Kleidung, mit einer Aktenmappe unter dem Arm, sah er etwa aus wie ein Wanderprediger einer Baptistengemeinde, aber nicht wie ein in doch schließlich guten und gesicherten Verhältnissen lebender gewesener Offizier ... Immer wieder habe ich, natürlich nur im engeren Kreise, die Ansicht ausgesprochen, daß man es hier mit einem Manne zu tun habe, der für jedes noch so einfache geschäftliche Verhältnis unbrauchbar sei, der sich niemals in die Disziplin des täglichen Lebens einfügen könne, und ich war damals ganz damit einverstanden, daß er Anfang 1912 den Wohnsitz seiner ... Familie in die Einsamkeit des Landlebens verlegte.«[6]

Wittings Bericht ist wohl kennzeichnender für ihn selbst und für seine Generation als für Hans Paasche. Da muß klargestellt werden, daß eine große Zahl der für diese Biographie nutzbaren Quellen aus den Jahren der gegen Paasche geführten Hochverratsuntersuchung (1917-18) stammt. Wer ihm wohlgesonnen war, schilderte ihn damals als überspannten, vielleicht sogar nervenkranken Menschen, um ihn vor einem harten Urteil zu bewahren. Das mag so nicht völlig auf den soeben zitierten Abschnitt aus Richard Wittings langer Aussage zutreffen, sollte aber bedacht werden, wenn Zeugnisse aus jener Zeit das Bild des wunderlichen Schwärmers oder exzentrischen Eiferers Hans Paasche vermitteln. Daß er nicht ständig Wurzeln aß und dann ohne Hut durch Berlins Straßen lief, um ehrbare Bürger zu erschrecken, ist erzählt worden. Eine wahrhaftige Biographie wird überdies immer bloßstellen, daß auch bedeutende Menschen nur an wenigen ihrer Erdentage das sind, was wir groß nennen.

Doch hier fehlt noch ein Feld, auf dem Paasche tätig war. »Hans Paasche war«, sagte Witting 1917 aus, »schon seit etwa dem Jahre 1910/11 auch mit großer Vehemenz in die pazifistische Bewegung eingetreten.«[7] Vermutlich stand er pazifistischen Kreisen bereits länger nahe. In seiner Schrift »Meine Mitschuld am Weltkriege« heißt es im Rückblick auf das Jahr 1906, in dem er aus dem Krieg gegen aufständische Afrikaner heimkehrte: »Ich ging, als ich nach Deutschland zurückgekehrt war, zu den Generälen hin, die den Krieg verherrlichten und sagte ihnen: 'Ihr irrt: Krieg ist nicht das, was ihr darin seht, er ist ganz etwas anderes. Nichts an ihm ist frisch und fröhlich, nichts an ihm ist wahr und ehrlich, nichts ist klar; er beginnt mit Mißverständnis, wird mit Lüge geführt und endigt mit Verwirrung.' 'Junger Mann', sagte einer der Generäle, 'was wissen Sie vom Krieg, wenn Sie sich in Afrika mit Negern herumgeschlagen haben. Ich habe drei Feldzüge mitgemacht ...' Und das war der Einwand, der am meisten wiederkehrte, wenn ich den Gedanken aussprach, daß Krieg etwas sei, was nicht mehr sein sollte: 'Der Krieg, den Du mitgemacht hast, war nicht groß genug, um die Schönheit und den Nutzen des Krieges zu erkennen.«[8] Und: »Ich lernte auch Menschen kennen, die gegen den Krieg kämpften und tauben Ohren predigten, und fand alles richtig, was Bertha von Suttner, A. H. Fried und andere mutig aussprachen.«[9]

Ellen Paasches Aussage vor dem Untersuchungsrichter schließlich gab das Jahr 1913 als Beginn der pazifistischen Tätigkeit ihres Mannes an.[10] Wahrscheinlich sollte diese Behauptung ihn schützen, seinen Werdegang verkürzen und verharmlosen. Denn 1913 berichteten schon mehrere Zeitungen von einem pazifistischen Auftritt Paasches, zu dem ein Nachspiel vor militärischen Ehrengerichten gehörte.[11]

Angemerkt sei, daß die Geschichte des organisierten Pazifismus in Deutschland etwas später als etwa in den USA, in Großbritannien oder Frankreich und mit einem Buch begann: mit Bertha von Suttners 1889 in Dresden erschienenem Roman »Die Waffen nieder!«. In damals beliebtem Erzählmuster schilderte die österreichische Schriftstellerin den Verlauf von vier Kriegen und ihre Auswirkungen auf Einzelschicksale und sprach damit die friedfertige Gesinnung, die natürliche Friedenssehnsucht der Menschen an. Die Wirkung des Buches kann heute kaum nachempfunden werden. Nach dem Urteil des Zeitgenossen Alfred Hermann Fried erschütterte es die Leserschaft »wie eine Explosion«: »Es war, als ob sich den Lesern eine neue Welt auftat, und in Hunderttausenden von Gemütern mochte es zum erstenmal die beschönigende Vorstellung des Krieges, welche die Schule sich zu verbreiten Mühe gibt, zerstört und den Gedanken an die Notwendigkeit und an die Möglichkeit einer Beseitigung dieses Übels hervorgerufen haben.«[12] Alles übrige mag schon der Titel sagen. Grundanliegen Bertha von Suttners war es, eine allgemeine Auffassung zu wecken, nach der Krieg als Mittel zur Lösung politischer oder anderer Konflikte verwerflich, ja undenkbar erschien. Daß »Die Waffen nieder!« 1892 im sozialdemokratischen »Vorwärts« abgedruckt wurde und derart auch Menschen erreichte, die keine oder nur sehr selten Romane lasen, war den Bemühungen Wilhelm Liebknechts zu danken. Mitglieder der im selben Jahr nach österreichischem Vorbild und Anregung durch Alfred Hermann Fried und Bertha von Suttner gegründeten Deutschen Friedensgesellschaft entstammten dennoch in der Mehrzahl dem linksliberalen Bürgertum. Sie hofften zunächst auf internationale Abrüstung und Schiedsgerichte und verstanden sich als Bestandteil einer humanistischen Reformbewegung. Weitgesteckte Ziele, Verirrungen in theoretischen Erwägungen und erhebliche Angepaßtheit an die herrschende Ordnung waren der Organisation eigen, bis sie insbesondere von Fried und Ludwig Quidde reformiert wurde. Trotzdem blieben ihre realistischen Warnungen vor dem Treiben der Alldeutschen, vor imperialistischem

Anspruch und beständig wachsender Kriegsgefahr fast ungehört. Als der Krieg begann, umfaßte die Deutsche Friedensgesellschaft etwa einhundert Ortsvereine mit zehntausend Mitgliedern. So fand der Aufruf in der Kopfleiste ihrer Zeitschrift »Völker-Friede« (»Über allem Völkischen das Menschliche / Über allem Trennenden das Einende«) wenig Widerhall. Pazifisten wurden keineswegs nur von staatlichen und nationalistischen Organisationen angegriffen, sie galten als unpatriotisch, utopistisch und verzagt, obgleich doch großer Mut dazu gehörte, sich zum Pazifismus zu bekennen. Der hatte es überall schwer. Als sie 1905 den Friedensnobelpreis bekam, mußte Bertha von Suttner in ihrer Rede vor dem Verleihungskomitee feststellen: »In England, Deutschland und Frankreich erscheinen Romane, in welchen der Zukunftsüberfall des Nachbars als ganz selbstverständlich Bevorstehendes geschildert wird mit der Absicht, dadurch zu noch heftigerem Rüsten anzuspornen.«[13]

Übrigens gaben Hans und Ellen Paasche ihrer 1916 geborenen einzigen Tochter die Vornamen Helga und Bertha.

Die Wirkung von Literatur wird leicht überschätzt. Hans Paasche wagt kurze Zeit nach der Gründung des Deutschen Wehrvereines[14], also noch 1912, ganz unliterarische Taten: »Eines Tages besuchte ich den Gründer des Wehrvereins. In meiner Unschuld glaubte ich, dieser Mann wolle in seiner Art Gutes und sei nur unbelehrt. Ich sagte ihm, seine Reden bewiesen, daß er das Programm der Friedensgesellschaft gar nicht kenne, er solle es einmal durchlesen, es sei nur eine Seite lang. 'Nein, ich will das nicht.' schrie er mich an. Dasselbe sagte mir der Generalfeldmarschall des Jungdeutschlandbundes.«[15] Da geht er also wieder »zu den Löwen im hohen Grase«, mannhaft, denn vor ihm steht Preußen: General August Keim und General Colmar von der Goltz, beide fast siebzigjährig, Teilnehmer aller Kriege, die Preußen zu ihren Lebzeiten führte und in der Tat unbelehrbar. Die Besuche haben sicherlich noch ein familiäres Nachspiel: Der Zweite Vorsitzende des Deutschen Wehrvereines, eines Gegenstückes zum Flottenverein, heißt Hermann Paasche. Es gibt weitere Verbindungen. Paasche kennt von der Goltz bereits vom Vorstand des Pfadfinderbundes her; von General Keim – dem Paasches heute kaum antimilitaristisch anmutenden Veröffentlichungen im »Vortrupp« sehr mißfielen – bekam der Besucher schon zuvor ein empörtes Schreiben.[16] Und noch eine Nachwirkung: Unter den Flugblättern, die 1917 von der Kriminalpolizei im Gutshaus Waldfrieden beschlagnahmt werden, wird eines mit der Überschrift »Brief des Generals Keim« sein.

Von der »Einsamkeit des Landlebens«, die Richard Witting für seinen Schwiegersohn ersehnt, wird wenig Gebrauch gemacht. Hans Paasche erscheint als Redner auf dem Deutschen Abstinenztag in Freiburg, gründet mit Popert den Deutschen Vortruppbund – die etwas konturlose Vereinigung der »Vortrupp«-Leserschaft – und leitet dessen Vorstand, tritt der auch pazifistisch wirkenden »Gesellschaft zur Förderung des Tierschutzes und verwandter Bestrebungen« – ab 1918 »Bund für radikale Ethik« genannt – bei und wird für sie durch Vorträge und Schriften tätig. Ein Automobil erleichtert ihm die selbstgewählte Aufgabe, heute hier und morgen dort aufzutreten. Das erscheint merkwürdig, weil Lukanga alle Umherfahrerei in Blechkästen verdammt, und endet, nachdem Paasche in Kolmar mit einer Straßenbahn zusammenstößt. Seine Frau erleidet dabei Blutergüsse in den Augenhöhlen, er selbst einen Schock, hält aber trotzdem den Vortrag, zu dem er gekommen ist: sitzend, das Gesicht von einer Nervenlähmung verzerrt. Kurz gesagt, nicht jeder, der Paasches erhitzte Unternehmungslust im Jahr 1912 betrachtet, wird ihn für den Verfechter einer gesundheitsbewußten Lebensweise halten.

Da sind aber auch beschauliche Tage in Waldfrieden. Noch darf Gustav Schulz, der Gutsverwalter, Kunstdünger auf die Felder bringen lassen; die Ernte fällt zufriedenstellend aus, und das Wasserrad im Mühlbach dreht sich wochenlang. Gäste erzählen begeistert von dieser Idylle, von anregenden Gesprächen auf der Veranda, während die Kinder unten am See mit afrikanischen Speeren und Schilden spielen, bis Ellen Paasche sie mit dem Ruf »Chakullah!« (Essen!) zurückruft. Berühmt ist die von ihr sehr geliebte Trinkschokolade, die bei solchen Gelegenheiten zubereitet wird, und niemand vermeldet, er habe auf seinem Teller Wurzelwerk vorgefunden. Unter den Besuchern jener Zeit Otto Buchinger und Magnus Schwantje, ein selbstloser Freund und Herausgeber der Zeitschrift »Ethische Rundschau«. Mit Schwantje plant Paasche eine Forschungsreise nach Äthiopien; zudem besprechen die beiden umfassendere Vorhaben: die Gründung eines Landschulheimes in Waldfrieden, Einrichtung eines Naturparkes, Weltreisen mit Gruppen von Lebensreformern. Die Freunde mehren sich; die Bewohner der Siedlung am

Gutshaus schätzen den zugänglichen, herzlichen neuen Besitzer, wenngleich man einander mißbilligend zuraunt, er und seine Frau würden im See nackt baden, und sein Freund Schwantje liefe bisweilen mit einer Zopfperücke umher. Gustav Schulz erhebt schwerwiegendere Einwände: Paasche jagt nicht mehr, sondern bezahlt den Anliegern lieber die vom Wild angerichteten Schäden, überdies bedrängt ihn der Gutsherr mit Forderungen nach natürlicher Düngung.

Der Winter kommt. Kopfschüttelnd, aber auch belustigt sehen die Bauern von Waldfrieden Paasche mit vorgespannten Pferden auf Skiern über die Hügel gleiten. Kinder laufen vergnügt schreiend hinterher. Ein schönes Winterbild, dem Hermann Popert späterhin eines aus dem gemeinsamen Urlaub im Engadin hinzufügt: »Ein Februartag 1914, hoch im eisigen Winter-Engadin. Von Madulein strebten wir auf den schlanken, gleitenden Brettern zum Albula-Paß empor: Dr. Dessauer, der gewaltige Alpinist ..., Alex Riethmann ..., ein Engadiner und ich. Hans Paasche riß der Riemen an seiner Skibindung. 'Den flicke ich selbst', sagte er, 'gleitet ihr nur voran, ich komme nach.' Fünfzehn Minuten war es dann aufwärts gegangen, wir sahen uns suchend abwärts nach ihm um. Da tönte ein Jubelschrei rechts vorwärts über uns. Und von oben her fuhr Hans Paasche jauchzend auf uns herab. In unglaublicher Schnelligkeit hatte der in allen Handfertigkeiten genial geschickte Mann in der eisigen Luft die hartgefrorenen Riemen der Bindung genäht und hatte dann – an der waldigen Steilwand rechts uns ungesehen umgehend – uns weit überholt.«[17]

Hans Paasche ist ihm schon weiter vorausgeeilt, als Popert wahrhaben möchte. Zum Beispiel berichtet die Kreuz-Zeitung im März 1913 von einer pazifistischen Veranstaltung der Berliner Frauenrechtsbewegung, in deren Verlauf Hermann Müller-Brandenburg, nach 1918 Mitbegründer des Republikanischen Führerbundes, das Wort ergriff »und betonte, daß er der Ansicht sei, es wäre ein Verbrechen an der Nation, zu einer Zeit, wo im Osten und Westen des Reiches drohende Gewitterwolken unheilschwanger sich auftürmen, das Volk in Friedensideen einzulullen, daß nur ein Volk, das von kriegerischem mannhaftem Geist beseelt sei, Aussicht habe, einen Krieg mit Erfolg zu bestehen und daß es Pflicht der Frauen sei, die deutsche Jugend in dem Geiste unserer Väter zu erziehen.«[18] Müller-Brandenburg ist sicher, die Zuhörer umgestimmt zu haben, es regt sich vereinzelt sogar Beifall. Da betritt ein Mann, auf dessen Frack man das Kriegsband des Kronenordens sehen kann, das Podium und erwidert: »Der Diskussionsredner, der hier den Krieg pries, hat ihn gewiß nicht aus eigener Anschauung kennen gelernt. Ich aber habe in Ostafrika Menschen im Kriege getötet und sogar einen Orden dafür erhalten; und ich weiß daher, wie der Krieg wirklich aussieht. Ich war damals, als junger Offizier, fest davon überzeugt, daß ich durch die Unterdrückung eines Neger-Aufstandes der Kultur und dem Vaterlande einen großen Dienst erweise, und daß ich die Pflanzer und die friedlichen Neger mit Waffengewalt beschützen müsse. Aber je weiter ich mich entwickele, um so schwerer lastet die Erinnerung an das entsetzliche Elend, das ich im Kriege gesehen, auf meiner Seele; und um so mehr denke ich darüber nach, was man tun kann, um solches Unglück zu vermeiden.«[19] Müller-Brandenburgs Herausforderer – es ist natürlich Hans Paasche – erzählt sodann von einem Erlebnis in Afrika, bei dem ein Mißverständnis beinahe zu tödlicher Auseinandersetzung führte, und die Menschen im Saal verstehen sehr gut, was er damit sagen will.

Heute wäre es ungewöhnlich, aber keineswegs undenkbar, daß ein Reserveoffizier während einer Veranstaltung der Friedensbewegung auftritt und Kriege als entsetzliches Geschehen bezeichnet. Im Kaiserreich jedoch war dergleichen eine ungeheure Verwegenheit, Verrat an Stand, Gesellschaft und Nation. Paasche spürte es bald: »Ich wurde ein Jahr lang von den Ehrengerichten verfolgt. Ich war als Pazifist, als Demokrat bekannt, und was ich gegen den Krieg unternehmen wollte, scheiterte an dem wohlorganisierten Widerstand der Militaristen und an der Teilnahmslosigkeit der Massen.«[20]

Hans Paasches Veröffentlichungen im »Vortrupp« scheinen solcher Haltung bisweilen zu widersprechen. Im Januar 1913 schreibt er in völlig verstiegener Begeisterung für die Reformbewegung: »Wenn ein Volk wie das deutsche nur sechs Monate lang, aus Liebe zum Vaterlande, auf den Genuß aller schädlichen Volksgifte verzichtete, dann würde es so gesund und reich sein, daß niemand es wagen dürfte, mit ihm Krieg anzufangen.«[21] Nationalismus in Reformkleidung, kriegerischer Reformgeist oder ganz einfach nur eine »Vorsicht und Verschlagenheit, die unter den Begriff der Seemannschaft fällt«? Mit aus dem Zusammenhang gelösten Zitaten kann man viel beginnen. Der Artikel »Das Vaterland hat gerufen«, um den es hier geht, ist eindeutig ein pazifistisch motivierter Beitrag. Paasche versucht, seinen Mitmenschen, über denen der Krieg bereits »wie etwas Unabwendbares schwebt«, andere Vorstellungen von Heldentum und einen anderen Vaterlandsbegriff zu vermitteln. Nicht auf Schlachtfeldern, sondern durch den Kampf der Reformbewegung werde Deutschlands Zukunft entschieden. »Das Vaterland hat gerufen. Zum Kampfe, zu unblutigem Siege. Es braucht nicht Mord, um zu siegen, und es wird einst Denkmäler setzen, die nicht auf Massengräbern stehen.«[22] Es spricht derzeit kaum jemand von Mord und Massengräbern. Der Autor mag aus heutiger Sicht naiv erscheinen – ebenso wenn er in weiteren Artikeln den Kaiser als Ankläger übermäßigen Alkoholgenusses und den Reichskanzler als Vorkämpfer einfacher Lebensweise bemüht –, doch er läßt keinen Zweifel daran, daß er Kriege verabscheut. Und versucht, Hintergründe zu erkennen: »'Es gibt Krieg' ... So hört man es noch immer. Die Offiziere wissen es von den Banken. Da geht irgend etwas vor sich, was man als Laie nicht versteht, was aber auf Krieg deutet.«[23]

Es war schon spürbar, was geschehen würde. Doch wie Lukanga in seinem Bericht vom Hohen Meißner glaubte Hans Paasche, »daß es eine große Hoffnung gibt in dem Volke der Wasungu.«[24] Er vermeinte, alles Unheil könne noch abgewendet werden, wenn es gelänge, Reform- und Jugendbewegung zusammenzuführen und den gemeinsamen Ideen gestaltende Kraft zu geben. Das Jahr 1913 schien sich zur Probe dafür anzubieten: »Man rüstete sich im offiziellen Deutschland zur Jahrhundertfeier der Leipziger Völkerschlacht 1813. – Mit Aufmärschen braver deutscher Bürgervereine, Turner- und Sängerschaften und trinkfrohen Kommersen sollte dieses Fest in aufrichtiger Rückwärtsbegeisterung begangen werden. Man kannte diese patriotischen Selbstbeweihräucherungen, diese peinlichen Aufblähungen satter Bürgerlichkeit, deren höchstes Ergötzen immer wieder der Suff, Tabaksqualm, das Kartenspiel und das Gegröl abgegriffener, unsinniger Lieder war. Dem galt es, aus den Erlebnis- und Gestaltungskräften der neuen Jugend heraus, *das neu heraufkommende Deutschland* mit seinem in die Zukunft gewandten Antlitz, seiner Einsatz-, Schaffens- und Opferbereitschaft wuchtig entgegenzustellen.«[25] Unter jenen, die »das neu heraufkommende Deutschland« einen und sich mit ihm dem nationalistischen Spektakel widersetzen wollten, war

Paasche. Das Vorhaben kam nach vielfältigen Zerwürfnissen tatsächlich zustande – erwähnt sei nur, daß sowohl Popert als auch Paasche es ablehnten, die sogenannte Feuerrede zu halten und daß der Vortruppbund ein halbes Jahr nach dem Meißnertreffen wieder aus der Freideutschen Jugend ausschied. Vierzehn Jugendvereinigungen luden schließlich ein zum »Ersten Freideutschen Jugendtag« auf der Kasseler Kuppe des Meißners, eines siebenhundertfünfzig Meter hohen Basaltberges ostwärts von Kassel. Eine Sehenswürdigkeit des Berges bildete das Stinkloch – ein brennendes Kohlenflöz, von dem Lukanga an die Vulkanberge seiner Heimat erinnert wurde.

Die Bezeichnung Freideutsche Jugend war übrigens erst während der Vorgespräche entstanden und kennzeichnete keine gefestigte Gemeinschaft. Dennoch wäre es leichtfertig, zu behaupten, diese Bewegung sei an ihren inneren Widersprüchen gescheitert. Statt dessen verglühte ihre Hoffnung auf eine Welt brüderlicher, naturnaher Jugend in einer besseren Gesellschaft unter Asche, Gas und verbrannter Erde.

Im Oktober sah man dann eine zweitausendköpfige, zumeist von jungen Frauen und Männern gebildete Schar – der Wandervogel e.V. zog seine Teilnahmezusage zurück, war aber durch aus ihm hervorgegangene akademische Vereinigungen, durch den österreichischen und durch den Jungwandervogel vertreten – in Reformhemden, Kitteln, Loden, Umhängen aller Art und Farben, Kniehosen, Trachten, studentischer Kleidung, mit Hauben, Strohhüten, Schieber- oder Pudelmützen, aus verschiedenen Richtungen dem Meißner zustreben. Seltsame Haartrachten, mehr oder minder dichte Bärte, hagere Asketen, mit Kränzen geschmückte Mädchen in losen Gewändern – Bilder, wie auch wir sie kennen, junge Menschen, phantasievoll auf der Suche nach Harmonie und zeitloser Wahrheit.

Am Vorabend des Treffens, auf der nahen Burg Hanstein, versuchten Redner sehr unterschiedlicher Richtungen, die bunte Gemeinschaft für ihre Ziele zu gewinnen. Es sprach auch Hans Paasche. Er war ja vielen Teilnehmern bekannt, zum Beispiel denen vom Jungwandervogel, dessen Bundestag sich 1912 gegen den Beitritt zum Jungdeutschlandbund entschieden hatte. Ein wenig war dieser Beschluß wohl von Paasche beeinflußt worden, denn ein führendes Mitglied zitierte, als es die Entscheidung bekanntgab, den Kapitänleutnant a.D.: »Wenn die neue Jugendbewegung entscheidende Bedeutung für die Zukunft des Volkes haben soll, muß sie weiter wachsen auf dem volkstümlichen Boden, auf dem sie entstand, eine Wandervogel- und Pfadfinderbewegung bleiben und sich von dem Verdacht freihalten, eine Wehrkraft-, Wehrmacht-, Militärspiel-Bewegung zu sein.«[26] Wie auch immer, Paasches Rednertalent begeisterte die Zuhörer derart, daß der Schulreformer und Schriftsteller Gustav Wyneken – nach mehr Hinwendung zu den alltäglichen Problemen der Jugend verlangend – ihm sogleich widersprach und er der einzige Redner blieb, den Knud Ahlborn in seiner Feuerrede am darauffolgenden Tag zitierte. Paasches Worte vom Deutschland, das einem brennenden Haus gliche, blieben jedenfalls allen Teilnehmern noch lange Zeit im Gedächtnis. Traurig, daß in diesem Haus Menschen miteinander rangen, statt den Brand zu bekämpfen: Wyneken und seine Anhänger sahen in Hans Paasche nur den »Reformphilister«, der wiederum nicht verwinden konnte, daß Wynekens Schulgemeinde mit einer Fleischladung auf der Festwiese erschien.

Am nächsten Morgen stellte zunächst naßkaltes Wetter den Elan der Freideutschen Jugend auf die Probe. Nachdem der Nebel sich legte, entstand auf dem Meißner ein Foto, das Melanie Ebhardt, Karl Wilker, Franziskus Hähnel, Popert, Paasche und andere Vertreter des Vortrupp-Bundes zeigt. Paasche ist sorgsam gekleidet, trägt eine Krawatte – die von seinem Schwiegervater überlieferte Beschreibung muß aus einer anderen Zeit stammen. Das Gesicht wird von einer Schiebermütze verschattet, aber man kann dennoch erkennen, daß Paasche der einzige ist, der nicht lächelt. Er hält ein Notizbuch in der Hand, verließ offenbar gerade eine andere Gruppe und scheint verstimmt. Wir erinnern uns der Hoffnungen, die er mit Bergen verband: »Von Bergen kommt alles, was die Ebene befruchtet hat: Gletscherwasser und Salze; Gesetze, Gottes Wort und die Dichtung. Steigen wir auf und sehen wir, was wir den Menschen bringen können!«[27] Seine großen Erwartungen sind enttäuscht worden. Vom Hohen Meißner kam lediglich die unbestimmte Einigungsformel: »Die Freideutsche Jugend will aus eigener Bestimmung, vor eigener Verantwortung, mit innerer Wahrhaftigkeit ihr Leben gestalten. Für diese innere Freiheit tritt sie unter allen Umständen geschlossen ein. Zur gegenseitigen Verständigung werden Freideutsche Jugendtage abgehalten.«[28]

Dann Tänze, sportliche Wettkämpfe, ein Fackelzug, Knud

Ahlborns Feuerrede vor den Flammen eines gewaltigen Holzstoßes. Am letzten Tag, dem 12. Oktober 1913, schließlich Gustav Wynekens Ansprache – zum Frieden mahnend und dennoch in ihrer vaterländischen Verworrenheit so widersprüchlich wie einige von Paasches »Vortrupp«-Beiträgen – sowie die Rede des wortgewaltigen »Dürerbund«-Gründers, »Kunstwart«-Herausgebers, Dichters und Schriftstellers Ferdinand Avenarius. Der verdienstvolle Avenarius – von beachtlichem Leibesumfang, Liebhaber guter Weine und Zigarrenraucher – sprach über Toleranz, beschwor die Zuhörer, »den ehrlichen Gegner aufmerksam anzuhören.« Hans Paasches fahrender Afrikaner bewunderte diesen Mann und seine Rede.[29]

Auch hier ein bitteres Ende: In dem Gedicht, das Avenarius ein Jahr später an die nunmehr feldgrau gekleideten Teilnehmer des Freideutschen Jugendtages richtete, heißt es: »Nun suchen euch unsre Grüße gut / In Frankreich, in Rußland, zur See – / 'Und du? ... Und der?' / 'Fragt nicht, es tut / Soldatentod nicht weh!' «[30]

Das Treffen wurde abgeschlossen mit einer Aufführung der »Iphigenie« im Festzelt und mit Telegrammen an den Kaiser. Das eine war wohltuend für Paasche; er schätzte das Stück sehr – vielleicht deshalb, weil er in der zu Lüge und Verstellung unfähigen Iphigenie Züge seiner Frau sah. Das andere erforderte »eine Vorsicht und Verschlagenheit, die unter den Begriff der Seemannschaft fällt«, weil die Zusammenkunft von nationalistischen Kreisen heftig geschmäht worden war: »Nach dem trotz aller Verleumdungen deutsch und gut verlaufenen freideutschen Jugendtage auf dem Hohen Meißner bittet der Bundestag des deutschen Bundes abstinenter Studenten ... Seiner Majestät dem Kaiser, dem erhabenen Förderer der Ertüchtigung der deutschen Jugend, seine Huldigung zu übermitteln. Albert Richter, Hans Paasche«[31]. Es geschahen angenehmere Dinge. Paasche lernte auf dem Meißner den damaligen Medizinstudenten Friedrich Wolf kennen, der ihn späterhin zum Vorbild einer Gestalt in dem Schauspiel »Kolonne Hund« wählte.[32] Er traf erstmals seinen treuen Freund Walter Hammer (eigentlich Walter Hösterey), mit dem er seit einiger Zeit korrespondierte und der Jahre danach immer wieder das Gedenken an Paasche wachhielt.[33] Überdies weckte die Enttäuschung Erkenntnis: »Auf dem Freideutschen Jugendtage im Herbst 1913 ... wurde mir klar, daß die Grundlagen für eine deutsche Zukunft nur geschaffen werden konnten, wenn man tiefer grub, als es mir mit meiner geistigen Ausrüstung möglich war. Besonders war es nötig, daß ich meine vorwiegend naturwissenschaftliche Bildung durch Philosophie und Geschichte der Kultur ergänzte.«[34] Ein understatement, denn das Thema seines Briefwechsels mit Hammer bildete Friedrich Nietzsches Philosophie – und eine für Hans Paasche kennzeichnende Schlußfolgerung. Für den Geigenspieler, der es nahezu allen Disharmonien seiner Zeit gestattete, in ihm zu rasen.

Nicht weit nordwärts vom Meißner entfernt, bei Witzenhausen an der Werra, liegt die Burg Ludwigstein mit dem Archiv der deutschen Jugendbewegung. Dort steht die seit Pfingstmontag 1921 so benannte Paasche-Linde, ein jahrhundertealter Baum mit vielästiger Krone, an dem Hans Paasche gewiß seine Freude hätte, und dort befindet sich auch sein Grabstein, den Helga Paasche und ihre Helfer 1985 von Waldfrieden zum Ludwigstein brachten. Die Burg beherbergt überdies neben umfassenden Sammlungen zur Geschichte der deutschen Jugendbewegung ein Hans-Paasche-Archiv.

Doch wir blicken weiterhin auf das Jahr 1913, in dem Paasche sich noch auf Gratwanderungen der List plagt, in vorgeblicher Sorge um die Wehrkraft der Deutschen, doch weiterhin warnend vor dem Treiben »jener betriebsamen Säbelschleifer, die ihre Schleifsteine öffentlich an den Landesgrenzen drehen und die gefährliche Phrase von den Schlachtfeldern, auf denen 'Alles entschieden wird', an deutschen Stammtischen verzapfen.«[35] Einsicht, die immer wieder getrübt erscheint, weil man sie nunmehr stets mit der vergleicht, die Paasche späterhin gewann. Bewundernswert dennoch, weil allein gefunden – ohne die Anregung, den bestärkenden Zuspruch einer Gemeinschaft.

Anregung, Gemeinsamkeit – das läßt uns nach Ellen Paasche fragen. Lukangas Abscheu vor Korsetts, Schminke und Modetorheiten verrät, wie sie nicht ist, aber darüber hinaus wissen wir wenig. Fotografien aus Waldfrieden zeigen Ellen in schönen Kleidern auf der nahen Wiese, im Boot auf dem See, freilich ebenso mit einer Schürze, als sei sie gerade aus der Küche gekommen. Es gibt wohl zwei Dienstmädchen, trotzdem muß der Haushalt ihr viel Arbeit bereiten: die vegetarischen Mahlzeiten – erlaubt sind nur bisweilen Eier, Fisch oder Geflügel –, vom Frühjahr bis zum Herbst wird ständig Gemüse oder Obst eingeweckt, gedörrt, zu Mus gekocht; die häufigen Gäste, die Kinder, und obgleich die Grundfläche des Gutshauses nicht übermäßig groß ist – wenig mehr als hundert Quadratmeter –, besitzt es doch drei Geschosse mit entsprechend zahlreichen Zimmern. Allein die gegliederten Scheiben im Arbeitszimmer ihres Mannes – die beiden Außenwände sind fast völlig verglast – fordern sicherlich hin und wieder einen halben Arbeitstag. Dazu der riesige Gemüsegarten, der Ziergarten, ein Eiskeller, ein Gewächshaus und ein Badehaus. Ein Satz in Ellens Bericht »Makotis Ehe« weist darauf hin, daß die Paasches sich eine größere Anzahl von Hausangestellten nicht leisten können. Hans bezieht seine geringe Pension von der Marine, die Honorare für Vorträge oder Veröffentlichungen sind kaum erwähnenswert. Die beiden leben fast gänzlich von den Zinsen des für Ellen bei der Hochzeit hinterlegten Vermögens – etwa dreitausend Mark jährlich – und von den viertausend Mark Zuschuß, die ihnen Richard Witting jedes Jahr zahlt. Dem steht der Betrag von achttausend Mark gegenüber, der Jahr für Jahr in die Gutswirtschaft fließt. Bisher gleichen die Paasches den Fehlbetrag noch aus, indem sie Geld verbrauchen, das Richard Witting ihnen für Trockenlegungen geliehen hat. Wenig Zeit also für das, was Ellen gern tut: Geselligkeit mit Freundinnen, allein durch die Wiesen gehen, auf dem See Schlittschuh laufen oder sich im Boot treiben lassen, Klavier spielen, Gedichte schreiben. 1913 wird überdies ihr zweiter Sohn geboren: Nils Olaf, wieder ein Blondschopf.

Alte Aufzeichnungen zeigen, daß Ellen Paasche die Abrechnungsbücher des Gutes führte, und da der Verwalter Gustav Schulz 1917 aussagte, Paasche habe sich nie um die Wirtschaft gekümmert, wird sie wohl auch das getan haben. Sanft und doch sehr fest, sehr wissend – eine »Gefährtin in der Wildnis«. Und oft war es schwer, die Frau eines Mannes zu sein, der fortwährend mit Drachen kämpfte. In einem Büchlein, in dem Ellen Paasche Haushaltsabrechnungen vornahm, findet sich der Entwurf eines Gedichtes:

»Jeden Abend legt sich eine große dunkle
Seidendecke über mein Bewußtsein.
Mit großen
silbergrau gepunkteten Blumen.
Seltsam, orientalisch.
Alles geht unter ihr zur Ruhe,

märchenhaft, mit leiser Trauermusik.
Am nächsten Morgen? Immer wieder
die Erwartung ...
heut wird etwas ganz
Wunderbares unter der Decke hervorkommen.
Etwas ganz, ganz Wunderbares. Noch nicht aufwachen!
Gleich – gleich –
und ist doch nie etwas:
die namenlose
tägliche Enttäuschung.«[36]

Für Hans Paasche beginnt das folgende Jahr mit der von ihm ins Werk gesetzten »Ersten alkoholfreien Kaiserfeier« am 27. Januar 1914 im Steglitzer Gemeindehaus. Der Geburtstag des Kaisers, der Tag, an dem im Heer, in der Flotte und im Volk kaum jemand nüchtern bleibt, wird würdiger begangen: gemeinsames Singen von »Heil dir im Siegerkranz!«, Klavier- und Violinespiel, Paasches Vortrag »Der Kaiser und die Trinksitten«, ein Wandervogelchor mit den Soldatenliedern »Brüder, uns ist alles gleich!« und »Kein schön'rer Tod«.

Noch unerschüttert steht Hans Paasches Glaubensbekenntnis: »Die Kenntnis der Alkoholfrage führt immer zur Abstinenz, die Kenntnis der Ernährungsfrage zum Vegetarismus. Licht- und Luftbäder reinigen nicht nur den Körper, sondern befreien auch von Häßlichkeiten des Sexuallebens, und das Zusammensein der Geschlechter wird frei und schön. Das Wirtshausleben und die Stammtischgesellschaften verschwinden und machen einer wirklichen frohen Geselligkeit Platz. Für die Frage der Erziehung und in der Straffrage kommen neue Anschauungen. Die Stellung des Menschen zum Tier wird eine andere, das Recht der Tiere, das Recht des Kindes, das Recht des Verbrechers werden anerkannt, der Aberglaube der Medizin schwindet. Lebensreform ist eine Weltanschauung und führt in eine neue Welt.«[37]

Große Zeiten

Als Hans Paasche sechs Jahre alt war, schrieb ein verbitterter Friedrich Engels in London apokalyptische Vorstellungen von dem nieder, was er »den letzten großen Kriegstanz« nannte: »Und endlich ist kein andrer Krieg für Preußen-Deutschland mehr möglich, als ein Weltkrieg, und zwar ein Weltkrieg von einer bisher nie geahnten Ausdehnung und Heftigkeit. Acht bis zehn Millionen Soldaten werden sich untereinander abwürgen und dabei ganz Europa kahlfressen, wie noch nie ein Heuschreckenschwarm. Die Verwüstungen des Dreißigjährigen Kriegs zusammengedrängt in drei bis vier Jahre und über den ganzen Kontinent verbreitet; Hungersnot, Seuchen, allgemeine, durch akute Not hervorgerufene Verwilderung der Heere wie der Volksmassen; rettungslose Verwirrung unsres künstlichen Getriebs in Handel, Industrie und Kredit, endend im allgemeinen Bankerott; Zusammenbruch der alten Staaten und ihrer traditionellen Staatsweisheit, derart, daß die Kronen zu Dutzenden über das Straßenpflaster rollen und niemand sich findet, der sie aufhebt ... Das ist die Aussicht, wenn das auf die Spitze getriebene System der gegenseitigen Überbietung in Kriegsrüstungen endlich seine unvermeidlichen Früchte trägt.«[1]

So geschah es. Selbst Lukangas schlichtes Gemüt erahnte ja schon, daß irrwitziger Wetteifer und bedenkenlose Zerstörung im Reich der Wasungu furchtbare Folgen haben würden, die er noch nicht zu benennen vermochte. Da war allmählich etwas gewachsen. Vielleicht nicht allein der Wille, im Verlauf eines Krieges mehr Würde, Macht und Reichtum zu gewinnen, sondern vielmehr die Hoffnung, sich mit einem Schlage von aller inneren und äußeren Bedrängnis befreit zu sehen: eine Form von Friedensverdruß. Daß man darüber die Gewinnsucht keineswegs vergaß, zeigt die Schnelligkeit, mit der alle Beteiligten sogleich ihre Kriegsziele erklären konnten. Im Deutschen Reich wurde von einer mitteleuropäischen Wirtschaftsunion unter deutscher Führung geträumt, mit der Großbritannien in eine unbedeutende Rolle gedrängt worden und ein erheblicher Schritt zu deutscher Weltherrschaft getan wäre. Frankreich sollte für immer seiner Macht, vieler Kolonien, der Erzlager und

der Hüttenindustrie beraubt, Rußland auf die Grenzen des Reiches Peters des Großen zurückgedrängt werden. In den Bene-
lux-Ländern sah man künftige Bestandteile eines deutschen
Bundesstaates. Österreich-Ungarn dagegen begehrte Gebietsgewinne in Polen und in der Türkei, Vasallenstaaten auf dem Balkan. Die Türkei wiederum, die sich auf die Seite der Mittelmächte Deutschland und Österreich-Ungarn schlug, erblickte
im Krieg eine Möglichkeit, ihrer wirtschaftlichen Abhängigkeit
zu entrinnen, zuvor verlorene Bestandteile ihres Reiches zu-
rückzuerobern und nach dem britischen Kolonialbesitz in Vor-
derasien, nach dem Kaukasus zu greifen: im Schatten des Krieges schlachteten die Jungtürken etwa anderthalb Millionen Ar-
menier ab. Die Gegenseite schließlich – zunächst die Entente-
Staaten Rußland, Frankreich und Großbritannien sowie das am
Rande von der Auseinandersetzung profitierende Japan – war
einig in dem Verlangen, die Mittelmächte für alle Zeiten als
Konkurrenten auszuschalten. Die Ententemitglieder erhofften
– je nach ihrer Lage – Gebietsgewinne in den deutschen Kolonien, in der Türkei, in Ostpreußen und Ostgalizien. Rußland
wollte ein unmündiges Polen, Frankreich Elsaß-Lothringen,
Großbritannien ein Königreich Hannover, die deutsche Flotte
und einen neutralisierten Nordostseekanal. Es gab noch weitere
solcher Kriegsziele, nur eines nicht: den allgemeinen Willen,
den Konflikt um jeden Preis zu vermeiden.

Hans Paasches 1914 für den »Vortrupp« geschriebenen Beiträge verraten wenig von der drohenden Gefahr. Im März gelingt ihm mit dem Aufsatz »Die Federmode« ein publizistisches
Meisterstück. Darin beklagt er nicht schlechthin das Ausster-
ben zahlreicher Vogelarten, verdammt er nicht allein Frauen,
die auf ihren Hüten ausgestopfte Leichname mit Glasaugen
umhertragen. Paasche stellt bloß, wie Dampfkraft und Pulver,
alle Ergebnisse menschlicher Findigkeit mißbraucht werden, um
lebende Geschöpfe in Geld zu verwandeln, »und Geld ist dem
Deutschen von gestern Vaterland.«[2] Die Anstifter des massen-
haften Mordens – ein Seitenhieb gegen den Vater – nenne man
Wirtschaftspolitiker; sie träfe deshalb auch die Verantwortung
für das menschliche Blut, das an den Tierbälgen klebe: so das
jener vierzig Eingeborenen Deutsch-Neuguineas, die von Ko-
lonialsoldaten umgebracht wurden, weil sie einen marodieren-
den Paradiesvogeljäger getötet hatten.

Dreihundert Millionen Vögel werden derzeit jährlich abgeschlachtet. Paasche sieht gerade die Eulen Nordafrikas, die Wandertauben Amerikas und die Kolibris auf Trinidad ausgerottet. Er kann sich damit nicht abfinden. Nicht mit dem sinnlosen Tod der Tiere, mit der Gewissenlosigkeit der Jäger und Händler, mit der Gleichgültigkeit der Menschen, die sich nur zu gern durch den Hinweis auf einige Straußenfarmen beschwichtigen lassen. Dabei weiß er doch, daß kaum Hoffnung besteht, denn »man kann nichts schützen, was im Busch umherfliegt und hundert Mark wert ist«.[3]

Andeutungen von Zweifeln finden sich selbst in dem zuversichtlichen Vortrag »Glaub' an die Sache, der du dienst« – Paasches Festansprache zum Ersten Deutschen Vortrupp-Tag im Juni 1914 in Leipzig. Zum einen sind es innere Widersprüche der Reformbewegung, die er beschwörend und auf Ideale verweisend besänftigen will, zum anderen beklagt er die Auswirkungen des »Zeitalters der Wirtschaftsbegeisterung«, »eines falschen Strebens nach Rang und des elenden Verlangens, andere treten zu dürfen«. Staunenswerte Taten seien von den Deutschen vollbracht worden, »aber die auffallendsten solcher Leistungen waren meist Kriege«. In Deutschland, »wo der Patriotismus wie eine Pflanze im Mistbeet begossen ... wird«, sei die Zeit reif, »die Kräfte des Deutschtums zu einer großen Kulturarbeit zusammenzufassen«. Zuweilen ist spürbar, daß Paasche unter solcher Kulturarbeit mehr versteht als die Reformtätigkeit des Vortruppbundes: eine »Zusammenfassung deutscher Kultur, die jetzt kommen muß, wenn nicht ein Untergang drohen soll«, über die man mancherlei Vermutungen anstellen kann. Sehr klar erscheint das nicht, es ist eben Bestandteil einer Entwicklung. Jedoch »gehört eine Entwicklung dazu und eine Fügung, daß ein Mensch zu einer Erkenntnis kommt und zu einer Tat berufen wird«.[4]

Am 28. Juni 1914 fällt der österreichische Thronfolger Franz Ferdinand im bosnischen Sarajevo einem Attentat der Geheimbewegung »Jung Bosnien« zum Opfer. An einem Konflikt interessierte Kreise in Österreich behaupten sogleich, der Anschlag sei von der serbischen Regierung ausgegangen. Es gibt da alte Händel, nicht zuletzt um das bosnische Gebiet, vor allem jedoch Verdruß über Serbiens in den letzten Jahren gewachsene Vormachtstellung auf dem Balkan, den man in Wien als österreichische Einflußsphäre betrachtet. Als der deutsche Kaiser durch ein Schreiben seines Wiener Botschafters unterrichtet wird, es könne vielleicht zu einer unheilbringenden Auseinandersetzung zwischen Österreich-Ungarn und Serbien kommen, schreibt er an den Briefrand: »Jetzt oder nie«.[5] »Der Tag«, für den so lange gerüstet worden war, ist nahe. Bereits zwei Monate zuvor sagte der deutsche Generalstabschef Helmuth von Moltke seinem österreichischen Kollegen Franz Conrad von Hötzendorf, von jetzt an bedeute »jedes Zuwarten eine Verminderung unserer Chancen«.[6] Und nach Monarchie und Militär lenkt auch die Politik ein – in diesem Fall der Reichskanzler Theobald von Bethmann Hollweg im Gespräch mit dem Fürsten von Bülow: »Es wird ein heftiges, aber kurzes, sehr kurzes Gewitter werden. Ich rechne mit einer Kriegsdauer von drei, höchstens vier Monaten und habe darauf meine Politik eingestellt.«[7]

Zweifellos nicht ohne Furcht, eines Tages selbst angegriffen zu werden – es gibt britisch-russische Geheimverhandlungen über ein Flottenabkommen, das sich nur gegen das Deutsche Reich richten kann – ermuntern Deutschlands Mächtige den österreichischen Bündnispartner, Serbien ein unerfüllbares Ultimatum zu stellen. Dabei wissen sie, daß sie derart das mit Serbien verbündete Rußland herausfordern, und Krieg mit Rußland heißt wiederum Krieg mit Frankreich. Den Militärs ist bekannt, daß man mit Ultimaten und Mobilmachungen nicht spielen darf. Wird die Maschinerie der Feldzugspläne erst einmal in Gang gesetzt, vermag man sie nicht mehr aufzuhalten. Zum Beispiel besagt der von Moltke und seinen Generalstabsoffizieren ausgearbeitete Angriffsplan gegen Frankreich, der Sieg und Paris müßten bis zum neununddreißigsten Tag nach der Mobilmachung erreicht sein.

Gibt es auch Pläne für den Frieden? Ende Juli kommt es in Berlin und allen großen Städten des Reiches zu machtvollen Kundgebungen zumeist sozialdemokratischer Jugendbewegungen und Arbeiter, so daß der Kaiser erwägt, den Belagerungszustand auszurufen. Als am 28. Juli Österreich Serbien den Krieg erklärt, muß ein verschärfter Schießbefehl an die Berliner Polizei erlassen werden, um die aufgebrachte Menge vom Schloß fernzuhalten. In zweiunddreißig Großsälen und auf den Straßen vereinigen sich Arbeiter unter den Rufen »Wir wollen keinen Krieg!« und »Hoch die internationale Völkerverbrüderung!« Vielleicht kann ein Generalstreik noch alles abwenden. Aber der Vorstand der größten deutschen Partei läßt sich beschwichtigen, versagt, durchschaut wohl auch nicht das heillose Zusammenspiel von Verfolgungswahn und Aggressivität, Verwirrung und schlauer Täuschung, das die deutsche Politik während der sogenannten Julikrise bestimmt. Am 31. Juli werden der »Zustand der Kriegsgefahr« und der Belagerungszustand für Berlin verkündet, am 1. August erklärt das Deutsche Reich Rußland den Krieg. Der sozialdemokratische »Vorwärts« vermeldet nun hilflos: »Die eisernen Würfel rollen«.[8]

In der roten Backsteinkirche des Dorfes Hochzeit verabschiedet Hans Paasche die Reservisten von Waldfrieden und Hochzeit mit einer Rede, die späterhin als patriotisch gerühmt wird. Wir wissen nicht, ob ihn diese Behauptung da vielleicht schützen sollte, sind aber entsetzt, Paasche unter den Betäubten zu sehen. Sein Aufruf »Vaterland, höre uns!«, im September im »Vortrupp« veröffentlicht, spricht keineswegs für eine ausgeprägte vaterländische Gesinnung. Krieg und Sieg sind ihm lediglich Argumente für den Gebrauch von Vollkornmehl und gegen das Bierbrauen. Keine Kriegsbegeisterung, nirgendwo die derzeit übliche Schmähung der Gegner, nur der Wunsch nach raschem Sieg und der rätselhafte Schlußsatz: »Dann wollen wir sehen, was weiter zu tun ist.«[9]

Da schreibt einer, der den Krieg kennt und haßt, der aber glaubt, seine Heimat und seine Mitmenschen würden von feindlichen Mächten bedroht. Nahezu alle Deutschen glauben das: Rußland und Frankreich haben die Mobilmachung vor dem Deutschen Reich verkündet, und der »Friedenskaiser« sagt, den Deutschen sei »das Schwert in die Hand gezwungen« worden. Wer erfährt schon, daß Frankreich am 30. Juli seine Truppen an der deutsch-französischen Grenze um zehn Kilometer zurückzog, wer erinnert sich noch daran, daß Rußland vor Jahren zu allgemeiner Abrüstung aufrief und abgewiesen wurde? Das Zarenregime erscheint ohnehin besonders den Anhängern der Sozialdemokratie verächtlich, und sie nehmen wohl kaum noch wahr, daß am Ende der Julikrise zweihunderttausend russische Arbeiter streiken, um den Krieg zu verhindern. Selbst nahezu alle bedeutenden Geistesschaffenden erklären den Krieg zur gerechtfertigten Verteidigung gegen eine neidvolle Welt; althergebrachte humanistische Wertvorstellungen scheinen nicht mehr zu gelten. Teils ratlos, teils überrascht, teils aufgebläht vom allzu lange empfangenen nationalistischen Gift, jubelt das intellektuelle Deutschland der »großen Zeit«, dem »reinigenden Stahlgewitter« entgegen. Berauscht schreibt Maximilian Harden von einem Straßenbahnschaffner, der seinen Fahrgästen verkündet, er werde die Kosaken das Fürchten lehren: »So sind Millionen. Deutsch: an Ordnung, Unterordnung gewöhnt, vor keiner Notwendigkeit zag und ihrer Sache, groß oder klein, durch ernste Arbeit mächtig. Nun ist Kriegergeist in ihnen erwacht. Der Geist des modernen Krieges, der nicht nur tödlicher, der auch aller Leben gebärenden Kräfte kräftigster Auszug ist. Aus solchem Heer wirkt eines Gottes Gewalt. Eitle Schwätzer hole der Teufel! Wir müssen siegen.«[10] So sind sie, leider.

Für den freiwillig zur Marine zurückgekehrten Reserveoffizier Paasche beginnt die »große Zeit« auf dem Leuchtturm Roter Sand, weit draußen vor der Wesermündung. Er ist dort Nachrichtenoffizier, verdammt zu stumpfsinniger Tätigkeit, beschämend tief unter seinen Fähigkeiten eingesetzt. Hat er geglaubt, das Offizierskorps der Kaiserlichen Marine, eine Elite, eine militärische Ordensgemeinschaft würde den Abtrünnigen, den Negerfreund, den Demokraten und Pazifisten, mit dem sich Ehrengerichte beschäftigen mußten, anerkennend begrüßen? Versetzungsgesuche von Leuchttürmen werden in großer Zeit selten beachtet. Hans Paasche, einfallsreich auch in seinen Streichen, wählt einen anderen Weg – möglich, daß er dieses eine Mal wünscht, man solle erfahren, wessen Sohn er ist. Otto Buchinger erzählt: »Paasche erhielt ein Kommando auf dem Roter Sand-Leuchtturm ... Vielleicht, weil man glaubte, den merkwürdigen und unbequemen Offizier hier am unschädlichsten gemacht zu haben ... Nach der Erzählung eines Kreuzerkommandanten spielte sich damals folgendes ab: Der ... Kreuzer war auf der Ausfahrt nach der offenen Nordsee am Roter Sand-Leuchtturm angekommen, und man erwartete nun ordnungsgemäß von der Plattform des Turmes Signal und vorgeschriebene Meldung durch den Offizier. Da erschien (nach einigem ungeduldigen Heulen des Kreuzers mit der Sirene) hoch oben eine merkwürdige, lange Gestalt in japanischem Kimono mit einer Art türkischem Fez auf dem Kopfe. Und durch das Megaphon (Sprachrohr) tönte es nach der Brücke des Kreuzers hinüber: 'Entschuldigen Sie, Herr Kapitän, ich habe gerade ein Sonnenbad genommen! ... Es ist aber alles in bester Ordnung!' Alle Leute, die jemals Soldat gewesen sind, die mögen sich nun ausmalen, welchen Eindruck dieses Spitzweg-Idyll (Symbol: Vogelnest in der Kanonenmündung!) auf stramme preußisch-deutsche Kommandanten, auf die gleichgerichteten Offiziere ihrer Umgebung und auf die Mannschaften ... machte.«[11]

Die Posse geht nicht völlig erfolgreich aus. Immerhin darf Paasche seinen einsamen Aufenthalt verlassen und wird auf das in Kiel stationierte Minenlegeschiff S.M.S. »Pelikan« versetzt – als Erster Offizier auf ein Schiff einer Größe, das er nach seinen Erfahrungen auf »Baden«, »Bussard« und »Schlesien« als Kommandant führen könnte. Die Herabsetzung trifft ihn durchaus, denn in einem Brief an den inzwischen zum Korvettenkapitän aufgestiegenen Freund Karl Hinckeldeyn zeigt er sich noch von dem Wunsch beseelt, etwas Aufsehenerregendes zu tun: »Die Reformer könnten daraus viel machen, und es wäre ihnen auch eine starke Mahnung zur Treue, selbst wenn ich dabei eingehen sollte.«[12] Er schreibt, er habe bereits ein U-Boot besucht und erwäge, sich um ein Kommando zu bewerben. Vermutlich eine von Paasches rasch aufflammenden Ideen. Viel Zeit kann er darauf kaum verwenden, weil er gleich nach der Ankunft in Kiel seine erzieherischen Fähigkeiten erprobt: »Ich war überzeugt, daß man dem Matrosen seine übliche Lebensweise nehmen und ihm dafür etwas Besseres geben könnte ... Ich hielt Vorträge und ließ Vorträge halten. Ein Lautenspieler und ein plattdeutscher Dichter kamen an Bord. Der Dürerbund lieferte vaterländische Postkarten. Die Schundkarten wurden verdrängt. Die Gesellschaft für Volksbildung und die Büchereien vom Roten Kreuz sandten Bücher. Die Jugendvereine Kiels wanderten mit den Matrosen, die Guttempler stellten ihre Räume für die Beurlaubten zur Verfügung. Bei einem Aufenthalt in See gab es eine Ausstellung von graphischer Kunst, die mir der Verein der Plakatfreunde zur Verfügung stellte. Ich zeigte eigene Lichtbilder aus Afrika. Viele Flugblätter und Schriften über Lebensreform, Kriegerheimstätten und die Bestrebungen des Dürerbundes, auch gute Liederbücher, wurden verbreitet.«[13] Paasche nutzt seine Verbindungen, lädt Franziskus Hähnel und andere Freunde aus der Reformbewegung ein, damit sie ihre Anschauungen auf der »Pelikan« und den übrigen Schiffen in Kiel vortragen.

Hans Paasche muß ein überaus gewinnendes, mitreißendes Wesen eigen sein. Es war bereits bemerkenswert, wie er Jugendliche zu begeistern vermochte. Daß er nun aber Seeleute kulturellen Veranstaltungen und den abstinenten Guttemplern zuführen kann, mag selbst jene verwundern, die gern gehegte Klischeevorstellungen vom Alkoholismus aller Fahrensleute nicht teilen. Schließlich ist der Dienst an Bord schwer, die geringe Freizeit durch Notübungen, Gewehrexerzieren und Sonntagsmusterungen noch geschmälert. Ganz zu schweigen von der unglaublichen Knochenarbeit der Heizer: da sind mehrere Feuerstellen unter jedem Kessel zu unterhalten; in kaum erträglicher Hitze, im Seegang schwankend, schaufeln die Männer tonnenweise staubende Kohle, gehetzt von den Nadeln der Manometer. Da ist Asche zu hieven, Schlacke von den Rosten zu ziehen, und es läßt sich dabei kaum vermeiden, daß die Haut von glühenden Schürstangen versengt wird. »Des Kaisers Kulis« nennt man Matrosen und Heizer – Paasche, der ihr Leben mitfühlend ansieht, tobt hier keine pädagogischen Schrullen aus, sondern versucht, ihrem Dasein mehr Würde und bestärkenden Sinn zu geben. Es schmerzt ihn, wenn die Geschundenen sich betäuben. Andere Seeoffiziere – von denen übrigens sicherlich fast jeder die ihm laut Proviantordnung zustehenden zwanzig Flaschen Wein pro Monat verbraucht – mögen ruhig seinen wunderlich erscheinenden Eifer gegen den Alkohol belächeln. Es bleibt jedoch nicht allein bei Bemühungen um eine sinnvoll verbrachte Freizeit, gesunde Kost und Abstinenz. Paasche geht wiederum »zu den Löwen im hohen Grase«. Diesmal behelligt er Admiral Lick, Admiral von Holtzendorff und sogar Prinz Heinrich von Preußen mit drängenden Vorschlägen für einen menschenwürdigeren Alltag der Mannschaften. Seinen arroganten Standesgenossen – nicht nur denen unter ihnen, die seinen entlarvenden Aufsatz »Marineoffiziere als Gastgeber«[14] kennen – gilt er deshalb wieder als der »verrückte Paasche«: ein gemiedener, manchmal verspotteter, bisweilen gehaßter Außenseiter, der sich zuvor mit Afrikanern gemein machte und jetzt den Kulis zuwendet.

Am Rande: Von den fünftausend auf die Reichsflagge vereidigten Seeoffizieren – »bei rauschenden Festen, mit gefüllten Sektgläsern in den Händen, haben sie unzählige Male wiederholt, für Flagge und Kaiser das Leben einsetzen zu wollen«[15] – waren während des Matrosenaufstandes 1918 nur drei bereit, diese Flagge zu verteidigen. Hans Paasche ging für seine Gesinnung anderthalb Jahre später in den Tod.

Im Dezember 1914 bemerken seine Freunde eine unvermittelt erscheinende Veränderung im Wesen und in den Anschauungen des Kapitänleutnants Paasche. Vermutet werden dürfen heute zwei Gründe. Zum einen ist, wie auch im Winter des folgenden Jahres, seine Frau bei ihm. Zum anderen fiel am 6. November bei Hollebeke in Flandern Axel Boguslaw Witting, Ellens Bruder, ein überaus begabter und ebenso liebenswürdiger junger Mann, der Stolz der Familie.

Ellen Paasche war dem kriegerischen Taumel, der damals die Mehrzahl der Deutschen ergriff, wohl nie erlegen. Anders ist unerklärbar, weshalb sie plötzlich zu publizieren begann und in den Veröffentlichungen sogleich eine pazifistische Haltung einnahm. Ihr im Oktober 1914 im »Weltspiegel«, einer Beilage des Berliner Tageblattes, erschienener Beitrag »Makotis Ehe« wurde nämlich ganz eindeutig der Völkerverständigung gewidmet. Darin stellte sie Ritterlichkeit und Klugheit eines Afrikaners der ihr in der Schule vermittelten Ansicht vom »minderwertigen Farbigen« entgegen. In den Text eingefügte Fotos von Kriegsschauplätzen in Frankreich und Belgien erhöhten die Wirkung. Wo, so mußten sich selbst unbedarfte Leser fragen, hausten denn nun eigentlich die Barbaren? Und wenn die Autorin unter sehr weit entfernten Menschen soviel Güte fand, war es da nicht möglich, daß auch vorgebliche französische Hinterlist und russische Brutalität Ausgeburten von Vorurteilen waren?

Makoti war Ellens Lukanga, der freilich nicht den Spiegel vorhielt, sondern durch sein Beispiel mahnte, der menschliche Schwächen zeigte und dennoch – oder gerade deshalb – die Zuneigung der Leser fand. Es liegt viel vom unterschiedlichen Wesen Hans und Ellen Paasches in diesen Helden, von denen Makoti im Vergleich natürlich zugute kommt, daß er keine Kunstfigur war. Künstlich daran ist eventuell die Auswahl der Fotos, die zufällig, aber ebensogut beabsichtigt sein kann: Ellens »Onkel Felix«, also Maximilian Harden und auch ihr Vater verfügten über Beziehungen zum Berliner Tageblatt. Hans Paasche nutzte 1917 einen ähnlichen Gegensatz, als er seinen pazifistischen Aufsatz »Schweigen ist mir Pflicht« unter einen Aufruf zum Kauf von Kriegsanleihen setzen ließ.

Axel Wittings Tod hingegen muß Paasche erschüttert und aus erdenklichen Illusionen gerissen haben. Hinzu kam vielleicht, daß Briefe des jungen Soldaten noch von schrecklichen Ereignissen berichteten, die in Belgien geschahen. Die deutsche Heeresleitung ließ damals im neutralen, ebenso wie Luxemburg ohne Kriegserklärung überfallenen Belgien keinen Zweifel an ihrer Verachtung für das Völkerkriegsrecht aufkommen. Unter dem Vorwand, von Heckenschützen beschossen worden zu sein, wurden bereits am ersten Tag der Invasion Geiseln ermordet; das Dorf Battice wurde – zur Warnung für angebliche Partisanen – völlig eingeäschert. Dem folgten weitere Geiselerschießungen sowie wahllos vorgenomme Exekutionen belgischer Priester, weil dem Priesterstand nachgesagt wurde, er plane eine Verschwörung gegen das deutsche Heer. Ursache war jedoch vielmehr die Wut, in Belgien auf unvermutet heftigen Widerstand zu stoßen, der den deutschen Angriffszeitplan zunichte machte.[16] Daß Paasche frühzeitig und aus Axel Wittings Briefen davon erfuhr, ist eine nicht zu beweisende Behauptung; sie könnte jedoch seinen Sinneswandel im Spätherbst 1914 sowie sein besonderes Interesse an den deutschen Kriegsverbrechen in Belgien erklären.

Abermals eine Fotografie: Hans Paasche in seiner engen Kammer auf S.M.S. »Pelikan«, in Uniform, über dem Stehkragen ein ernstes Gesicht, älter erscheinend als das eines Vierunddreißigjährigen. An der Wand Fotos der Familie und von Waldfrieden, auf dem Klapptisch vor ihm Mütze, Handschuhe, ein aufgeschlagenes Heft, in dem er etwas notiert. Offenbar ist er gerade Wachoffizier, denn auf der Uniform sieht man die Kette einer Signalpfeife. Links oben hat er in griechischen Buchstaben das Wort metanoeite, die Jahreszahl 1915 sowie seine Unterschrift hingeschrieben. Das Bild muß vor dem Juni 1915 aufgenommen worden sein, und es gibt einen wichtigen biographischen Hinweis. Metanoia bedeutet Sinneswandel, geistige Umkehr und Erneuerung. »Das Wort Metanoia steht jedem, der es dort gelesen hat, unvergeßlich im Neuen Testament. Jesus und Johannes riefen es den Menschen zu. Und in dem Sinne, in dem sie es brauchten, ist es noch heute am Platze; die ungeheuerste Umkehrung des Denkens ist notwendig, wenn die Menschen begreifen sollen, daß Gewalt und Widerstand in der Welt überflüssig werden, wo die Liebe an ihre Stelle gesetzt wird ... Kirchenchrist wird man durch Taufe, wirklicher Christ aber erst, wenn man die gewaltige Bedeutung der Metanoia erkannt hat ... Das Vorhandensein der Fähigkeit zur Metanoia kann als das Zeichen eines zur Weltverbesserung fähigen Menschen angesehen werden ... Die Metanoia ist vielleicht ein Abzeichen der Unzufriedenen. Der Zustand von morgen ist seine

Frucht.«[17] Das Wort findet sich überdies im Brief des Paulus an die Römer, wo es heißt: »Und stellet euch nicht dieser Welt gleich, sondern verändert euch durch Erneuerung eures Sinnes.« Paasche gebraucht seit 1915 häufig diese Wendung, schreibt sie in Gästebücher: »Ändert Euren Sinn!«

Als der Winter endet, kehrt Ellen Paasche, die in Kiel Zimmer gemietet hatte, nach Waldfrieden zurück. Ihr Mann läßt sich von einem Privatlehrer in der türkischen Sprache unterrichten, besucht die Frühkollege an der Universität, bessert seine Lateinkenntnisse auf, hört Professor Niemeyers Vorlesungen über internationales Recht und nimmt teil an seinem Seminar für Völkerrecht. Mit der Lehrerin Hadwig Dorsch, die er noch gemeinsam mit Ellen während einer Abendgesellschaft kennenlernte, unternimmt er stundenlange Spaziergänge, diskutiert mit ihr Fragen der Frauenrechtsbewegung. Eine große Rolle spielt in diesen Unterhaltungen die bedeutende Frauenrechtlerin und Pazifistin Helene Stöcker, von deren Tätigkeit Hadwig Dorsch begeistert erzählt. Paasche kennt Frau Stöcker vermutlich bereits; es kann aber auch sein, daß er erst jetzt einen Briefwechsel mit ihr beginnt. Im folgenden Jahr werden beide zu den Gründern der pazifistischen »Zentralstelle Völkerrecht« gehören, einer Sammelbewegung für alle Kriegsgegner, wenn eine unbehelligte Arbeit der Deutschen Friedensgesellschaft und des Bundes Neues Vaterland nicht mehr möglich sein wird. Hadwig Dorsch dagegen sieht Paasche in Waldfrieden wieder. Bis dahin korrespondieren die beiden humorvoll miteinander, und die dabei von Hadwig Dorsch gebrauchte Anrede »Mein lieber Arthur« wird dem Bereich Abwehr des Generalkommandos in den Marken bald Rätsel aufgeben.

Im Juni 1915 versetzte man Paasche zur II. Marineinspektion, im Juli als Führer der 7. Kompanie zur II. Torpedodivision in Wilhelmshaven. »Als ich S.M.S. Pelikan verließ, bereitete mir die Besatzung einen Abschied, wie er wohl selten einem scheidenden Vorgesetzten zuteil wird ... Es war mir ein Ersatz für die fehlende dienstliche Anerkennung, die mir meist versagt blieb ... Als ich nach Wilhelmshaven ging, wußte ich, daß meine Umkommandierung eine Maßregelung war für meine Betätigung gegen den Alkohol.«[18] Wiederum muß erwähnt werden, daß der Lebenslauf, aus dem diese Sätze stammen, während einer Hochverratsuntersuchung geschrieben wurde. Paasches Behauptung, er sei wegen seiner Alkoholgegnerschaft versetzt worden, ist überaus fragwürdig. Magnus Schwantje nannte später andere Gründe: »Auch als aktiver Offizier pflegte er nicht nur seine pazifistischen Ansichten offen auszusprechen, sondern suchte auch durch Vorträge und durch Verteilung von Schriften Aufklärung über die Friedensbewegung zu verbreiten. Auch seine Matrosen, mit denen er kameradschaftlich verkehrte, unterrichtete er über die Ziele der Friedensgesellschaft.«[19] Und Kapitänleutnant Heinz Kraschutzki, der Paasche bei der Marine kennenlernte, berichtete in seinen Lebenserinnerungen: »Paasche ... war der echte Revolutionär. Er machte ständig Propaganda, für dieses und jenes, und oft in provokatorischer Weise. Er trotzte den herrschenden gesellschaftlichen Sitten namentlich insofern, als er die scharfe Trennung zwischen Offizier und Mannschaft bewußt mißachtete. Er war eine Zeitlang Chef einer Kompanie der II. Matrosen-Division in Wilhelmshaven. Noch viele Jahre danach schwärmten die Leute jener Kompanie von der Zeit unter Paasche. Er war nicht ihr Vorgesetzter, er war einer von ihnen und riß sie mit ... Er hatte sich schon, als er noch Offiziersuniform trug, offen als Anhänger und Bewunderer Karl Liebknechts bekannt, worüber ich mich mit ihm einmal lange unterhalten habe ... Von Paasche erhielt ich Informationen, wie sie sonst niemand hatte, Schriften, die streng verboten waren, deren Besitz jeden, bei dem sie gefunden wurden, unweigerlich vor ein Kriegsgericht gebracht hätte.«[20]

Der Flottenstützpunkt Wilhelmshaven ist Festungsbereich, übersichtlicher als Kiel und geeigneter, jemand zu beaufsichtigen, zu disziplinieren. Das gilt natürlich kaum für Offiziere – sie können Landwohnungen mieten und sich jeden erforderlichen Passierschein verschaffen. Es trifft jene Männer, die bei der Annäherung eines Vorgesetzten den Bürgersteig verlassen müssen, um vorschriftsmäßig zu grüßen, deren Frauen, wenn sie zu Besuch kommen, den Wartesaal des Bahnhofs nicht verlassen dürfen, weil gerade wieder einmal Spionagehysterie herrscht, die Heimaturlaub bald nur noch bekommen, wenn sie Goldmark in Papiergeld umtauschen: drei Tage für fünfhundert Goldmark, fünf Tage für tausend. Viele von ihnen werden für immer in Wilhelmshaven bleiben: in einem der Massengräber an der schimmernden Jadebucht, die sich bei Ebbe in eine weite Schlicklandschaft verwandelt. So manches Opfer der sinnlosen Seeschlachten an der Doggerbank, am Skagerrak oder vor

Helgoland ist hier vergraben oder wird hier erst noch bestattet werden, sofern es nicht in dem großen Friedhof Nordsee versinkt.

Der Kapitänleutnant Paasche bemüht sich, dem Leben dieser Menschen Halt zu geben. Nicht mit den üblichen Mitteln – Verweis, Mittelarrest, verschärfter Arrest, Abkommandierung nach Flandern oder auf einen der sogenannten Blockadebrecher – und deshalb argwöhnisch überwacht: »Meine Erziehungsgrundsätze, die Anschauung besonders, daß es der Kompanieführer in der Hand habe, die Mannschaft vor Vergehen zu bewahren, meine Vorträge, die sich niemand von den Vorgesetzten ... anzuhören getraute, das alles wurde nicht gern gesehen, und andere Offiziere waren bequemer. Gewiß hatte der Kommandeur auch das ganz richtige Gefühl, daß ich eine Weltanschauung vertrat und nicht unterdrücken konnte, die sich im Grunde nicht mit dem militärischen Geiste vertrug, den man hier hüten zu müssen glaubte.«[21]

Paasche kümmert sich um die Verpflegung und wird von Standesgenossen dafür gehörig verlacht, als ob sie die sehr erheblichen Unterschiede zwischen Mannschafts- und Offiziersessen nicht kennen würden: auf den Schiffen der Hochseeflotte zum Beispiel gibt es eine Dampfküche für eintausend bis eintausendfünfhundert Mannschaftsangehörige, aber drei für die Offiziere. Er gründet Wander-, Zeichen-, Turn-, Foto- und Stenografiezirkel, läßt Bücher in die Wachstuben bringen, hält Vorträge, lädt Künstler und Schriftsteller ein, gibt die Zeitschrift »Wandern« heraus, in der nicht nur Wanderwege empfohlen, sondern auch Bücher vorgestellt und allgemeine Lebenshinweise gegeben werden. Dies alles wird ihm früher oder später untersagt.

Erleichterung mag das Zusammensein mit Freunden bringen: Karl Hinckeldeyn, von Helgoland nach Wilhelmshaven versetzt, und Otto Buchinger, derzeit bereits Marineoberstabsarzt, sind oft bei ihm. Aber das dämpft Enttäuschung und Entrüstung kaum, und wie immer, wenn er in eine ausweglos erscheinende Lage gerät, sucht Paasche ihr schreibend zu entrinnen. Teils mit Ironie. So findet sich in dem ansonsten nur mit dienstlichen Floskeln gefüllten Meldebuch des Offiziers vom Dienst für Garnison und Festung Wilhelmshaven folgende Eintragung: »Als ich am gestrigen Sonntag-Nachmittag als Offizier vom Dienst die Göckerstraße entlang ging, begegneten mir drei geisteskranke Matrosen. Sie hatten die Mütze im Genick, die Jacken offen, schlugen mit den Armen um sich und belästigten vorübergehende Damen. Als ich voller Anteilnahme mich mit ihnen beschäftigte, merkte ich an einem widerwärtigen Geruche, der ihrem Munde entströmte, daß es sich um Vergiftete handelte. Ich brachte die drei bedauernswerten Leute in Sicherheit und sorgte für ärztliche Behandlung. Es stellte sich heraus, daß die Betreffenden Alkohol zu sich genommen hatten. Obwohl das Benehmen der Menschen höchst ungebärdig und ärgerlich war, dürfte dennoch eine strengere Bestrafung dieser armen Kranken schwerlich in Frage kommen, da, wie ich zu meinem Schrecken mir eingestehen mußte, dieses schwere Gift in unserem Staate ja an allen Straßenecken ohne jeden Giftschein ausgeteilt werden darf. Auch dürfte strafmildernd ins Gewicht fallen, daß an demselben Tage, wie mir dann mitgeteilt wurde, auch Vorgesetzte damit fahrlässig sich vergiftet haben, sowohl im Offizierskasino als auch auf den ganz naheliegenden Schiffen Seiner Majestät des Kaisers, von dem das Wort stammt: 'Diejenige Nation, die den geringsten Alkoholkonsum hat, die gewinnt!'«[22]

Ein anderes Schriftstück, das gleichermaßen nicht zur Erheiterung von Paasches Vorgesetzten beigetragen haben dürfte, wird in Magnus Schwantjes biographischer Skizze erwähnt. Demnach schlug Paasche einer hohen Marinebehörde vor, die Matrosen durch Vorträge über Ziele der Friedensbewegung aufzuklären. Auf den ersten Blick unvereinbar mit solchen Ansichten erscheint dann sein in Wilhelmshaven geschriebenes und – vom Umsatz her betrachtet – erfolgreichstes Buch »Fremdenlegionär Kirsch«. Hans Paasche erzählt darin von den Erlebnissen des Schiffsmaschinisten und Werftangestellten Max Kirsch, der nach Kriegsbeginn aus der deutschen Kolonie Kamerun floh, sich in Westafrika zur Fremdenlegion mustern ließ, nach Frankreich gelangte und dort zu den deutschen Linien überlief. Auf den ersten Blick ein patriotisches Abenteuerbuch, auf den zweiten – und verglichen mit damaliger Kriegsliteratur – wesentlich mehr. Kirsch hielt sich ja notgedrungen unter den Gegnern der Deutschen auf, vermochte nur von dort zu berichten, und Paasche nutzte diese Chance zu unverzerrter Darstellung des französischen »Erbfeindes« ebenso listig wie meisterlich. Dabei bekundete er seine Absicht schon im Vorwort offen: »Nachdenkliche Leser werden neben der Selbstverleugnung, mit der Kirsch sich, um einen Weg zur Heimat zu finden, den Gefahren der Schlacht aussetzte, noch etwas Großes erkennen, das sich in die Erlebnisse hineinmischt: Menschlichkeit und Kameradschaft im Kreise derer, die Feinde seines Volkes waren.«[23] Menschliche, kameradschaftliche Gegner wird man in der deutschen Kriegsliteratur jener Zeit vergeblich suchen; überdies mußten nicht allein nachdenkliche Leser erkennen, daß neben den menschlichen auch die sozialen Probleme hinter der anderen Front dieselben waren. »Wie blöde doch die Menschen sind, daß ihnen ein einziges Vorurteil genügt, um ein Land und ein Volk zu kennzeichnen«, ließ der Autor Kirsch angesichts eines voreingenommenen Urteils über die Deutschen denken und ihn »Mitleid mit den frischen, begeisterten Menschen, die für den Gedanken erglühten, dem Vaterlande zu dienen und alles Schlechte aus der Welt zu tilgen«, empfinden. Es schien da eine Verbundenheit jener auf, die nichts wußten »von den Schönheiten, die der Krieg nach dem Urteil derer hat, die fern vom Schuß hinterm Ofen sitzen«.[24] Paasche gewann die einzigartige Gelegenheit, seinen Landsleuten nochmals den Spiegel vorzuhalten, ohne daß ein Zensor eingreifen konnte. Denn die geschilderten Schrecken des Krieges, die üblen Kasernenhofszenen, die Not im Volk und das Wohlleben hoher Militärs waren ja vorgeblich französische Probleme. »Es sind viele eigene Erlebnisse von mir darin«, schrieb Paasche im Mai 1916 an Maximilian Harden, »und Ihnen brauche ich nicht zu sagen, daß ich den deutschen Militarismus meine, wo Militarismus in Frankreich schlecht gemacht wird. Selbst die Besichtigung S. 133 ist natürlich in Wilhelmshaven gewesen. Das Buch soll praktische Bekämpfung der Schundliteratur sein.«[25] Nebenher kam es Hans Paasches lebensreformerischer Anschauung gelegen, wenn er Kirschs beachtliche körperliche Leistungen – zum Beispiel einen mehr als dreihundert Kilometer langen Marsch durch afrikanischen Urwald – mit dem Hinweis auf dessen gesunde Lebensweise darstellen konnte.

Das Buch entstand in wenigen Monaten. Beschwerlich beim Schreiben war sicherlich nur die Gratwanderung zwischen Zensur, eigenen Bestrebungen und Kirschs Ansprüchen. Daß Paasche und der politisch anders denkende Max Kirsch schließlich Freunde wurden und diese Freundschaft über Zeiten schärfster politischer Konflikte und den Tod hinaus bestand, spricht für eine Fähigkeit zur Nachsicht, die Paasches späten Bruch mit seinen Eltern verständlicher erscheinen läßt. Der 1916 bei Scherl veröffentlichte »Fremdenlegionär Kirsch« wurde bis 1918 zweihundertfünfzigtausendmal verlegt und erschien übersetzt auch in Mexiko, Schweden und Dänemark. Einer von Friedrich Hussong um weitere Nachrichten über Kirsch vermehrten Ausgabe war dann nur noch weitaus geringerer Erfolg beschieden.

Zur selben Zeit, als Hans Paasche in Wilhelmshaven am »Fremdenlegionär Kirsch« arbeitet, schreibt auch seine Frau eine Veröffentlichung – und Iphigenie spricht unverhüllt. Anlaß dazu gibt ihr der Zeitungsartikel eines Fräuleins Dr. Käte Schirmacher, in dem der Krieg als ersehntes Ende eines selbstzufriedenen Daseins gepriesen wird, das die Deutschen bis dahin geführt hätten. Unter der Überschrift »Deutsche Frauen und der Frieden« erwidert Ellen Paasche darauf: »Es ist mir fast unmöglich, die Gefühle zu schildern, die ich beim Lesen dieser Zeilen empfand. Dazu also die unzähligen Opfer, das Blut, der Jammer, die Tränen? Wie ist es möglich, daß eine Frau ihr Gemüt so verhärtet hat? Wie ist es möglich, daß eine Frau schreiben kann: 'wir waren so tief im Wohlleben drin, daß nur ein längerer Krieg uns davon befreien kann'?

Es fehlte nur noch, daß Fräulein Schirmacher schrieb: 'Wie herrlich, daß so viele Deutsche jetzt endlich einmal an die frische Luft kommen!', oder 'daß der Tangorummel aufgehört hat', oder 'daß die Großstadtdamen, die sonst vor Langeweile zugrunde gehen, jetzt endlich, endlich etwas zu tun bekommen! Sie müssen Tees und Basars zum Besten erblindeter Krieger abhalten, sie müssen Komitees bilden, um Lotterien für die Kinder gefallener Soldaten zu veranstalten – – welch herrliche Zeit, die unseren Damen diese Schaffensmöglichkeit gibt!' ...

Es gibt Menschen, die diesen Krieg für durchaus notwendig hielten und halten. Aber hoffentlich denken auch all diese Menschen: 'Nie wieder, nie wieder auf Erden so viel Jammer und Tränen!' Und darum meine ich, muß die Friedensbewegung in Deutschland nach dem Kriege ins Ungeheure wachsen. Und wer ist berufener, an diesem Werke mitzuarbeiten, als die Frauen?

Sollen wir jungen Frauen, die wir frische, blühende Kinder um uns herum spielen haben, sie auch in zwanzig Jahren opfern? Es darf nicht sein! Wer mag da noch mit reiner Freude Kinder großziehen? Oder sollte es Frauen geben, die ihre Kinder für den Krieg gebären? Es wird mir schwer, das anzunehmen ...

Drum: Weg mit aller Halbheit, denkt über die Ursachen nach, und ihr alle, die ihr in zwanzig Jahren etwas zu verlieren habt, lebt nicht in den Tag hinein, sondern helft an dem Friedensgedanken arbeiten, der kein Phantasiegebilde ist, ebensowenig wie die Abstinenz oder die Bodenreform es ist. Und ihr, die ihr nichts mehr zu verlieren habt, denen der Krieg alles nahm, ich bitte euch, denkt an uns und helft uns Jüngeren, damit uns der Jammer und der Kummer später erspart bleibe!«[26]

Der Beitrag erschien zunächst im November 1915 im Berliner Tageblatt, im folgenden Monat auch im Vortrupp sowie in der von Helene Stöcker herausgegebenen Zeitschrift des Bundes für Mutterschutz. Glaubt man der Aussage eines Zeugen während der 1917 geführten Hochverratsuntersuchung, so erfuhr Hans Paasche erst nach der Veröffentlichung davon. Offenkundig wollte die Frau an seiner Seite mehr erreichen als eine verläßliche Hüterin des Zeltes in Afrika und des Gutshauses von Waldfrieden zu sein.

Auf einer im Winter 1915/16 in Wilhelmshaven entstandenen Fotografie erscheinen die beiden etwas beziehungslos nebeneinander. Ellen Paasche blickt zu Boden, ihr Mann an der Kamera vorbei. Kein Schnappschuß, auch nicht die Pose, in der sich ein glückliches Paar abbilden läßt. Flüchtige Betrachter könnten auf den Silberfuchspelz verweisen, den Ellen trägt, und meinen, daß darüber gestritten wurde. Aber Paasches Gesicht spricht nicht von Verärgerung; die Falten um seinen Mund sind die eines Fünfzigjährigen: der Dienst ist ihm unerträglich geworden, das Paar steht vor einer ungewissen Zukunft, weiß vielleicht bereits von der bevorstehenden Entlassung.

»In meinen Personalpapieren wird begründet sein, weshalb mein längeres Verbleiben im Dienst eines Tages nicht mehr möglich war. Ich habe es meinen Vorgesetzten erleichtert, das nachzuweisen. Die inneren Gründe liegen jedenfalls tiefer, als aus einem Bericht eines beteiligten Vorgesetzten zu ersehen ist«, heißt es unklar im Lebenslauf.[27] Am Rande bemerkte Paasche zudem, seine Empörung über die ungerechtfertigte Bestrafung eines anderen Offiziers habe zu der Entlassung geführt, doch dergleichen entfernt uns noch weiter von den wirklichen Ursachen, als es jene unbestimmten Sätze schon tun. Otto Buchinger vermeldete überzeugendere Gründe: »Bei einer Gerichtsverhandlung gegen einen Torpedomatrosen, der 'antimilitaristischer' Gesinnung und aufreizender Redensarten beschuldigt wurde, lehnte Paasche das ihm aufgetragene Amt des Richters ausdrücklich wegen Befangenheit ab. Das führte dann zu erregten Auseinandersetzungen mit den Vorgesetzten und zu einer Untersuchung gegen ihn.«[28] Konteradmiral Ullrich Lübbert, Paasches höchster Vorgesetzter in der Torpedodivision, bestätigte das 1917: »Die Veranlassung zu seiner Entlassung war seine Weigerung, bei einem Standgericht mitzurichten.«[29] Und Magnus Schwantje schließlich mochte wohl Recht haben, wenn er späterhin schrieb: »Daß er nicht schon damals ins Gefängnis gesteckt wurde, ist wohl nur dadurch zu erklären, daß Paasche mit einflußreichen Leuten verkehrte, deren Unwillen zu erregen die Militärbehörden sich scheuten.«[30]

Am 31. Januar 1916 verließ Hans Paasche die Welt der kaiserlichen Marineoffiziere und ihrer geschundenen Kulis. Sowohl die einen als auch die anderen vergaßen ihn nicht.

»Es ist mir nicht anders gegeben«

Paasche kehrt nach Waldfrieden zurück, beendet die Arbeit am »Fremdenlegionär Kirsch«. Dabei ist ihm der Stenograph Max Koch, Sekretär der Berliner Eisenbahnbaugesellschaft Becker & Co., behilflich. Die beiden sind miteinander bekannt, seit Paasche sich für Becker & Co. in Afrika gegen ein Honorar nach Möglichkeiten zum Bahnbau umsah, und sie sind wohl mehr als Vertraute. Koch wird bald die Verteilung von Briefen übernehmen, die gewisser Gründe wegen keinen Poststempel aus der Umgebung von Waldfrieden tragen sollen.

Ein wenig vom Leben im Gutshaus jener Zeit verraten uns die Erinnerungen Jochen Paasches.[1] Bilder, zufällig zusammenfließend wie in einem Kaleidoskop: die Weintrauben am Spalier an der Hauswand, die langen Massaibogen, Schilde, Speere, Pfeile im afrikanischen Zimmer. Schlangen in Spiritus und die geheiligte Erde Afrikas, aufbewahrt in vertrocknetem Blattgeflecht. Gerahmte Fotografien von Büffeln und Elefanten. Der Vater im Arbeitszimmer, unter dem grünen Lampenschirm mit Freunden debattierend, umgeben von Büchern. Die großen, toten Hirsche im Schuppen, geschossen vom Vater. Stets verbindet sich nun der Name Odysseus mit der Erinnerung an ihn, seit er Jochen aus der »Odyssee« vorlas. Die Eingangshalle, an den Wänden Köpfe von Büffeln und Antilopen. Der Afrikaner, der eines Tages mit Max Kirsch zu Besuch kommt und den Jungen Bogen baut. Die Mutter, erzählend davon, wie der rotschwänzige Papagei Kasuku eingefangen wurde, und bemüht, dem Jungen zu erklären, was Ironie ist. Und wiederum der Vater: sehnig, braungebrannt, heimkehrend mit dem Gewehr, erlegte Wildenten baumeln von seinem Gürtel – ein jagender, frei umherschweifender Odysseus, der dennoch sagt, jedermann sei »eingesperrt in dieser Welt«, als er mit Jochen an einem Zaun vorbeigeht.

Hans Paasche jagt wieder: Rot- und Schwarzwild, Hasen, Wildenten, Fasane. Sein Freund Magnus Schwantje sieht es mit verständlichem Unbehagen, wenn das bekannte Mitglied der »Gesellschaft zur Förderung des Tierschutzes und verwandter Bestrebungen« zur Büchse greift. Paasche erwidert ihm, das sei besser, als das Wild Berliner Sonntagsjägern zu überlassen, die angrenzende Jagdgebiete gepachtet haben. Das Fleisch wird an Bedürftige verschenkt. Von denen gibt es jetzt viele, seit Lebensmittelkarten eingeführt sind. In Waldfrieden mehren sich die Gäste. Manche werden so außergewöhnlich empfangen wie Otto Buchinger: von einem Hausherrn in kurzen Hosen, der auf Händen laufend daherkommt und ihm mit den Worten »Willkommen in der Sommerfrische!« eine zwischen den Zehen gehaltene Blume überreicht.

Die Idylle trügt. Derzeit beginnt die Schlacht um Verdun, in deren Verlauf erstmals Flammenwerfer eingesetzt werden; die englische Bevölkerung erlebt in sechs aufeinanderfolgenden Nächten die bisher schwersten Luftschiffangriffe; in Leipzig demonstrieren Hungernde, und in der Skagerrakschlacht kommen mehr als achteinhalbtausend Seeleute um: in der bislang größten Seeschlacht der Geschichte, von der man nur sagen kann, daß es – natürlich nicht für die Opfer – völlig belanglos war, ob sie stattfand. Paasche wird von seiner Gesinnung gedrängt, etwas zu unternehmen, die Betäubten aufzurütteln. Noch am Anfang des Jahres 1916 läßt er Postkarten mit einer Erklärung drucken, die begründet, weshalb er Spendenaufrufe nicht unterstützt: »Wenn ich die Schäden des Krieges durch Wohltätigkeit zudecken helfe, so mildere ich die Abneigung der Menschen gegen den Krieg ... und schädige die Bewegung für die endgültige Beseitigung aller Kriege. Ich mache es dann denen, die den Krieg herbeigeführt und gewollt haben, zu leicht, indem ich sie vor der Volksentrüstung schütze, die kommen muß, wenn die Kriegsfreunde die Menschheit nicht mit neuem Unglück bedrohen sollen. Ich halte es für sittlich erwünscht, daß diese Verbrecher nicht davon befreit werden, sich verantworten zu müssen. Dahin zu wirken, sind wir denen schuldig, die in diesem Kriege verunglückten.«[2] Die mit seinem Namen gezeichneten Karten nennen den Krieg eine »Schmach für die Menschheit«, die nur in der »Umgebung von Aberglauben, Vorurteilen und Knechtssinn« gedeihe.

Solche Karten werden in großer Anzahl versandt. Paasche legt eine Kartei der Empfänger – zunächst nur ihm bekannte Offiziere, Politiker, Künstler und Intellektuelle – an: die Grundlage späterer Flugblattsendungen. Vermutlich gerät auch er bereits jetzt in eine Kartei – in die der Gegenseite. Es herrscht ja der Belagerungszustand im Reich; Presse- und Briefzensur,

Rede- und Versammlungsverbote, Beschlagnahmungen und Verhaftungen sowie Abkommandierungen an die Front sollen den sogenannten Burgfrieden wahren, den Militaristen, Junker, Bankherren, Industrielle, rechte Politiker und die übrigen Kriegsgewinnler jeglicher Art für ihr Wohlergehen brauchen. Für die Überwachung des aufrührerischen Gutsherrn von Wald-frieden werden künftig der Bereich Abwehr des Oberkommandos in den Marken und die Abwehrabteilung beim Stellvertretenden Generalstab sorgen.

Hans Paasches Widerstand wird da noch vorwiegend ethisch bestimmt. Er will »das Reich der Gewalt ablösen durch das der Liebe«, ohne wohl über sachliche Vorstellungen zu verfügen, wie das geschehen könnte. Aber das ändert sich bald. Noch im Frühjahr 1916 schließt Paasche sich dem soeben verbotenen Bund Neues Vaterland an: einer im November 1914 gegründeten, entschiedener als die Deutsche Friedensgesellschaft vorgehenden Vereinigung von Kriegsgegnern aus nahezu allen politischen Lagern. Im Bund – dessen Vorstand er späterhin angehört – trifft Paasche mit seinem Schwiegervater, mit bedeutenden Vertretern der Friedensbewegung wie Otto Lehmann-Rußbüldt, Kurt von Tepper-Laski, Ludwig Quidde, Helene Stökker, Eduard Bernstein, Hellmut von Gerlach, Georg Graf von Arco oder Kurt Eisner zusammen. Richard Witting ist übrigens einer der tatkräftigsten Förderer des Bundes; nachdem dessen Tätigkeit im Februar 1916 von den Militärbehörden untersagt wird, finden die Zusammenkünfte in seiner Wohnung statt.[3] Sichtbare Zeichen der Metanoia in der Familie Witting: auch Maximilian Harden, dessen Zeitschrift »Die Zukunft« bereits im November 1914 erstmals beschlagnahmt und Ende 1915 zeitweilig verboten wurde, weil sie der Kriegseuphorie widersprach, wirkt in den Reihen der Kriegsgegner; gerade ist eine Redezensur über ihn verhängt worden.

Im Sommer gehört Paasche zu den Gründungsmitgliedern der »Zentralstelle Völkerrecht«, von der sich die Kriegsgegner neue Bewegungsfreiheit erhoffen, nachdem die Militärbehörden auch die Tätigkeit der Deutschen Friedensgesellschaft lähmten. Wir erinnern uns, daß Hans Paasche 1914/15 in Kiel Vorlesungen über internationales Recht besuchte und an einem Seminar für Völkerrecht teilnahm.[4] Damals lenkte sicherlich noch das Verlangen nach internationalen Schiedsgerichten – eine grundsätzliche Forderung der Friedensbewegung in der

Vorkriegszeit – sein Interesse. Jetzt richtet er seine Hoffnungen auf den amerikanischen Präsidenten Woodrow Wilson, von dessen ehrbarer und demokratischer Gesinnung er, wie derzeit auch Maximilian Harden, zutiefst überzeugt ist. Wilson vertritt die Idee eines Völkerbundes, scheint weithin der einzige Staatsmann zu sein, zu dem Pazifisten mit einiger Zuversicht aufblicken dürfen. Während einer Zusammenkunft der Zentralstelle am 2. und 3. Dezember 1916 in Frankfurt am Main warnt Paasche – der bei jener Gelegenheit in den Vorstand gewählt wird – deshalb eindringlich vor Geschehnissen, die Nordamerikas Eintritt in den Kreis kriegführender Staaten herausfordern könnten.[5] Die größte Gefahr geht nach seiner Meinung vom immer unbedenklicher geführten U-Boot-Krieg aus, und er wird leider recht behalten. Er beginnt gleichzeitig, in Schreiben an den Vatikan, an Politiker und Gesinnungsfreunde in der Schweiz, in Frankreich und Großbritannien dem Kaiser und den Militärs das Recht abzusprechen, im Namen der Deutschen Entscheidungen zu treffen, weist darauf hin, daß es noch ein anderes Deutschland gibt. Vom Papst erbittet er einen Aufruf zum Friedensschluß.

Wie ist dergleichen mit Hans Paasches Herausgebertätigkeit beim sich von Ausgabe zu Ausgabe nationalistischer gebärdenden »Vortrupp«, mit seinem derzeit noch verbreiteten Kriegsflugblatt »Im Schützengraben« vereinbar? Der letztgenannten Veröffentlichung schämt er sich so sehr, daß er sie während der bald gegen ihn geführten Untersuchung – in der das Flugblatt ihn entlasten würde – unerwähnt läßt. Die Mitarbeit am »Vortrupp«, mit dem er allzu lange die Hoffnung verband, ausgleichend verändern zu können, endet im März 1916, nachdem sein Beitrag »Große Zeit« von der Redaktion verfälscht worden ist.[6] Der Leserschaft gibt man diese Entscheidung jedoch erst im Februar 1917 bekannt.[7] Hermann Popert, den Paasche in künftigen Briefen aus der Haft weiterhin arglos seinen »lieben Freund« nennt, wird nun einer seiner durchtriebensten Feinde und ein bedenkenloser Fürsprecher der Reichsregierung. Es bleibt bemerkenswert, daß Hans Paasche – der ja Auseinandersetzungen keineswegs scheut – offenbar weiterhin an die Wandlungsfähigkeit von Menschen, an ihr Vermögen zur Einsicht und daran glaubt, politische Meinungsverschiedenheiten schlössen gegenseitige Achtung nicht aus.

Den Alltag der Paasches bestimmt nicht allein der Widerstand. Im Mai 1916 wird Helga, ihre einzige Tochter, geboren.

Diesmal kein Blondschopf, sondern ein Kind mit dem schwarzen Haar und dem dunklen Teint des Vaters – auch mit seinem Temperament – und deshalb von den Brüdern neckend Hexe genannt. Wohl selten ist ein Leben so sehr vom Schicksal der Eltern bestimmt worden.

Es muß bezweifelt werden, daß die eine Viertelstunde entfernten Großeltern in Springwerder sich noch über die Geburt einer Enkelin freuen können. Man beginnt einander zu meiden. Das letzte Mal war Ellen wohl im Juli 1914, erfüllt von Angst über den drohenden Krieg, nach Springwerder gelaufen und traf den Reichstagsvizepräsidenten im Gemüsegarten an:»Ich wollte hören, ich wollte erfahren. Was wird? Was wird England tun, was hört ihr aus Berlin? Nicht schnell genug konnte ich meine Fragen loswerden. Doch er? Er kam aus seinem Kohlgarten. Unvergeßlich ist mir das Bild: Mohrrüben oder irgendein anderes Gemüse in der Hand. Krieg? Ach wo – Krieg gibt's nicht. England? Keine Ahnung ... Beneidenswert in der Bierruhe und empörend für mich, wo ich einen Mann, Bruder, Freunde habe, die vielleicht 'mit' müssen. Solche Menschen sitzen bei uns an wichtigen Stellen.«[8]

Der behäbige Herr im Kohlgarten wird ihr noch unheimlicher, als sie erkennt, wie sehr Hans Paasche unter dem Gegenspieler auf Springwerder leidet, daß er noch immer seine Anerkennung sucht, obwohl er von der Äußerung des Vaters hört, der Krieg könne gar nicht lange genug dauern. Fraglos verdient der Großaktionär Hermann Paasche, beteiligt am Umsatz der Rheinmetall und der – unter anderem U-Boote herstellenden – Howaldt-Werke, so gut wie nie zuvor. Und sein Sohn erkennt: »Es wurde mir klar, daß die innere Stellung zum Kriege bei meinen Mitbürgern abhing von der ökonomischen Frage und daß menschliche Überlegungen und Regungen, wie Mitleid und Liebe, dabei gar keine Rolle spielten. Wer gut verdiente, war blind gegen die Leiden, die er nicht sah. Für alle, die vom Durchhalten sprechen, trifft der Verdacht zu, daß der Krieg für sie in irgend einer Form ein Geschäft ist. Ich erfuhr auch, daß sich meine Eltern um ... die Entstehung des Krieges, Fragen, die zu durchdenken Pflicht jedes Gebildeten sein müßte, weil ohne diese Voraussetzung ein Friede nicht vorbereitet, die Gegner überhaupt nicht verstanden werden können, überhaupt nicht kümmerten. Dagegen baute mein Vater Scheunen, Ställe, eine Haushaltungsschule und plante Kriegerwitwenansiedlungen.

Meine Mutter hielt Vorträge über 'Kriegswitwen aufs Land', kümmerte sich aber nicht um ihren eigenen Sohn, um die Schwiegertochter und die Enkel, die neben ihr wohnten ... Ich litt darunter.«[9]

Zeugnisse vom argen Weg der Erkenntnis, der Metanoia. Versammlungen der Zentralstelle Völkerrecht dürfen nicht öffentlich stattfinden; die pazifistische Opposition lebt im Monolog. Paasches neueste Postkarten – eine ironische, mit der er seinen Landsleuten zur Versenkung ausländischer Handelsschiffe gratuliert und eine deutlichere, die den Krieg den »größten Schwindel, der armen Menschenseelen mit Druckerschwärze und Kanzelreden aufgedrängt wurde«, nennt – bleiben unbeantwortet. Hans Paasche ist ein geselliger, mitteilsamer Mensch: bei der Marine, in Afrika, in der Reformbewegung mußte er nie abgesondert leben. Jetzt vereinsamt er. Die zahlreichen Gäste in Waldfrieden sind ihm kaum bekannte Frauen, Angehörige von Freunden an irgendeiner Front.

Sieht man ab von Magnus Schwantje, der sich dienstuntauglich hungerte, so bekommt Paasche lange Zeit keinen Mitstreiter zu Gesicht. Als er darum bittet, Vorträge über Ernährungsfragen halten zu dürfen, verweigern die Behörden ihm die Genehmigung. Eine düstere Zeit. Da gibt es erstes Geraune darüber, daß der Gutsherr von Waldfrieden wohl etwas seltsam sei: er lese dem Hauspersonal abends aus der »Iphigenie« und aus dem »Faust« vor, halte häufig seine kleine Nichte und deren Freundin fest, um den Kindern Stenographieunterricht zu erteilen. »Es ist mein Mitteilungsbedürfnis, das vielleicht aus einem brachliegenden Lehrtrieb zu erklären ist ... Über die Anspruchslosigkeit, die ich in Hinsicht auf die Auswahl meiner Zuhörer hatte, hat sich meine Frau öfter beklagt: 'Dir genügt der erste beste Kuhjunge, um deine Weltanschauung darzulegen.' Ich bin auch da in gewisser Hinsicht ein Opfer des Krieges. Ich sprach früher zu einer großen Zuhörerschaft und hatte Einfluß auf unzählige Menschen. Dann war ich abgeschnitten und sollte alle Gedanken für mich behalten.«[10]

Im November 1916 zeigt sich erstmals, was Otto Buchinger später umschreibt, wenn er berichtet, Dämonen hätten um die Seele seines Freundes gerungen. Von Empörung, Ohnmacht und Zweifeln zerrissen wie während des Aufstandes in Afrika, leidet Hans Paasche unter heftigen Kopfschmerzen und unter Schlaflosigkeit. Um niemanden im Haus zu stören, läßt er sich entfernt davon eine Hütte bauen, in der er die Nächte verbringt – allein mit quälenden Gedanken und einem schwarzen Wachstuchheft.[11] Die von Helga Paasche bewahrten und übertragenen Texte darin – sie wurden stenographisch und zum Teil verschlüsselt aufgezeichnet – berichten von dunklen Stunden: »Ich bin alt geworden. Ich kann mich nicht mehr freuen. Ich habe die Freude schon weitergegeben in meinen Kindern ... Da ich die Zufriedenheit meiner Mitmenschen nachgerade für einen sittlichen Mangel ansehen muß, und meiner Fähigkeit, mir fernes, zukünftiges und fremdes Leid vorzustellen – so sehr mir das Schmerzen macht – nicht nur vom ethischen Standpunkt aus den Vorzug geben muß, sondern ihr auch trauen kann als der zuverlässigsten Führerin zur Wahrheit, so fühle ich das Bedürfnis, ... mitzuteilen, was mich jetzt von der öffentlichen Meinung scheidet: ... Ist es nicht Zeit, die als Landesverräter zu bezeichnen, die vor dem Kriege Äußerungen getan haben, die zum Kriege geführt haben? ... Nie wird ein Friede durch Waffengewalt erzwungen ... Der Krieg kann jetzt nur noch einen Sinn haben: endgültig aufzuräumen mit den letzten uns anhaftenden Anschauungen des Militarismus ... Welch eine seltsame Auffassung, es als Tugend anzusehen, über den gewordenen Staat nicht mehr nachzudenken ... Gerade in dieser Gesinnung liegt unsere Schuld. Weil wir nicht fortwährend an unserem Staat schaffen, weil wir unpolitisch sind, weil wir zu faul und zu feige sind, das zu stürzen, was bei uns faul ist, deshalb werden wir gestraft!«

Der Verfasser dieses Tagebuches erlangt in seinen einsamen Nächten bedeutsame Erkenntnisse. Die tiefinnerliche Kriegsursache: ein geistiges und materielles Wettrüsten. Die besondere Schuld der Deutschen: weggesehen zu haben, als Scharfmacher und Mörder erprobten, wie weit sie gehen können. Und er spricht sich nicht frei von Schuld.

Daneben Entwürfe von Briefen an den Reichskanzler, an Maximilian Harden und an die Eltern: »Ich will Frieden und werde deshalb ganz im Geiste der Militärpartei von Euch als Landesverräter betrachtet. Ich aber sehe nur (es ist mir nicht anders gegeben) in denen Landesverräter, die einen Krieg gewollt haben, aus ihm Vorteile ziehen und das Ende nicht wollen können. Die Zeit wird richten, wer recht hat.«

Überdies Anmerkungen zur Metanoia, zur deutschen Geschichtsschreibung und – als Paasche Halt findet in Erinnerungen an Afrika – seine schöne Betrachtung »Die Wildnis«. Auch verloren wirkende Naturbilder, der Mond über der Heide, über den kahlen Feldern, sowie der finstere Satz: »Viel unseliges Geschick der Männer, viele Taten des verwirrten Sittlichen deckt die Nacht.« So ähnlich steht es in der »Iphigenie«. Dazu noch ein »toller Streich« des einsam und ruhelos Umherschweifenden: Er durchschwimmt den eiskalten Tiefsee, um eine zuvor geschossene Wildente zu holen. »Es war sehr kalt, und ich erstarrte beinahe. Ich fühlte ein Kribbeln in den Armen und atmete heftig, um warm zu werden. Ich warf die Ente vor mir her und war froh, als ich das Ufer wieder erreicht hatte. Da trocknete ich mich mit meinem Hemde ab.«

»Viel unseliges Geschick«, doch die Dämonen weichen noch einmal zurück. Die Aufzeichnungen brechen Ende November ab. Sicherlich bestärken Hans Paasche jetzt die Zusammenkunft der Zentralstelle Völkerrecht und das Friedensangebot der Mittelmächte vom 12. Dezember. Vergebliche Hoffnungen.

Augenblicke aus dem Dasein Deutschlands und der Deutschen im Jahr 1917: Es ist das vierte Kriegsjahr; eine Ausgabe des »Simplicissimus« bildet den Sensenmann ab, der sich erschöpft niedergesetzt und den Schädel mit den beinernen Händen bedeckt hat. Darunter steht: »Menschen, hört auf, ich kann nicht mehr!« Aber sie hören nicht auf. Das Friedensangebot der Mittelmächte war von verhüllten Drohungen begleitet worden; es klang unaufrichtig und blieb ergebnislos. Seit der Verkündung des uneingeschränkten U-Boot-Krieges nehmen auch amerikanische Soldaten teil an dem Gemetzel, und keine der beteiligten Mächte ist wirklich daran interessiert, den Krieg zu beenden. Das deutsche Feldheer erscheint zumindest zahlreich wie nie zuvor – unter anderem deshalb, weil die Tauglichkeitsanforderungen verändert worden sind, so daß man jetzt sogar die unterernährten Jugendlichen des Jahrganges 1899 einberuft. An der Ostfront bringt die russische Februarrevolution Erleichterung, im Westen läßt die Oberste Heeresleitung planvoll eine Taktik der verbrannten Erde anwenden und befiehlt den Rückzug auf die sogenannte Siegfriedstellung.

Dort, im Westen, erlebt übrigens ein Meldegänger namens Hitler während der dritten Schlacht um Ypern erstmals ein zehn Tage währendes Trommelfeuer. Als sein fast vernichtetes Regiment verlegt wird, entführt ihm jemand seinen besten Freund, den Terrier »Fuchsl«; andere stehlen seine Skizzenmappe und sämtliche Malutensilien. Hitler wird nie wieder malen. Die Menschen, so schließt er, seien allesamt »ehrlose Schweine«. Das ist gewiß so falsch wie weitere Ansichten, die Hitler in diesem Krieg gewinnt. Aber unheimliche, leicht verführbare und mit einem schlechten Gedächtnis gestrafte Wesen mögen die Menschen wohl sein, wenngleich da viele aufbegehren: Nach dem Hungerwinter 1916/17, den man nunmehr den »Kohlrübenwinter« nennt, gibt es Massenstreiks und zornbewegte Kundgebungen in größerer Zahl. Doch solcher Unmut richtet sich vielleicht noch gegen den Kaiser, nie gegen den Generalstab, und es gelingt stets, die Aufgebrachten mit wirtschaftlichen Zugeständnissen zu befrieden. Der Hunger bleibt trotzdem ungestillt. Auch der Gefreite Hitler gewöhnt sich jetzt daran, Ratten und Katzen zu essen; Hundefleisch verschmäht er – im Gedenken an »Fuchsl« – jedoch stets. Es endet vor allem nicht der Krieg, der die Menschen erniedrigt, verbildet, tötet.

»Kanns denn keiner hindern und aufhalten? Warum gibt es nicht ein paar, drei, fünf, zehn, die zusammenstehn und auf Plätzen schreien: Genug! und erschossen werden und wenigstens ihr Leben dafür gegeben haben, daß es genug sei, während die draußen jetzt nur noch untergehen, damit das Entsetzliche währe und währe«, klagt Rainer Maria Rilke, der wie so viele Geistesschaffende zuvor den Krieg begeistert begrüßte.[12] Allerdings hindert auch er nicht und hält nicht auf. Es fehlt eine machtvolle Gemeinschaft, in der sich Empörte oder doch wenigstens Bedenkliche zusammenscharen könnten. Sicherlich, es gibt pazifistische Organisationen. Aber deren Tätigkeit wird von der wachsamen Militärdiktatur – das Reich befindet sich im Ausnahmezustand – unterdrückt oder gar verboten. Gewiß, da ist überdies die starke Partei der Sozialdemokraten. Eine Fotografie aus dem Jahr 1917 mag für deren Führer sprechen: Darauf sieht man Ebert, Scheidemann und andere, offenbar selbstbewußt, zufrieden und mit erhobenen Häuptern im Großen Hauptquartier, erstmals in der preußischen Geschichte empfangen vom Monarchen. Nicht zu sehen ist, daß sie verschreckt sind von den Unruhen in Rußland, halbherzig aufbrachen, um dem Kaiser etwas über die Stimmung im Volk zuzuraunen. Wilhelm II. aber läßt sie gar nicht zu Wort kommen, und sie schweigen betreten, als der Gekrönte sie anherrscht: »Wo meine Garden hinkommen, gibt es keine Demokratie!«[13]

Es steht nicht gut um dieses Volk und um dieses Land, in

dem in den drei Jahren seit Kriegsbeginn mehr als fünf Millionen Kriegsgedichte gedruckt worden sind, der soeben gegründete Malik-Verlag aber kaum Leser erreicht. Gegründet worden ist gerade auch das Filmunternehmen UFA mit einem Stammkapital von 25 Millionen Reichsmark – eine hoffnungsvolle Branche, das leichtfertige Geschäft mit Bildern und Vergeßlichkeit, und es verwundert uns nicht, Hermann Paasche unter den Aktionären zu finden.

Tätig blieb freilich auch sein Sohn, dessen Aufruf, die Kriegswirtschaft nicht durch Spenden zu unterstützen, im Januar in der im Schweizer Exil verlegten pazifistischen Zeitschrift »Die Friedens-Warte« erschien.[14] Vermutlich wurde Alfred Hermann Fried, dem Herausgeber, eine von Paasches Karten aus Deutschland zugespielt oder gar von ihm selbst gesandt. Denn Paasche handelte zweifellos oft leichtsinnig. Magnus Schwantje bemerkte dazu mißbilligend: »Man konnte ihm in jener Zeit nicht den Vorwurf ersparen, daß er manchmal nicht genügend die Folgen seiner pazifistischen Agitation bedachte und sich durch seine lebhafte Empörung über die Kriegsgreuel und über das Treiben der Nationalisten zu Handlungen, die ihn in schwere Gefahr brachten, ... hinreißen ließ ...; er vermochte oftmals nicht, seine Gedanken von bitteren Erlebnissen abzulenken und sich in das Unabänderliche zu fügen.«[15]

Dazu ist er tatsächlich unfähig. Es soll keinen Widerspruch geben zwischen seinen qualvoll erlangten Ansichten und seinen Handlungen. Der Mut sogenannter kleiner Leute bestärkt ihn: »Ein Bauer hat meine Mutter auf dem Bahnhof angesprochen und gesagt: 'Ihr Mann ist doch im Reichstag; die Abgeordneten sollten mal in die Schützengräben gesteckt werden, dann wäre der Krieg gleich zu Ende.'«[16] Soll er, dem es gegeben ist, sich öffentlich zu bekennen, da vernünftig sein, »sich in das Unabänderliche fügen«?

Inzwischen gibt es neue Bewohner auf Waldfrieden: Magnus Schwantje bleibt von Januar bis Ende März, der aus Bosnien stammende Gelehrte Isaak Altaraz bereitet sich hier seit dem Mai monatelang auf ein Examen vor, und die Kriegsgefangenen Armand Chouffet, Pierre Marion und Edouard Bouillon sind den Paasches bereits im Jahr zuvor als Zwangsarbeiter zugeteilt worden. Im Gegensatz zu benachbarten Gutsherren finden diese allerdings keine Freude daran, die Gefangenen auszunutzen. Die Behörden erhalten Anzeigen: auf Waldfrieden würden die Franzosen zu menschlich behandelt, ein Gefangener sei beim Schlittschuhlaufen auf dem See gesehen worden. Im Juli dann die schlimmste: Am Nationalfeiertag des Erbfeindes hätten die Paasches und Altaraz mit den Kriegsgefangenen Schokolade getrunken und gefeiert, während über dem Gutshaus die Trikolore wehte und ein Grammophon die Marseillaise spielte. Eine ungeheure Herausforderung. Hans Paasche weiß das, sucht wahrscheinlich den offenen Konflikt, irgendeine Reaktion der Mächte, die er nun schon so lange bekämpft. Es geschieht nichts, einmal nur kommt ein Offizier aus Schneidemühl und belehrt ihn über den Umgang mit Kriegsgefangenen. Später gerät das alles auf den Schreibtisch eines Untersuchungsrichters. Da finden sich dann noch weitere Anzeigen: Paasche habe keine Butter abgeliefert, Eier zu höheren als den festgelegten Preisen aufgekauft und die »Petition an den Reichstag«[17] des Pazifisten Ludwig Quidde verteilt, als er an Landarbeiter Kartoffeln verschenkte. Mindestens zwei Anzeigen stammen aus Springwerder – sicherlich das Werk der gemütskranken Frau Geheimrat Paasche, die ihr Gut jetzt »Weltfrieden« und schließlich auch »Waldfrieden« nennt, um sich wenigstens einen Teil der an ihren Sohn gerichteten Briefe zu verschaffen.

Hans Paasches Stimmungen schwanken zwischen Empörung und Verzweiflung. Bisher immer voller Achtung und Mitgefühl für jene, denen die Last des Krieges aufgebürdet wird, richtet sein Widerwillen sich im Frühjahr auch gegen sie: »So unendlich gering ist das Mitleid der Menschen! ... Alle Deutschen warten nur auf die Erlaubnis, eine neue Lüge glauben zu dürfen ... Die Erbitterung der ganzen Welt verdienen wir uns; nie wieder wird sich ein Deutscher in der Welt blicken lassen dürfen. Der Auswurf der Menschheit werden wir sein ... Der Mond ist hell aufgegangen, fast um Mitternacht. Aber die Welt ist so schlecht, so durchaus gemein! Ich kann es kaum fassen, daß meine Kinder so lebensfroh aussehen. Hätte ich sie nicht, ich würde jetzt Schluß machen. In einem Volke, das solche Gemeinheiten verantwortet wie das deutsche Volk, kann man nicht weiter wirken!«[18] Vergangen ist zudem seine und Lukangas Zuversicht in die Freideutsche Jugend, in die Jugendbewegung überhaupt. »Es ist zum Speien! Wenn deutsche Jugend erwacht, wird sie hakenkreuzlerisch, alldeutsch, antisemitisch!«[19] »Über den Begriff 'freideutsch' brauchen wir uns wohl nicht mehr unterhalten, seitdem er treffender durch das Wort 'feldgrau' ersetzt wurde ... Wenn ich ... der freideutschen Jugend Eindruck machen wollte, würde ich besser tun, einen Rock mit Sternen anzuziehen und ihr zuzutrinken ... Gut bürgerliche, du frei von deutscher Art, durch große Zeit gnädigst in Ranglisten aufgenommene Jugend, überlaß den Kampf für deutsche Zukunft denen, die ihn doch kämpfen müssen, denen kein Opfer erspart bleibt: den Arbeitern.«[20]

Dergleichen stammt aus Briefen. Öffentliche Bekundungen Paasches sind weitaus gemäßigter – etwas anderes würde auch nur der Zensur anheimfallen. Lediglich im Oktober gelingt ihm noch ein Streich in Carl Streckers »Die Abstinenz«, deren Mitherausgeber er ist. In schönem Gegensatz zur großen, fettgedruckten Aufforderung »Zeichnet die 7. Kriegsanleihe! Dies ist patriotische Pflicht!« folgt da sein Beitrag »Schweigen ist mir Pflicht«: »Eifrige Reformer fragen, weshalb ich nicht mehr schreibe ... Ich will erklären, weshalb ich nicht hervortrete: Weil in den wichtigsten Fragen das Letzte jetzt nicht gesagt werden darf und ich eine Schuld auf mich zu laden glaube, wenn ich etwas sage, wovon gute Leser annehmen, daß ich es für das Wichtigste und Letzte halte.«[21] Das ist deutlich genug. Zum Schluß vergleicht er die Abstinenzbewegung mit einem Schifflein in einer Schüssel, die irgendwohin getragen werde. Niemand sei bisher auf die Idee gekommen, die Schüssel selbst in die Hände zu nehmen, statt nur den Kurs des Schiffleins festzulegen – »darin unterscheiden sich eben die Deutschen von allen anderen Völkern.« Zuvor, im August, veröffentlichte er überdies im Berliner Tageblatt eine Betrachtung, die Völkerverständigung, Reformgedanken und Anprangerung der Kolonialpolitik miteinander verbinden sollte: »Aufzeichnungen auf einer Hochzeitsreise. Vom sterbenden Afrika«.[22] Anderthalb Spalten Nachdenklichkeit und humanistische Bestrebungen neben Berichten der Heeresleitungen von der elften Schlacht am Isonzo, von grauenvollen Kämpfen um irgendwelche Hügel, Artilleriestellungen, Schützengräben.

In Waldfrieden weicht ein harter, schneereicher Winter dem Frühling. Paasche schreibt einem Marinearzt: »Das Erwachen wird für viele schrecklich sein. Aber es gibt kein Entrinnen mehr: wegen mangelnder Einsicht und Tatkraft des deutschen Volkes. Daß der 'Vortrupp' Regierungsblatt wurde, wird Sie überrascht haben. Popert ist natürlich der Meinung, auch für den Frieden damit das Beste zu tun. Unseliges Geschick, so zur

Durchhalterei beizutragen ... Hier ist's jetzt herrlich ... An Anregung fehlt es nicht. 6 000 Bände umgeben mich, viele afrikanische Erinnerungen und eine reinigende, lebende Natur, von der wir, Frau und Kinder, ein untrennbares Stück sind. Aber auch die Gemeinheit der Menschen ist hier und umlauert uns. Daß die Sonne eine solche Welt erträgt! Lange genug hat sie sich's auch diesmal überlegt, ob sie unseren Teil des Planeten nochmal wärmen soll. Auch sie verlangt, ... daß erst die Schuldigen gestraft werden.«[23]

Neben den Briefen gibt es ein weiteres Zeugnis aus dieser Zeit: das Tagebuch des Kriegsgefangenen Armand Chouffet.[24] Helga Paasche und der Bremer Verleger Helmut Donat, hervorragende Kenner von Paasches Texten und Stil, vermuten, die Aufzeichnungen würden von Hans Paasches Hand stammen, er habe damit – wie im »Lukanga« – aus fremder Sicht auf damalige Vorgänge geblickt. Das ist aber unmöglich: zum Beispiel fuhr Paasche am 17. Oktober von Waldfrieden nach Lankwitz und wurde dann dort verhaftet – der Text beschreibt jedoch ein Ereignis, das danach stattfand. Die Schilderung belastet überdies in ganz unnötiger Weise Altaraz oder Ellen Paasches Schwester. Auch fehlen ihr wesentliche Stilmerkmale, und wenngleich Paasche gut französisch sprach, ist doch nicht wahrscheinlich, daß er Begriffe aus dem Argot benutzte. Statt dessen spricht das Tagebuch für eine tiefe Vertrautheit von Armand Chouffet und Hans Paasche. Die beiden müssen lange und anspruchsvolle Gespräche geführt haben, denn es gibt da Gedanken und Wendungen, die beiden gemeinsam sind. Sie lasen zum Teil dieselbe Literatur; Chouffet, der ausgezeichnet deutsch sprach, durfte die Bibliothek benutzen, bekam Zeitungen und Zeitschriften. Er war ja nicht Untergebener, sondern Freund und Mitverschworener des Hausherrn, selbst bereit, sich großer Gefahr auszusetzen. Einmal, als ein Brief zur Feststellung des Absenders von Berlin nach Hochzeit zurückgesandt wurde und man auf dem Hochzeiter Postamt seine Handschrift erkannte, glaubte Chouffet schon, sie seien entdeckt: »Wird eine Untersuchung stattfinden? In diesem Falle wäre ich in eine Hochverratssache verwickelt! Das kann schlimme Folgen haben!«[25] Was er darüber hinaus berichtete, ehrt den Namen »Waldfrieden« schon deshalb, weil es sicher wenige Orte in Deutschland gab, an denen Kriegsgefangene so unbeschwert leben konnten.

Worin bestand nun der Hochverrat, dessen Aufdeckung

Chouffet fürchtete? Im April 1917 begann Hans Paasche, Flugblätter zu versenden. Eines der ersten, vielleicht das erste, enthielt ein französisches Soldatenlied, das zur Auflösung nationaler Gegensätze und der Armeen aufforderte. Dabei stand der ironische Kommentar: »Diese Verse werden von französischen Soldaten gesungen. Wenn die Sänger auch von ihren Vorgesetzten schwer bestraft werden, so kann man doch sehen, welche ungeheure Gefahr wir abwehren, indem wir die Franzosen *zerschmettern* ... Wenn die Wünsche unserer Feinde verwirklicht würden ..., gäbe [es] nie mehr das Erlebnis dieser großen Zeit. Alle Schönheit wäre aus der Welt, und wir könnten uns dann einfach den Quäkern, Pazifisten und ähnlichen weichlich-weibischen Weltverbesserern ausliefern. Die Gefahr aber besteht bei unserer Art nicht. Wir stützen uns mit Gott auf unser scharfes Schwert.«[26] Es folgten Flugblätter mit gegen den Krieg gerichteten, von Paasche gereimten Gedichten und Liedern. So etwas war nicht mehr für Offiziere und Intellektuelle, sondern zur Verbreitung unter Matrosen und Soldaten bestimmt. Eine andere Gruppe, die erreicht werden sollte, bildeten Arbeiter und insbesondere Munitionsarbeiterinnen. Sie wurden in Paasches »Schreibübung zur Herbeiführung des Friedens« zum Generalstreik am 15. Oktober aufgerufen. Das Blatt wies darauf hin, daß die Hohenzollern noch immer von goldenem Tafelgeschirr aßen, das Volk aber Trauringe und Schmuck abliefern sollte, daß zumindest eine deutsche Mutter – die Kaiserin – noch keinen ihrer sechs Söhne opfern mußte, daß im kaiserlichen Marstall die Pferde besten Hafer fraßen, während Säuglinge an Unterernährung starben. »Militärisch steht es hoffnungslos. An einen Sieg, wie ihn die Generäle brauchen, um die *Siegestrinkgelder* einzustreichen, die sie erwarten, ist nicht zu denken. (Moltke nahm 1870 neunhunderttausend M!) Deshalb wollen sie wenigstens die Hochkonjunktur des Krieges noch lange genießen. Nur das klassenbewußte Proletariat kann den Krieg beenden ... So ehrt ihr die Helden dieser Zeit: Liebknecht und Friedrich Adler.«[27]

Paasche, Max Koch und Chouffet vervielfältigten die Texte mühselig mit der Schreibmaschine, schrieben im Wechsel die Adressen – bisweilen half auch ein Dienstmädchen – und ahnten nicht, wie erfolgreich sie damit waren. Exemplare der »Schreibübung« zum Beispiel sind sowohl in einem Militärlazarett in Warschau als auch in einer Leipziger Fabrik beschlagnahmt worden. Selbst der Reichstag hörte davon, als Kriegsminister von Stein Abgeordneten das Flugblatt als angeblichen Beweis für die Tätigkeit feindlicher Agenten vorlegte.[28] Versandt wurden die Blätter durch Paasche oder Koch von Berlin her, aber es geschah auch – wie in jenem Fall, den Chouffet erwähnte –, daß man Briefkästen in Hochzeit, im nahen Woldenberg oder in Kreuz benutzte. Paasche bemühte sich weiterhin, Spuren zu verwischen, indem er Briefumschläge der »Zeit« oder des Scherl-Verlages verwendete, die er sich mit der Begründung verschaffte, sehr viele Leserzuschriften beantworten zu müssen.

»Ich sah die Photographie eines Massengrabes...«, »Ist in Deutschland eine Revolution möglich?«, ein fingierter »Brief des Generals Keim« und »Sah schon jemand einen General, der nur ein Bein hat?« – das sind weitere Titel der in Waldfrieden entstandenen Flugblätter. Die Arbeit der Gruppe wurde wirkungsvoller, nachdem Hans Paasche Verbindungen zur Schweiz aufnahm. Dort verfügten Mitglieder der Friedensbewegung im Exil, die Anarchistische Internationale, die Organisation in der Schweiz internierter ehemaliger Kriegsgefangener und andere Kreise über gedrucktes Material, das bald seinen Weg nach Waldfrieden nahm. Paasches Mittelsmänner dabei waren der Schlosser und Anarchist – jedenfalls nannte die deutsche Abwehr ihn so – Reiner Trindler sowie der Handelsattaché Leo Wulfsohn. Trindler benutzte vorwiegend das Postamt Lindau, um Sendungen in Schweizer Postsäcken einzuschmuggeln, Wulfsohn dagegen Kuriere. Irgendwann im Spätsommer 1917 gelang es jedoch der Abteilung IIIb (Abwehr) des Stellvertretenden Generalstabes, in dieses Kuriersystem eine Agentin einzugliedern. Damit waren die Tage der Widerstandsgruppe in Waldfrieden gezählt, als sie gerade ihre größte Wirksamkeit erreichte. Neben Flugblättern mit den Titeln »Volk, nimm dir selbst den Frieden!«, »Kameraden von der Front, Genossen in Uniform!« oder »Nieder die Waffen!« verbreitete Hans Paasche damals auch anspruchsvolle Schriften wie »Die Sozialdemokratie und der Krieg«, die entlarvende »Londoner Mission« des Fürsten Lichnowsky, ehemals deutscher Botschafter in Großbritannien, das »Rote Buch« der Züricher Gruppe der Anarchistischen Internationale, Leonhard Franks erschütternde Novelle »Der Vater« und andere mehr.[29]

Neben solcher – für sich genommen schon erschöpfenden –

Tätigkeit ging Paasche »zu den Armen, beschenkte sie und half ungewandten Menschen, Briefe schreiben, ihre gefallenen und vermißten Söhne suchen.«[30] Er jagte, ließ Fleisch, Obst und Gemüse an bedürftige Stadtbewohner versenden, gab sich mit großer Begeisterung der nunmehr von ihm entdeckten Humusdüngung hin, las dann jedoch das Buch »Viehlose Landwirtschaft« – die von Hermann Paasche hinterlassenen dreißig Rinder und vierzig Schweine gab es ja längst nicht mehr –, füllte Torf in die Senkgruben und brachte das entstandene Gemisch selbst aus, weil die Gutsangestellten sich weigerten, das zu tun. Zudem beantwortete er jede Leserzuschrift auf sein Buch »Fremdenlegionär Kirsch«, stellte siebenhundert Seiten der »Hochzeitsreise nach den Quellen des Nils« fertig und ordnete die zugehörigen Fotografien, studierte im Zusammenhang mit dieser Arbeit bändeweise Bücher über Afrika. Er las nebenher die fünfzig Zeitungen und Zeitschriften, die er ständig bezog oder von seinen Schwiegereltern zugesandt bekam, exzerpierte fortwährend aus philosophischen, völkerkundlichen und geschichtlichen Werken, kaufte zur Vervollständigung seiner bereits sechstausend Bände umfassenden Bibliothek dreihundert Bände aus dem 18. Jahrhundert an und sah sie durch, las Tolstoi, Dostojewski, Schopenhauer, Hölderlin, Kleist, Börne, Herwegh, Molière, Shelley, Suttner und Mehring, Nietzsche und Kant sowie die griechischen Fassungen des Neuen Testaments, der »Ilias« und der »Odyssee«. Überdies versandte Paasche – jeweils ein- bis zweihundert – eigene oder von anderen übernommene Lebensreformflugschriften, insgesamt zwei Dutzend Titel, nebst den zuvor erwähnten Postkarten. Aber natürlich beschränkte ein Fürsprecher frischer Luft wie er sich nicht auf Studien und Briefsendungen, sondern erschien im Karbidwerk, in der Sägemühle und in der Flößerei von Hochzeit, verteilte Handzettel und Flugblätter, klebte Plakate der Reformbewegung, ging an keinem Hausbriefkasten in Hochzeit, Wiesental oder Selchowhammer vorbei, ohne dergleichen einzuwerfen.

Dieses hektische Gebaren, Ausdruck tiefer Enttäuschung und Verstörtheit – Hans Paasche sieht den Lauf der Dinge und die Vergeblichkeit seines Handelns – bleibt nicht folgenlos. »Wenn ich daran denke, verwirren sich meine Gedanken, und ich sehe nur ein großes Chaos: Insekten sammeln, große Düngerhaufen anlegen, Obstbäume mit viel Sorgfalt pflanzen, dazwischen Kapitel aus dem neuen Buche (Hochzeitsreise nach den Quellen des Nils) schreiben, nächtelang auf Jagd gehen, Fleisch versenden, Debattenschrift lernend und vieles mehr, und alles ohne Zeiteinteilung und völlig wirr und planlos«[31], erinnert Ellen Paasche sich jener Monate und beklagt, ihr Mann sei – was er zuvor nie war – oft grob zu ihr, den Kindern und den Hausangestellten gewesen. Hinzu kommt, daß Paasche Zeichen einer Annäherung zwischen seiner Frau und Isaak Altaraz zu bemerken glaubt, den er andererseits »einen lieben und edlen Menschen« nennt. Völlig erschüttert wird sein ohnehin gefährdeter Gemützustand jedoch von einem Schlag, den ihm die Gegenspieler auf Springwerder versetzen.

Unmittelbar an dem Abhang, auf dem das Gutshaus sich erhebt, liegen die Felder und Wiesen des Bauern Eduard Geisler. Stets war es beschlossene Sache, daß Geisler seinen Landbesitz an Paasche verkaufen würde, sofern er die Wirtschaft eines Tages aufgeben sollte. Das geschieht jetzt, aber da erscheint Hermann Paasche mit einem günstigen Angebot, täuscht auch vor, das Land für seinen Sohn zu kaufen, und erwirbt Geislers Grundstück. Hans Paasche ist maßlos empört, zumal er erfährt, der Kauf sei Bestandteil eines Planes, ihn aus Waldfrieden zu verdrängen: Lisi Kritzler, seine Schwester, wird Geislers Land bekommen, ihr Sohn Hans-Jürgen erhält den Familiennamen Kritzler-Paasche, und Hermann Paasche hofft, das zu seinen Gunsten eingetragene Vorkaufsrecht für Waldfrieden irgendwann nutzen zu können. Ein rachsüchtiges Vorhaben, das ihm den nach seiner Ansicht verlorenen Sohn ersetzen soll und ihn zum Oberhaupt einer in Waldfrieden und Springwerder vereinten Familie Paasche erheben würde. Zumindest schadet er seinem Sohn mit der Erwerbung sehr; es gab nie Zweifel daran, daß Waldfrieden erst dann wirtschaftlich geführt werden könne, wenn Geislers Besitz hinzukäme.

Da folgen furchtbare Auseinandersetzungen, in deren Verlauf sich der lange gewachsene Haß enttäuschter Eltern entlädt. Elise Paasche beschimpft ihre Schwiegertochter als Jüdin und Anarchistin, behauptet, Wittings hätten die Familie planvoll entzweit, und Hermann Paasche schreit seinen Sohn an: »Gar nichts sollst du haben, ich will es für mich, ich lebe länger als du!« Weshalb nur hofft Hans, diese Menschen noch umstimmen zu können? Nun, bisweilen war ihm das gelungen, zum Beispiel dann als er sowohl seine Eltern als auch die Familie Kritzler zum Vegetariertum bekehrte. Diesmal jedoch geht es um Besitz. Paasches von der Untergrundtätigkeit angespannte Nerven, seine Niedergeschlagenheit angesichts des fortdauernden Krieges und des behäbigen Daseins der Nutznießer lassen ihm die Affäre derart bedeutsam erscheinen, daß sie Macht über ihn gewinnt: »Ich konnte nirgends Beruhigung finden. Wenn ich nach Hause kam, sah ich meine Frau krank liegen, und sie hatte, weil sie mit sich zu tun hatte, kein Verständnis für meine Sorgen. Sie verstand nicht, was mir so nahe ging. Ich geriet in solche Verzweiflung, daß ich schlaflos in den Nächten stöhnte und stundenlang schrieb und las. Ich holte mir oft von unten neue Bücher und türmte die um mich herum, fand aber keine Ablenkung, keinen Schlaf ... Die Sorge um meine wirtschaftliche Lage vergrößerte sich ... ins Übertriebene. Ich glaubte, meinen Wohnsitz bald verlassen zu müssen und sah immer die Freude und Genugtuung meiner Eltern und meiner Schwester an dem, was sie sich da auf Kosten meiner Zukunft ‹schaffen› wollten. Weshalb konnte mein Vater nicht für meine Schwester irgendwo ein Gut anlegen; weshalb mußte es gerade in meinem Gutsbezirk sein! ... Wie er in der Politik annexionistisch denkt, so treibt er es auch da, wo er wohnt.«[32]

Otto Buchingers »Paasche-Buch« enthält – dort irrtümlich mit dem Jahr 1919 datierte – Fotografien, die im Sommer 1917 entstanden. Eine zeigt Hans Paasche sitzend im Kreis seiner Familie, Nils auf dem Schoß, daneben Jochen, der sein Spielzeug an sich preßt, im Hintergrund das Kindermädchen mit Helga auf dem Arm und rechts, ein wenig abseits, Ellen. Vor der Gruppe ist weiteres Spielzeug verteilt, darunter Schnitzwerk aus Afrika: eine Giraffe, ein Flußpferd. Paasche sieht erschreckend aus. Das gesamte Bild vermittelt eine angespannte, beklemmende Stimmung. Wer nachforscht, hört von seltsamen Begebenheiten:»Ich irrte auch nachts umher und war ohne Wissen meiner Eltern nachts in ihrem Hause ... Ich lag auf dem Sofa im Arbeitszimmer meines Vaters; über meine Gedanken als Kind dieser Eltern brauche ich ... nichts zu sagen ... Die Erinnerungen sind am stärksten, wenn man mit denen, die einem Unrecht tun, Mitleid hat.«[33] Ein Heldenleben im Widerstand, erfüllt und von großen Gedanken beflügelt? Bisweilen wird uns dergleichen so vorgestellt. »Eingesperrt in dieser Welt« – derart beschreibt Hans Paasche seinem Sohn Jochen unser Dasein; er schließt da das eigene nicht aus.

Während die Militärbehörden nur deshalb nicht zuschlagen,

weil sie Kenntnis von allen Verbindungen Paasches erlangen wollen, glaubt er sich unentdeckt und bietet Maximilian Harden seinen Keller als sicheren Ort an, um verbotene Schriften und Bücher zu verbergen. Nie findet er an den in Waldfrieden ankommenden Postsendungen Hinweise darauf, daß sie geöffnet wurden. Er dankt Trindler in Zürich für schmackhafte Tafeläpfel vom Bodensee, die auch Ellen Paasche besonders munden würden, verwendet dafür eine Postkarte mit aufgeklebter Anschrift. Das gestatten die Postbestimmungen nicht, die Karte kommt zurück und wird von der Abwehr – wie vieles andere – fotokopiert. Die Herren im Dunkel sehen noch zu, wie Paasche den angeblichen »Brief des Generals Keim« zum Druck in die Schweiz schickt, aber dann haben sie genügend belastendes Material beisammen. Am 30. September 1917 fordert das Oberkommando in den Marken das Berliner Polizeipräsidium auf, »mit möglichster Beschleunigung bei dem Kapitänleutnant a.D. Paasche, Gut Waldfrieden, ... durch Beamte der Abteilung VII Haussuchung halten zu lassen und über das Ergebnis umgehend ... zu berichten.«[34]

Am ersten Oktobermorgen, noch vor Sonnenaufgang, erscheinen zwei Kriminalbeamte in Waldfrieden und durchsuchen das Gutshaus. Gefunden wird nicht viel. Zum Beispiel sind von den achtzig Flugblättern »Volk, nimm dir selbst den Frieden«, die Paasche nach Kenntnis der Abwehrstelle Süd gerade aus der Schweiz erhielt, nur noch sieben vorhanden. Daneben bilden zwei »auf dem Wege der Vervielfältigung hergestellte Hetzschriften«, Umschläge mit dem Aufdruck »Der Tag« sowie der Entwurf des Flugblattes »Schreibübung zur Herbeiführung des Friedens« und eine Postkarte an Trindler die gesamte Ausbeute. Verhängnisvoll, daß die »Schreibübung« mit der Aufforderung zum Generalstreik am 15. Oktober auf einem Geschäftsbogen der »Deutschen Nyanza-Schiffahrtsgesellschaft« entworfen wurde. Es kann kaum Zweifel darüber geben, wer der Verfasser ist.

»Man kann doch nicht
untätig bleiben«

Spätherbst 1917. Im Untersuchungsgefängnis der zur Provinz Posen gehörenden Stadt Schneidemühl versucht der Landgerichtsrat Escher, einen etwas verworrenen Vorgang zu überblicken. Escher ist vom Reichsgericht beauftragt worden, die Ermittlungen gegen den Kapitänleutnant a.D. Paasche vorzunehmen, dem man Aufforderung zum Hochverrat und versuchten Landesverrat vorwirft. Wahrhaftig keine geringe Anschuldigung. Eigentlich müßte das zuständige Kriegsgericht in Bromberg die Untersuchungen führen. Und statt Paasche sogleich nach der Haussuchung zu verhaften, gab man ihm wochenlang Zeit, seine Spuren zu verwischen und anschließend in das Sanatorium Juliusburger in Lankwitz bei Berlin zu reisen. Dort ist er dann erst am 20. Oktober festgenommen und fünf Tage später in Schneidemühl eingeliefert worden. Der Landgerichtsrat weiß die gewundenen Erklärungen, mit denen das Reichsgericht und das Bromberger Gericht des Ausnahmezustandes ihm den Fall übergeben, wohl zu deuten: Militärbehörden und Justiz haben sich geeinigt. Am Ende des Verfahrens gegen den Sohn des Reichstagsvizepräsidenten und Schwiegersohn des Aufsichtsratsvorsitzenden der Nationalbank für Deutschland soll kein Todesurteil stehen. Und im Grunde genommen kann jemand, der sich derart gegen die Interessen seines Standes vergeht, nur verrückt sein.

Es spricht vieles dafür, daß Paasches Verfolger solcher Ansicht waren. Ganz ähnlich handhaben sie bald darauf den Fall Hans-Georg von Beerfeldes, Hauptmann im Generalstab, der eine zunächst nur vertraulich umgehende Schrift verbreitete: »Meine Londoner Mission 1912-1914«, verfaßt von dem Diplomaten Fürst Karl Max Lichnowsky. Darin wies der Autor nach, das Auswärtige Amt habe durchaus nicht alles getan, den Krieg zu verhindern. Beerfelde ließ ein von Richard Witting erhaltenes Exemplar vervielfältigen und dann auch im Ausland veröffentlichen. Als er überdies den Streik Berliner Munitionsarbeiter im Januar 1918 unterstützte, wurde er verhaftet, aber nicht von einem Militärgericht verurteilt und unter anderem bezichtigt, geisteskrank zu sein. Vertrauen konnte auf solchen Lauf der Dinge freilich niemand: Im September 1917 wurden die Marineangehörigen Albin Köbis und Max Reichpietsch erschossen, weil sie Sprecher einer Matrosenrevolte gegen Hunger und rücksichtslose Behandlung waren; ihre Mitstreiter erhielten harte Zuchthausstrafen.

Hans Paasche kann nicht ahnen, was da vorgeht. Aber ein wenig wirkt er mit an der Legende, er sei zur Zeit seiner Widerstandstätigkeit krankhaft verwirrt gewesen: Noch am Tag der Haussuchung ging er in den nahen Forst des Grafen Werner von der Schulenburg, schoß dort einen Hirsch und versuchte ihn tags darauf – längst vom Förster erwartet – unter auffälligen Umständen beiseitezuschaffen. Wir dürfen wohl vermuten, daß Paasche nach der Haussuchung seinen Schwiegervater anrief und mit ihm künftige Schritte beriet. Der Ratschlag, eine völlig irrwitzige Wilddieberei zu begehen, sich dabei ertappen zu lassen und dann ein Sanatorium aufzusuchen, könnte von dem Rechtsanwalt Wolfgang Heine stammen, einem bekannten rechten Sozialdemokraten, den Richard Witting mit Paasches Verteidigung betraute. Es gibt übrigens eine vielsagende und mutige Entgegnung des Gefangenen selbst auf die Frage, ob er damals dem Wahnsinn nahe gewesen sei: »Ich würde das für ehrenvoller halten, als in dieser Zeit gleichgültig dagesessen zu haben.«[1] Er tritt seinen Anklägern würdig, aber natürlich nicht offen entgegen. Bleibt der Vorwurf von Hoch- und Landesverrat bestehen, droht ihm die Todesstrafe. Da sind seine Frau, drei Kinder, und Ellen Paasche ist wiederum schwanger; es gilt, auch Chouffet, Kirsch und andere zu schützen.

Die Unterlagen jener bis in das Jahr 1918 hinein geführten Untersuchung füllen zwölf Bände mit mehr als zweieinhalbtausend Abheftungen, teils solche mit beschriebenen Rückseiten. Drei Viertel der Akten der Oberreichsanwaltschaft sind während des Zweiten Weltkrieges verbrannt – Paasches Unterlagen haben das und die Auslagerung nach Moskau von 1945 bis 1959 überdauert. Einen Leser fand das Material – würde man es an den Schmalseiten aneinanderreihen, ergäbe das eine Papierbahn von achthundert Metern Länge – erst am Ende der achtziger Jahre wieder, als Helga Paasche es las. Achthundert Meter Zeugnis von Größe und Verzagtheit, von Aufopferung und Mißgunst, Zuneigung und Haß.

So tönt ein Zeuge: »Ich habe das Gefühl, daß der Körper des Angeschuldigten den gegenwärtigen seelischen Erschütterungen, die der Krieg nun einmal mit sich bringt, nicht gewachsen ist. Von Natur ist er meines Erachtens ein guter, harmloser Mensch, politisch ist er ein unbeschriebenes Blatt. Nur durch seine Frau, diese Jüdin und Nichte des Maximilian Harden, ist er in die pazifistische Richtung gedrängt worden ... Hätte er eine echte deutsche Frau anstelle dieses jüdischen Weibes bekommen, wäre er von diesem Unglück bewahrt geblieben.«[2] Erstaunlich, wievielen der Befragten Paasche zuvor harmlos erschien: »Ich wundere mich übrigens sehr, daß dieser so sanft dreinblickende, sogar etwas schüchterne junge Mann ... ein Landesverräter sein soll. Wenn er wirklich gegen den Krieg gearbeitet haben sollte, so kann das meiner Ansicht nach nur so aufgefaßt werden, daß er das 'Menschenmorden' nicht mehr ertragen kann, wie er zum Beispiel den 'Vogelmord' ... nicht ertragen konnte und heftig bekämpfte.«[3] Bedenklicher schon sind dagegen die Aussagen hoher Marineoffiziere. Vizeadmiral Koch nennt den Beschuldigten einen vielseitig gebildeten und begabten Menschen, »der aber die für einen Offizier unerläßlichen militärischen Eigenschaften völlig vermissen ließ.«[4] Admiral von Holtzendorff spricht wohlwollender von überspannten Ansichten, die Paasche zuweilen zu Vergehen gegen Disziplin und Offizierspflichten bewogen hätten, und Konteradmiral Lübbert ist noch immer darüber empört, daß Paasche sich in Wilhelmshaven weigerte, am Standgericht gegen einen Matrosen teilzunehmen. Es gibt da seltsame Zwischentöne – wahrscheinlich ist den Admiralen doch nicht verborgen geblieben, was wir aus Heinz Kraschutzkis Erinnerungen wissen: Paasches bereits in der Marine aufgenommene Untergrundtätigkeit. Es wäre schließlich ihre Pflicht gewesen, dergleichen genau zu untersuchen, statt den unbotmäßigen Offizier kurzerhand zu entlassen. Nun kommt auch ihnen die Fabel gelegen, die Holtzendorff am eindeutigsten formuliert, indem er die geistige Zurechnungsfähigkeit des Beschuldigten in Frage stellt.[5]

Andere kennen ihn besser, aus gemeinsamer Arbeit. Karl Hinckeldeyn sagt aus, daß Paasche alles, was er »einmal als richtig und gut erkannt hatte, ohne Rücksicht auf die Folgen durchzusetzen sich bemühte.«[6] Hermann Popert bekundet Größe – das endgültige Zerwürfnis mit Paasche wird erst folgen: »Seine hervorstechendste Eigenschaft war seine unbedingte

Wahrheitsliebe. Was er einmal für recht und wahr erkannt hatte, vertrat er mit allem Nachdruck.«[7]

Für Landrichter Eschers Aufgabe ist so etwas belanglos. Er kommt nicht recht voran, obgleich bei der neuerlichen Haussuchung im November abermals ein Flugblatt gefunden wird – versteckt in einem Band der Klassikerausgaben, auf die Hans Paasche beim ersten Besuch der Kriminalbeamten wies und dabei ausrief: »Das hier müssen Sie mitnehmen. Da stehen die gefährlichsten Dinge drin!« In Armand Chouffets Zimmer – er wohnt wie die übrigen Kriegsgefangenen im Gutshaus – fallen den Beamten noch mehrere Flugblätter sowie zwei Exemplare des Rotbuches der Anarchistischen Internationale in die Hände. Chouffet hatte sie zuvor aus Paasches Bibliothek entfernt, in der er sich natürlich sehr gut auskennt. Die Franzosen werden daraufhin in das Gefangenenlager Schneidemühl gebracht, aber Chouffet flieht einige Zeit später und kann nicht gefaßt werden. Da der Mann sehr gut deutsch spricht und durch die Zusammenarbeit mit Paasche einige Adressen von Pazifisten kennen dürfte, gibt Escher bald die Hoffnung auf, ihn weiterhin verhören zu können. Da bedauert der Landrichter in einer seiner seltenen Gefühlsregungen, daß nicht wenigstens Chouffet erschossen wird. Das geschieht im Beisein Paasches und gibt Anlaß zu einem überaus heftigen Wortwechsel. Auch der Zeuge Max Koch hilft Escher nicht weiter. Er behauptet, er habe lediglich am Manuskript der »Hochzeitsreise nach den Quellen des Nils« oder nach Diktat gearbeitet, könne sich jedoch nicht erinnern, was da diktiert wurde. Koch gibt zu, zahlreiche Postsendungen nach Berlin mitgenommen zu haben, um Porto zu sparen; der Inhalt sei ihm aber unbekannt gewesen. Und Paasche wiederum leugnet keineswegs, daß er Schriften und Blätter aus der Schweiz erhielt. Er habe allerdings das meiste davon verbrannt und nur einiges an Freunde geschickt, um ihnen gegensätzliche Ansichten bekanntzugeben. Eindeutig auf seiner Schreibmaschine hergestelltes Beweismaterial erklärt er teilweise so, daß es sich um Abschriften handele, die er anfertigte, bevor er die Originale vernichtete. Sowohl Chouffet als auch Koch hätten stets nur Adressen geschrieben, ohne zu wissen, was die Sendungen enthielten.

Paasche gesteht freilich auch ein, Verfasser mehrerer Flugblätter zu sein – es soll keine Kluft geben zwischen dem Anspruch, mit dem er seinen Anklägern begegnet, und seinem Auftreten: »Wie das Blatt 'Ist in Deutschland eine Revolution möglich?' zeigt, kam ich schon auf den Standpunkt, den Untergang des deutschen Volkes mit Gelassenheit anzusehen und mich ... über den Fortgang des Krieges, von dem jeder Tag ein Nagel zum Sarge Deutschlands ist, zu freuen. Ich bestellte mir eine Karte mit den Flaggen der Mittelmächte und dem Aufdruck: 'Herzliche Grüße zu den neuerdings versenkten ... Tonnen'. Diese boshafte Aufschrift wird vom Publikum durchaus als vaterländisch empfunden. Ich wollte mich zwingen, mich über diese verderblichen Dinge nicht aufzuregen. Wer außerdem, wie ich, Schilderungen vom Kriege in den 'Weißen Blättern' gelesen hat, wird mich noch besser verstehen. So etwas macht schlaflose Nächte, oder man hat nicht das Recht, sich Mensch zu nennen. So sind denn meine Niederschriften zu verstehen als die Rückwirkung dieser ganzen qualvollen inneren Erlebnisse ... Man kann doch nicht untätig bleiben, während das da weiter tobt und Deutschland zerschlagen wird und andere zerschlägt.«[8] Nein, Hans Paasche ergibt sich seinen Häschern nicht leichtfertig, doch er bekennt sich mutig. Von Escher befragt, was sich hinter den Schriften »Meine Mitschuld am Weltkrieg« und »Wie ich dem Eisernen Kreuz entging« verberge, die er nach der Aussage eines Zeugen schreiben wollte, antwortet er: »Es handelt sich darum, daß ich mir vorzuwerfen habe, meine Kriegserlebnisse in Afrika 1905 unter dem Einfluß der herrschenden Anschauungen nicht so dargestellt zu haben, wie ich sie erlebt hatte und dadurch nicht die Warnung vor dem Kriege ausgesprochen zu haben, die der Sinn meines Erlebnisses war. Ich werfe mir vor, daß ich mit meinem Buche 'Im Morgenlicht', mit meinen Vorträgen und dadurch, daß ich alle bösen Erfahrungen des Krieges verschwieg, meine Mitmenschen belogen habe und dadurch mitschuldig wurde an dem Ausbruch des Weltkrieges. An diese Schuld werde ich oft erinnert, wenn ich an meine Haltung im Aufstand denke. Ich ließ mich damals durch Scharfmacher beeinflussen, härter gegen die Neger zu sein, als es meine Art war. Angehörige der Schutztruppe brachten mir bei, 'nur äußerste Strenge mache Eindruck'. Weil ich nicht den Mut hatte, mich human und unkriegerisch nennen zu lassen, gab ich nach und ließ zu, daß ein 'Hauptträdelsführer' aufgehenkt wurde ... Ich habe dies traurige Erlebnis und alles, was den Krieg verdächtigen könnte, verschwiegen, ebenso wie meine bitteren Erfahrungen, wie Krieg gemacht wird und verhütet werden kann.«[9]

Befragt werden natürlich auch fast alle Angestellten und Anwohner von Waldfrieden sowie Leute aus Hochzeit und der Umgebung. Bisweilen spürt Landrichter Escher dabei etwas auf – so hört er vom Forstangestellten Oswald Krause, der dem Beschuldigten gram ist, weil er ihn nicht mehr zur Jagd anfordert und solcherart vom Kasernendienst befreit – Paasche habe »Flugblätter intriganten Inhalts an die Bevölkerung verteilt«. Eine Gutsbesitzerin beklagt sich, Hans und Ellen Paasche hätten während eines Besuches das Bild des Generalfeldmarschalls Hindenburg in ihrem Wohnzimmer mit der Aufschrift »Schluß, aus. Kleine Zeit!« beschmiert, andere erzählen, die Jauchegrube in Waldfrieden sei von den Paasches nur »die Hindenburg« genannt worden. Dazu vernommen, erklärt Hans Paasche, daß er damit nicht die Person Hindenburgs, sondern »eine Gehirnkrankheit des deutschen Volkes, das auf das eigene Nachdenken verzichtet, wenn es einen großen Namen ausrufen kann«, verächtlich machen wollte. Jemand hält es für erwähnenswert, die Paasches seien – der Zeuge berichtet mit spürbarem Entsetzen – zu Besuchen bei anderen Gutsherren mit Fahrrädern gekommen. Sie wären nur selten standesgemäß gekleidet erschienen und lebten »in sehr glücklicher Ehe in einem Naturzustand, der aller gesellschaftlichen Formen bar ist«.

Zumeist gerät jedoch nur Dorfklatsch in die Akten. Mancher aus Waldfrieden will gehört haben, das Paar bade nackt im See; es gibt phantasievolle Vorstellungen vom Treiben in der im Haus eingebauten Sauna; man hat Paasche barfuß im Schnee laufen oder auf Skiern hinter vorgespannten Pferden gesehen. Ein wenig Tratsch gehört zum Leben dieser hart arbeitenden Menschen, aber darüber hinaus schildern sie den Gutsherrn als liebenswürdigen Mann, der kaum eine Bitte abschlagen kann, mit Saatgut und auf andere Weise aushilft, immer großzügig entlohnt, Fleisch, Fische, Kartoffeln und Obst verschenkt, obgleich er das Obst selbst aufkaufen muß und der bei Dorffesten für sie musiziert. Niemand will die ihm von Paasche zugesteckten Blätter gelesen oder aufbewahrt haben, jeder gibt an, es seien wohl – wie in früheren Zeiten – Flugzettel gegen das Rauchen und den Alkohol gewesen. Daß er die Franzosen zu gut behandelt habe, hätten sie nie bemerkt. Die Gefangenen seien arbeitsame, freundliche Burschen gewesen, die Schokolade aus vom Roten Kreuz erhaltenen Paketen an Kinder verteilten. Landrichter Escher ist enttäuscht. Diese Leute werden unzugänglich, sobald er beweiskräftige Tatsachen erfahren möchte; es gibt da einen Zusammenhalt, den er nicht aufbrechen kann. Unter den zurückhaltendsten jener Aussagen ist übrigens die einer jungen Frau namens Hertha Geisler. Sie wird im Leben Hans Paasches bald eine Rolle spielen, von der beide noch nichts ahnen.

Eschers einzige und eifrigste Zuträgerin heißt Elise Paasche. Sie überschüttet den Landrichter förmlich mit Hinweisen, Briefen, Zeitungsartikeln, die immer wieder eines nachweisen sollen: ihr Sohn sei wahnsinnig und von der Familie Witting für pazifistische Machenschaften benutzt worden. Ihre Zudringlichkeit bewegt Escher schließlich dazu, derartige Anschuldigungen zurückzuweisen, und Elise Paasche reist nach Münster – in eine ihr schon vertraute Nervenklinik.

Zuvor besuchten die Eltern ihren Sohn im Untersuchungsgefängnis. Aber das geschah, um sich von wütender Enttäuschung zu erleichtern – verletzende Gelegenheiten, die mit Hinweisen auf harte Gesetze, auf Enterbung und Verstoßung endeten. Hans Paasche entgegnete darauf in einem Brief an den Vater: »*Eines* kann man doch nur, das Gute tun, weil man es für gut hält oder ... die angedrohte Strafe [fürchten]. Der Hinweis auf das Gesetz und auf die Strafandrohung ist demnach eine schwere Kränkung für jeden Menschen, der das Gesetz in seiner Brust sucht. Wer aber aus Furcht vor Strafe handelt ..., der sollte nicht so tun, als ob er zugleich moralisch handele. Diese meine Grundanschauung mußt Du kennen, wenn Du mich verstehen willst ... Es kann nicht Bedingung sein für Verständigung und Liebe, daß ich auf meine eigene Weltanschauung verzichte, mit der ich meiner Zeit angehöre und ihre Aufgaben zu erfüllen gedenke. Es darf auch nicht angenommen werden, ich mißachte das Vergangene ... Ich will nur *eines*: geistige Freiheit und Menschenwürde. Besitz ist ja nicht unter allen Umständen Vorbedingung dazu und kann, wie bisher Waldfrieden, sogar Hindernis sein ... Ich sehe einen völligen Zusammenbruch Europas kommen, das Ende der bisherigen Volkswirtschaft, den Einzug neuer Gedanken und Lebensreformen, dabei auch Agrarreform und die Enteignung des Landbesitzes.«[10]

Hans Paasches umfangreicher – von Escher sorgfältig abgeschriebener – Briefwechsel während der Haft läßt uns einen weiteren Schritt erkennen, mit dem der Gefangene sich neuen Erkenntnissen nähert. Angaben über seine Lektüre verraten, daß er eine weitere Legende durchschaut, die »Reserveoffiziere auf dem Katheder« ihm vermittelten: immer hätten die Deutschen sich mehr nach Zucht und Ordnung als nach Freiheit und Würde gesehnt, nie habe dieses Volk einen Cromwell oder einen Robespierre hervorgebracht, es sei zu revolutionären Umwälzungen unfähig und unwillig. Paasche liest nun fiebernd, was Ulrich von Hutten, Thomas Müntzer, die großen Geister der deutschen Aufklärung und der Revolution von 1848/49 zu den Ideen von Humanismus, Demokratie und sozialer Gerechtigkeit beisteuerten. Der von ihm fortwährend gegeißelte »Knechtssinn« ist also kein erbliches Übel, sondern anerzogen, durch Tatkraft und Belehrung aufhebbar wie eine ungesunde Lebensweise. Das Beispiel Rußlands scheint überdies zu beweisen, daß alles möglich ist: Revolution, eine vom Volk ermächtigte Räteregierung, deren erster Erlaß dem Friedensschluß gilt. Die Dämonen, die da Ungeduld, Resignation und Vergeblichkeit der Worte heißen, verschwinden.

Qualvoll bleibt dennoch das Gefangensein. Ständiges Bitten um Lampe, Bücher, Schreibzeug. Nur zweimal zwanzig Minuten Freigang am Tag, die kalte Zelle, die langen Nächte, die er – an seinen zusammengerollten Pelz gelehnt – schlaflos und lesend oder schreibend auf der Pritsche verbringt. Der Gefängnisaufseher Joseph Potrykus berichtet Escher, manchmal stöhne der Gefangene die ganze Nacht und führe laute Selbstgespräche, er verlange nach Schlafmitteln und klage über Kopfschmerzen. »Mir ist aufgefallen, daß er keine Ruhe hat und immer schreiben muß. Auch hält er gar keine Ordnung in seiner Zelle ... Nur bei den Freistunden geht der Angeschuldigte sehr schnell, so daß die anderen Gefangenen kaum folgen können.«[11] Ein wenig aufgebracht darüber, daß Paasche sich nicht wie ein ordentlicher Verbrecher führt, fügt der Landrichter dem Bericht hinzu, der Beschuldigte schlafe zuweilen tagsüber und müsse sich dann zur Vernehmung erst ankleiden.

Es ist schwer, ein Drama zu leben, dem nur Unverständige zusehen. Paasche erfährt nicht, daß sein Flugblatt »Schreibübung zur Herbeiführung des Friedens« weiterhin von Kriegsgegnern mit einem Zusatz verbreitet wird, der seine Verhaftung bekanntgibt. Selbst in einer Breslauer Gefängniszelle hört man von ihm. Die darin festgehaltene Rosa Luxemburg schreibt an Clara Zetkin, sie lese gerade den »Fremdenlegionär Kirsch«, der sie allein wegen des Verfassers interessiere: »Hans

P[aasche] ist der Sohn des früheren Vizepräsidenten des Reichstags, hat sich neulich mit der Tochter des Posener Oberbürger-
meisters Witting (Hardens Bruder) verheiratet, und beide haben eine Hochzeitsreise zu den Quellen des Nils gemacht ... Die
beiden haben darauf ein Buch geschrieben (aus dem ich einen
Auszug im 'Berliner Tageblatt' gelesen habe), worin sie über
die Neger so menschlich und freiheitlich sich äußerten, daß das
Buch sofort beschlagnahmt und eingestampft wurde ... Nun ist
derselbe H[ans] Paasche neulich verhaftet worden – wie es hieß,
wegen eines Flugblattes, worin er die Frauen der Munitions-
branche zum Massenstreik aufgerufen haben soll! ... Tatsache
ist, daß er in Untersuchungshaft sitzt. Ist es nicht wunderbar,
daß man plötzlich noch Menschen, *Männer* entdeckt, und zwar
in Kreisen, wo man sie am wenigsten vermutete?«[12] Auch erreichen ihn achtungsvolle Briefe Otto Buchingers, Walter Ham-
mers, Max Bachems und anderer Mitstreiter aus den vielen Bewegungen, denen Paasche angehört. Wie es scheint, wird er allerdings einer von ihnen abtrünnig: Die Kinder sollten keinen
Weißzucker bekommen, und sie möge kein Feinmehl verwenden, schreibt er an Ellen, darüber hinaus sei ihm künftig alle
Reform gleichgültig. Und in einer von Resignation bestimmten
Nachricht an die Mutter: »Die Reformen, das war sehr schön,
aber es war nicht das Letzte ... Die hatten recht, die sagten:
'Schade, daß er sich mit der Abstinenz abgibt.' Ich weiß, daß es
Höheres gab.«[13]

Mitteilungen an seine Frau werden jedoch meist von Sorgen
bestimmt: »Je mehr Du in Gefahr bist, desto unerträglicher wird
mir hier die Zeit ... Die Gesellschaft, der Staat fürchtet sich nicht
vor dem Verbrechen, das darin liegt, einen Menschen mitten
aus seinem Leben, seinen Pflichten und Kämpfen herauszuho-
len, sieht auch nicht einen älterwerdenden, dem Tode entge-
gengehenden [in ihm].«[14]

Ein Blick in die Antworten: »Sorge Dich nur nicht um uns.
Den Kindern und mir geht es gesundheitlich gut, und meinen
Standpunkt in der ganzen Sache kennst Du ja ... Schulz ... und
alle Leute bedauern Dich so unendlich. Herrgott! Warum eigentlich. Dies bißchen körperliche Freiheit – es sind doch wirklich Magenmenschen. Die Hauptsache ist doch Freiheit des
Geistes, und die schätzen sie überhaupt nicht ... Christus hat
sein Leben und sich für die Menschheit hingegeben – aber sie
wollen es ja gar nicht. Sie finden es sogar höchst überflüssig

und albern und hätten lieber Pökelzunge und Sauerkraut dafür. Das ist doch was Reelles ... Die meisten Menschen sind noch genau auf derselben Stufe geblieben. Und doch ist in jedem etwas Göttliches ...

Jochen ist sehr zärtlich. Neulich kamen etwa 30 Zigeuner durch Waldfrieden. Das hat ihn unglaublich aufgeregt. Vor allem ist es ihm unverständlich, daß die anderen Menschen die Zigeuner auslachen, weil sie ein bißchen anders aussehen und sprechen als die Bewohner Waldfriedens. Könnte ich den ganzen deutschen Kindern [doch] bei einer solchen Gelegenheit so recht warm sagen, was für eine Sünde sie begehen – jeder Völkerhaß wäre ausgeschlossen. Es geht Kindern so nah, und da die meisten Kinder noch gut sind, so ist es nicht schwer.«[15]

Insgesamt besehen, sind beschämend wenige von Paasches früheren Gesinnungsfreunden beherzt genug, ihm eine aufmunternde Nachricht zu senden, obwohl seine Verhaftung weithin bekannt wird. Escher hat da nicht viel abzuheften, plagt sich statt dessen weiterhin mit den Vernehmungen kleiner Torpedobootsmatrosen und großer Vertreter der Friedensbewegung wie Helene Stöcker und Hellmut von Gerlach. Dafür steht ihm der gesamte Machtapparat der Polizei und der Militärbehörden im Reich zur Verfügung. Mit den Aufschriften »Streng geheim«, »Geheim«, »Eilt sehr« und »Haftsache« huschen die Schreiben hin und her. Der Stellvertretende Generalstab, das Oberkommando in den Marken, das Kriegsgericht Bromberg, die Abteilung VII des Berliner Polizeipräsidiums sind hilfreich, fordern aber auch Berichte. Zum Schluß ergibt die Untersuchung nicht viel mehr, als der Abwehrbereich des Generalstabes zuvor schon wußte: Hans Paasche verbreitete und verfaßte hochverräterische Aufrufe. Hinzugekommen ist der begründete Verdacht, daß er dabei mit einem Kriegsgefangenen zusammenwirkte. Und eine keineswegs unwichtige Erkenntnis: Niemals darf der wortgewandte ehemalige Offizier Gelegenheit erhalten, seine Ansichten vor einem öffentlichen Gericht darzulegen.

Was also tun? Anklage vor dem Kriegsgericht Bromberg könnte nur zu einem Ergebnis führen, das allein angesichts dessen, was man hinter vorgehaltener Hand »delikate Verwandtschaft« nennt, wenig wünschenswert erscheint. Da sowohl von dieser als auch vom Betroffenen etwas Wohlverhalten erwartet werden darf, wenn es um das Leben eines Vaters von vier Kindern geht, bietet sich eine in derartigen Fällen nicht gar so seltene Lösung an. Im Februar 1918 beschließt der I. Strafsenat des Reichsgerichtes: »Zur Vorbereitung eines Gutachtens über den Geisteszustand des Angeschuldigten wird angeordnet, daß der Angeschuldigte in eine öffentliche Irrenanstalt – und zwar in die mit dem Königlichen Zellengefängnis Moabit verbundene Irrenbeobachtungsanstalt – gebracht und dort beobachtet werde.«[16] Landrichter Escher, der rasch noch eine salomonische Aktennotiz hinterlassen möchte, schreibt, Paasches Geisteszustand erscheine ihm als normal, »seine Reden sind mir aber öfter verquatscht vorgekommen«. Solcherart endet Hans Paasches dritte Bekanntschaft mit einem Landrichter. Der erste war Hermann Popert, der zweite dessen Romangeschöpf Helmut Harringa, der »Ritter im Heere des Lichts«. Wenn Paasche sich künftig an Escher erinnert, wird es nicht ohne Haßgefühle geschehen: »Ich mußte damals ja auch«, teilt er im Oktober 1918 Maximilian Harden mit, »für den prisonier Chouffet zittern, von dem der Unters[uchungs]richter roh sagte: 'Der wird erschossen!' Wegen dieser Äußerung lange ich den Mann!«[17]

Jene Unbekannten, die das Flugblatt »Schreibübung zur Herbeiführung des Friedens« weiterhin verbreiteten, fügten dem von Paasche verfaßten Text hinzu: »Unter dem dringenden Verdacht der Urheberschaft ist der Kapitänleutnant a.D. Hans Paasche verhaftet worden. Da die Regierung sich fürchtet, Paasche öffentlich den Prozeß zu machen, versucht sie ihn dadurch unschädlich zu machen, indem sie Paasche zum Geisteskranken und von religiösem Wahnsinn Besessenen stempelt.«[18] Wer auch immer das Blatt mit dem Zusatz in Umlauf brachte – er muß mit Vorgängen in der Familie vertraut gewesen sein. Denn von »religiösem Wahnsinn« war erst die Rede, seit Hans Paasche während eines Wortwechsels mit seinen Eltern äußerte, ihre Unbelehrbarkeit gleiche der jener Menschen, die Christus verlachten. Bald darauf teilten sowohl Elise Paasche als auch Lisi Kritzler dem Untersuchungsrichter mit, Paasche habe sich mit dem Gekreuzigten verglichen. Wer aber konnte das wissen und verbreiten? Verwendung sowie Wiederholung der Wörter »stempeln« und »machen« weisen auf einen wenig sprachgewandten Menschen hin. Wir können nur vermuten, daß die Widerstandsgruppe in Waldfrieden weitläufiger verbunden war, als es ihre Widersacher erkannten.

Jedenfalls geschieht, was da angekündigt wird. Nach Paasches Einlieferung im Zellengefängnis Berlin-Moabit am 26.

Februar 1918 bemüht der Geheime Medizinalrat Dr. Leppmann sich um den Beschuldigten, um die Erwartungen seiner Angehörigen, des Verteidigers und der Justiz sowie um ein phantasievolles Gutachten, das schließlich 113 Seiten umfaßt. Es ist beeindruckend, wie der Arzt darin Paasches Handlungen als Bekundungen angeborener Geisteskrankheit erklärt und seine immerhin erkennbare Vorsicht als »manisch-depressive Zutat« deutet. Leppmann wird den Patienten gestärkt, aber keineswegs verändert entlassen: »Immerhin aber kommen für den Kundigen, trotzdem er [Hans Paasche] behauptet, er habe seine Sturm- und Drangperiode überwunden, seine Grundanschauungen zum Durchbruch, die Alkoholgegnerschaft, das Vegetariertum, die Lebensreform im allgemeinen und nicht zuletzt der Pazifismus, die Notwendigkeit der friedlichen Völkervereinigung und ähnliches mehr.«[19]

Umso erstaunlicher, daß er Paasche gewähren läßt, als dieser seinen Leidensgenossen Englisch-, Geographie- und Astronomieunterricht erteilt. Es scheint in Moabit freizügiger herzugehen als in Schneidemühl. Der Gefangene empfängt häufig Besuch, niemand zeichnet mehr – wie der zuvor ängstlich über ihn wachende Escher – schriftliche und mündliche Äußerungen auf. Otto Buchinger berichtet: »Zweimal besuchte ich Hans Paasche im Zellengefängnis an der Lehrter Straße in Berlin. Er war begleitet von einem Beamten, dem Schließer, und trug den üblichen Anzug. Wir unterhielten uns über Vergangenes und Zukünftiges. Er las damals sehr viel, denn er hatte ja so viel Zeit dazu. Er war stiller, mürber, ruhiger als früher. Aber begeistert erzählte er mir seine inneren Erlebnisse mit den großen Russen Tolstoj, Krapotkin, Dostojewski, Andrejew u.a. Als er mir beim Abschied die Hand reichte, da sagte er mir in Gegenwart des daneben stehenden Beamten: 'Es dauert nicht mehr lange. Wir verlieren den Krieg. Dann geht ein Sturm los. Und ich werde dann vielleicht frei.' Der Beamte rührte sich nicht. Er schien Paasches 'Offenheit' gewohnt zu sein.«[20]

Der Geheime Medizinalrat Leppmann geht in seinem Gutachten sehr weit, spricht aber lediglich von der Wahrscheinlichkeit, daß Paasches »freie Willensbestimmung zur Tatzeit« ausgeschlossen werden kann. Das zeitigt einen neuerlichen Briefwechsel zwischen Justiz und Militär, in dem schließlich der Begriff »militärische Sicherheitshaft« erscheint. Harmloser klingt, was der Oberreichsanwalt dann am 24. Juli 1918 verfügt: Einweisung in das Sanatorium Weiler in Charlottenburg. Daß es sich dabei um eine sogenannte Schutzhaft handelt, erhellt ein geheimes Schreiben der Kommandantur Berlin: »Über Paasche ist militärische Sicherheitshaft verhängt worden; er befindet sich zur Verfügung der Kommandantur im Sanatorium Dr. Weiler, Westend.«[21]

Das Sanatorium Weiler blieb – wie Paasches ganz nahe gelegene Stadtwohnung in der Reichsstraße 5 – unzerstört. Es gehört nunmehr zum Universitätsklinikum Berlin-Charlottenburg und liegt, umgeben von stattlichen Gründerzeithäusern, in einer stillen Gegend an der Nußbaum- und Ulmenallee. Das Berliner Adreßbuch von 1918 nennt die Heilstätte eine »Kuranstalt für Nerven- und Gemütskranke«, die offenbar nur von wohlbetuchten Patienten aufgesucht wurde: der Park mit Rhododendren, Eichen, Birken und Linden, schmiedeeiserne Gitter sowie die inzwischen pockennarbigen Gestalten tanzender Putten zeigen das. Vielleicht konnte Richard Witting die Behörden bewegen, seinen Schwiegersohn hier einzuweisen. Die Unterlagen damaliger Patienten sind späterhin vernichtet worden, aber sie würden uns ohnehin wenig verraten. Wie es scheint, wurde Hans Paasche in Charlottenburg zunächst nicht überaus streng bewacht. Er berichtete in einem Brief an Maximilian Harden von nächtelangen Zusammenkünften mit seinem Freund Henry Crosby Emery, der anschließend nach Amerika reiste, um Gespräche mit Präsident Wilson zu führen. Allerdings blieb dergleichen weder unentdeckt noch folgenlos: Paasche erwähnte in diesem Zusammenhang, er sei nunmehr »hier isoliert«.[22]

Sicherlich trügt die gepflegte Sanatoriumsfassade. Der Mann hinter einem der schmiedeeisernen Gitter fühlt sich vereinsamt, vergessen, unnütz. Er schreibt an Harden: »Mein Unglück: daß ich nicht bestraft bin, daß ich, wegen des Skandals, den Brutus machte, der tiefgebeugte, nix rechtes für die Freiheit und den Frieden getan habe und umsonst leide! Sollte man nicht trotz der § 51-Sache meine Freilassung laut fordern? ... Es war verfehlt, daß ich den [Rechtsanwalt] Heine nahm. Der fand meine revol[utionären] Äußerungen abscheulich. Dreimal war er in 8 Monaten bei mir und sagte dann 'ich habe leider keine Zeit' ... Ich habe sehr Schweres durchgemacht und habe nicht mal die Genugtuung, daß es als Opfer für den Frieden gilt! ... Ich gönnte meinen Schwiegereltern, daß sie endlich mal was anderes

denken können statt der Bemühungen, mich zu befreien. Uner-
bittlich ist die Militärmacht. Nur Foch und die Masse können
mich befreien.«[23]

In den Geschichten über Cäsars Ermordung gibt es zwei
Männer namens Brutus: einen heimtückischen Verschwörer, der
dem zögernden Cäsar den todbringenden Weg in den Senat
empfahl sowie den Mörder, der einen der tödlichen Dolche führte. Cäsars Zuneigung gehörte zuvor sowohl dem einen als auch
dem anderen. An welchen der beiden Hans Paasche dachte,
wenn er in jenem Brief und künftighin seinen Vater als Brutus
bezeichnete, bleibt ungewiß.

Nicht weniger, vielleicht noch mehr als der Gefangene, leidet seine Frau. Im Mai 1918 hat sie Ivan, das vierte Kind, geboren. Die ruhige Zuversicht, die ihre Briefe an den Mann aus-
strahlen, ist nur eine liebevolle Täuschung. Im Juli teilt Ellen
Paasche ihrem Onkel verzweifelt mit: »Ich habe sehr große
Angst vor der Zukunft. Ich weiß gar nicht mehr, was werden
wird. Es ist für mich alles so schwer, und ich wünsche mir oft
so sehr, tot zu sein; mein Leben ist doch verpfuscht.«[24] Dann
jedoch sieht sie die Massen in Bewegung, von denen auch Hans
Paasche Befreiung erhofft. Unter der Überschrift »Wir Pessimisten« schreibt Ellen in das von ihrem Mann hinterlassene
schwarze Wachstuchheft: »Bald ist Friede. Kein Blut wird mehr
fließen, keine Mutter mehr weinen. Bald wird der Belagerungszustand aufgehoben sein. Und dann darf man sagen, was man
denkt, man darf seine Meinung sagen, und sei sie auch noch so
sehr im Gegensatz zu der herrschenden. Das ist noch schöner
als Schokolade mit Schlagsahne, und Schokolade mit Schlagsahne ist doch das Schönste auf der Welt ... Dann sollt ihr ...
alle etwas zu hören bekommen, ihr gedankenlosen, unduldsa-
men Menschen ... Wißt ihr ... noch? ... Als der Krieg ausgebro-
chen war, sollte er in sechs Wochen zu Ende sein, weil die Franzosen keine Hosenträger hatten, nicht wahr? Durch Belgien
mußten wir, sonst wären die Franzosen bei uns eingefallen, denn
keiner gönnte uns den Platz an der Sonne, nicht wahr, Herr
Doktor? Der U-Boot-Krieg sollte ganz sicher in spätestens 8
Wochen England in Grund und Boden vernichtet haben, ... nicht
wahr, Frau Oberstleutnant?

... Der Militarismus hatte sie alle; auch die Frauen leider,
leider ... Dieser Krieg, der um Länder ging und ein 'größeres
Deutschland' schaffen sollte, ist ein Krieg um Weltanschauun-

gen geworden, und Gott sei ewig Dank, daß er ihn uns nicht gewinnen ließ ...

Und Ihr, Ihr lieben Toten, schlafet ruhig. Wenn wir Jüngeren unseren Kindern keinen Völkerhaß mehr predigen brauchen, wenn nationalistische Phrasen, wie frisch-fröhlicher Krieg, Heldentod fürs Vaterland, nicht mehr existieren, wenn unsere Kinder in der Schule lernen, Kriege seien überwunden wie Hexenprozesse und Folterqualen und seien etwas ganz entsetzliches, dann, ja dann wollen wir Eurer in Liebe gedenken und nicht mehr jammern, daß Ihr nicht mehr leiblich bei uns seid, und wir werden Eure Ruhe nicht mehr stören.«[25]

Zwei mögliche Befreier benannte Paasche in seinem Brief an Harden: das Heer des französischen Generals Foch, Oberbefehlshaber der alliierten Truppen, sowie »die Masse« der Deutschen, an deren Fähigkeit zur Empörung er allerdings bisweilen zweifelte. In der Tat beendeten nun aufbegehrende Landsleute seine Haft, aber dazu gehört noch eine Vorgeschichte. Viele von Deutschlands Mächtigen hatten durch das Beispiel der russischen Revolution begriffen, was geschehen konnte, wenn das Volk sich weigerte, die Kriegslast weiterhin zu tragen. Ohne Parlamentarisierung der Reichsregierung war Aufruhr kaum abzuwenden, ohne Friedensverhandlungen bestand keinerlei Aussicht, mit erträglichen Gebiets- und wirtschaftlichen Verlusten aus dem Krieg hervorzugehen. So wurden sozialdemokratische Abgeordnete in die Regierung aufgenommen, die nunmehr einen Notenwechsel über Bedingungen für den Friedensschluß mit dem amerikanischen Präsidenten Wilson begann. Das war »Revolution von oben«, der sich – bis auf einen panischen Augenblick – die Oberste Heeresleitung unter Hindenburg und Ludendorff, der Admiralstab, der Hof und andere Kräfte widersetzten. Die hungernde, durch das plötzliche Eingeständnis der Niederlage aufgebrachte Bevölkerung, die geschundenen Soldaten an den Fronten und insbesondere die Besatzungen der Kriegsschiffe, mit denen die Admiralität jetzt noch eine »Entscheidungsschlacht gegen England« schlagen wollte, sahen nicht mehr tatenlos zu. Ende Oktober kam es zu passivem und tatkräftigem Widerstand in der Flotte; Heizer desertierten, Matrosen verweigerten den Dienst. Nach der Verhaftung von mehr als eintausend Marineangehörigen griff der Aufruhr auch auf Hafenstädte über. Als während einer erregten Kundgebung am 3. November in Kiel Gefangene befreit und

Marinesoldaten entwaffnet wurden, feuerten Soldaten, einem Befehl des Gouverneurs folgend, in die Menge. Es gab Tote und Verwundete – und in der darauffolgenden Nacht die ersten Matrosen- und Soldatenräte. Die Revolution von unten begann.

Sie erreichte Berlin am 9. November, vorbereitet von den im Januarstreik berufenen Obleuten der Großbetriebe, der USPD – dem abgespaltenen linken Flügel der SPD –, der linksradikalen Gruppe Internationale (Spartakusbund) sowie Abgesandten der aufständischen Matrosen. Die Reichshauptstadt kam damit spät in den Kreis von Revolutionären beherrschter Städte: über Kiel, Hamburg, Hannover, Braunschweig, Stuttgart, Halle, Leipzig, Düsseldorf und Osnabrück wehten bereits rote Fahnen, in München war am Tag zuvor die Republik ausgerufen worden. Eine Erklärung dafür mag geben, was Arbeiter und Soldaten am Morgen in der Druckerei des sozialdemokratischen »Vorwärts« fanden: Hunderttausende Flugblätter, die zu Ruhe und Ordnung mahnten. Seit der Bewilligung der Kriegskredite 1914 war die Führung der SPD hoffähig geworden und rang angepaßt um ihren Anteil an der Macht. Erst am Mittag, überrascht von den Ereignissen, ließ sie eine Extraausgabe des »Vorwärts« den Generalstreik verkünden. Darin bezeichnete sie sich gemeinsam mit der USPD als Führer der »Bewegung«, vermied freilich den Begriff »sozialistisch« – der damals in aller Munde war und auch ihrem Wortschatz angehörte – und begrüßte statt dessen eine »soziale Republik«.

Doch die Revolution nahm unaufhaltsam ihren Weg. Endlos erscheinende Reihen von Demonstranten beherrschten das Stadtbild – über ihren Köpfen Schilder mit den Aufforderungen »Brüder, nicht schießen!« oder »Wir wollen Frieden und Brot!« Auf dem Brandenburger Tor, dem Kronprinzenpalais und dem Schloß flatterten rote Fahnen. Nur in wenigen Fällen kam es zu Schußwechseln, meist verbündeten die Soldaten der Stadtkasernen sich sogleich mit den Aufbegehrenden. Das Polizeipräsidium am Alexanderplatz, das die gegen Paasche geführte Untersuchung so eifrig unterstützte und in dem 650 politische Gefangene festgehalten wurden, fiel genauso wie das Untersuchungsgefängnis Moabit, in dem er fünf Monate zubrachte, nach kurzer Belagerung. Von einem Fenster des Reichstages her verkündete der Sozialdemokrat Philipp Scheidemann die »freie deutsche Republik« – und wurde dafür von Ebert heftig gescholten –; vom Schloßbalkon rief Karl Liebknecht die »freie sozialistische Republik Deutschland« aus. Der Reichskanzler Prinz Max von Baden gab ohne Zusage der Betroffenen die Abdankung Wilhelms II. sowie den Thronverzicht des Kronprinzen bekannt, ernannte den sozialdemokratischen Parteivorsitzenden Friedrich Ebert zu seinem Nachfolger. Es wurde alles getan, um die Masse zu beruhigen, aber die genoß ihren Augenblick der Würde und tat endlich, was das Geschwätz der Politiker ihr bislang nur zugestand. Da marschierte keine Anarchie, wohl nicht einmal eine von den verschiedensten Kräften für sich beanspruchte Revolution, sondern ganz einfach die Demokratie: »Wir sind das Volk!«

Bisher blieb ungeklärt, weshalb Revolutionäre auch im Sanatorium Weiler erschienen und Hans Paasche befreiten. Es mögen einige der zahlreich nach Berlin gereisten aufständischen Matrosen gewesen sein. Ebenso wahrscheinlich ist, daß seine Befreiung von Hans-Georg von Beerfelde angeregt wurde.[26] Was dann folgte, kennen wir von Fotografien her: den Lastwagen, dessen Fahrerhaus ein Maschinengewehr trägt, auf der Ladefläche und auf den Trittbrettern Soldaten, Matrosen, lachende Gesichter unter Mützen, von denen die Kokarden gerissen sind, eine rote Fahne über den Zusammengedrängten und ihren Gewehrläufen. Es war nicht ungefährlich, so durch Berlin zu fahren: am Reichstag und am Marstall, Unter den Linden und in der Friedrichstraße wurde geschossen. Haus für Haus mußte durchsucht werden, die Schützen – kaisertreue Offiziere, oft auch von ihnen befehligte Jugendwehr, ehemalige Pfadfinder – entwichen durch unterirdische Gänge.

Hans Paasche wird zum Reichstag gefahren, in dem die USPD die Wahl eines Soldatenrates für Berlin inszeniert. Unterwegs hält der Wagen mehrfach; der Befreite – vielleicht noch in der blauen Anstaltskleidung – spricht zur erregten Menge. Was für ein Tag nach dreizehn Monaten Haft! Im Reichstag springt er dann in uns schon bekannter Weise auf einen Tisch und stellt sich den versammelten Soldaten, Unteroffizieren und Offizieren vor: »Ich heiße Paasche, war Seeoffizier und bin Revolutionär!« Kürzer läßt ein schwerer Weg sich kaum beschreiben. Es wird ein Soldatenrat gebildet, in dem Hans-Georg von Beerfelde, Max Cohen, Emil Barth und Paasche den Vorsitz führen.[27] Anschließend kommen die bis dahin bestehenden Arbeiter- und Soldatenräte im Plenarsaal zusammen und beschließen, am nächsten Tag ihren Vollzugsrat zu wählen.

Hans Paasche nimmt dabei vielleicht jenen Platz ein, auf dem sein Vater jahrelang gesessen hatte.

In den Dokumenten der äußerst turbulenten Wahl des Vollzugsrates am 10. November im Zirkus Busch erscheint Paasche lediglich als Kandidat, muß irgendwann aber gewählt worden sein, denn er unterzeichnet den »Aufruf des Vollzugsrates über die exekutive Gewalt« vom 11. November als Mitglied. Er bleibt nun mehrere Tage lang unerwähnt, doch kennen wir einige seiner Handlungen. Zum Beispiel versucht er gemeinsam mit Beerfelde, jene festnehmen zu lassen, die Schuld tragen am Beginn und an der Fortdauer des Krieges. Aber, so berichtet er bald einem Mitstreiter, dem Pazifisten und vormaligen Marineoffizier Lothar Persius, »alle Versuche, alle Beschwörungen, die Unterschriften von Ebert und Scheidemann unter die Haftbefehle zu bekommen, waren erfolglos.«[28] Ebert und Scheidemann – das sind Mitglieder im Rat der Volksbeauftragten, der zunächst gemeinsam von SPD und USPD gebildeten Regierung, an die der weitaus demokratischer entstandene Vollzugsrat rasch und kampflos seine Befugnisse abtritt. Es gelingt Paasche nicht einmal, wenigstens äußere Zeichen zu setzen – die im Volksmund nur »Puppen« genannten Hohenzollernstatuen an der Siegesallee »in die Luft zu sprengen. Wenn man es ihm genehmige, werde er mit seinen Matrosen von der Volksmarinedivision sofort das Zerstörungswerk beginnen. Die Mehrheit der Volksbeauftragten konnte sich ... nicht dazu entschließen, weil Ebert, Scheidemann und Landsberg befürchteten, die gerade einziehenden Fronttruppen würden die Sprengungen verhindern.«[29] Und als Paasche nach Potsdam kommt, um der Kaiserin die Korrespondenz ihres nach Holland geflohenen Mannes abzufordern, verweigert ihm der dortige Arbeiter- und Soldatenrat jegliche Unterstützung, da er sich an Entscheidungen des Vollzugsrates nicht gebunden fühlt. Paasche sucht die von ihrer Leibgarde verlassene, unbehelligt in der Villa Ingenheim lebende Monarchin dennoch auf. Während der Begegnung, von der bald in mehreren Zeitungen behauptet wird, sie habe zur »Vertreibung der Kaiserin« geführt, fordert Paasche Auguste Victoria auf, sich zu setzen, aber die Kaiserin bleibt stehen. »Ich glaubte ihr anzumerken, daß sie auf irgendwelche schrecklichen Dinge gefaßt war und suchte ihre Angst zu mildern, indem ich etwas sagte von einem neuen, besseren System der Menschlichkeit und Liebe. Sie antwortete, teils erleichtert, teils etwas verwirrt: 'So, das ist ja schön.' Dann beklagte sie sich plötzlich, daß im Berliner Schloß geplündert worden sei. Darauf riet ich ihr, das nicht so laut zu sagen, es könnte die Erbitterung derer steigern, die wirklich gelitten hätten. Sie sehe doch, daß niemand ihr ein Haar krümme ... 'Dieser Krieg hat eine Schädelpyramide gehäuft, und Sie beklagen sich, daß in einem Ihrer Schlösser frierende Menschen den Wäscheschrank Ihres Gatten plündern.' ... Die Kaiserin war tief empört, daß die Soldaten den Weltkrieg nicht mehr mitmachen wollten. Sie sagte schließlich: 'Sechs Söhne habe ich an der Front gehabt!' Ich riet ihr, nicht zu[m] Vergleich herauszufordern: Denn selbst wenn einer dieser sechs Söhne gefallen wäre, so wäre noch nicht der Ernährer einer Familie gefallen, und was das heiße, könne sie sich wohl kaum vorstellen. Die Sorgen, die sie jetzt habe, seien nicht zu vergleichen mit dem, was andere Frauen zu tragen hätten ...

Dies war also die schreckliche Mißhandlung, über die höhere Töchter jetzt Tränen vergießen ... Es geht aber deutlich aus dem Verlauf des Gesprächs mit der Kaiserin hervor, daß sie nur auf die Rolle der Dulderin eingestellt war. Wie stolz wäre sie gewesen, wenn man sich mehr um sie bekümmert hätte und sie auch nur einen einzigen Tag da hätte zubringen dürfen, wo Rosa Luxemburg den Himmel hinter eisernen Kreuzen sah.«[30]

Die kaiserliche Korrespondenz entschwindet – wie manches sonst und auch die Kaiserin – unbehelligt vom Bahnhof Potsdam-Wildpark nach Holland. Zwei derweil aus Brüssel in Berlin eintreffende Waggons mit geheimen Akten, von denen Paasche Enthüllungen deutscher Kriegsverbrechen in Belgien erwartet, werden ihm durch den Rat der Volksbeauftragten entzogen. Das geschieht, obwohl der Vollzugsrat Paasche zur Beschlagnahme ermächtigte. Sein seit langem gehegter Traum, die Machenschaften von Kriegstreibern und -gewinnlern bloßstellen zu können, die Deutschen mit unabweisbaren Dokumenten zu wissender Abkehr vom Militarismus zu bewegen und dem Ausland zu beweisen, daß sie zu solchem Sinneswandel fähig sind, bleibt unerfüllt. Später wird behauptet, er habe Akten der berüchtigten Abteilung IIIb beim Stellvertretenden Generalstab, die auch gegen ihn ermittelte, an sich bringen können, aber Paasche hätte solches Material gewiß veröffentlicht.[31]

Endlos erscheinende Sitzungen, durchwachte Nächte in raucherfüllten Zimmern, in der Gesellschaft von graugesichtigen, übermüdeten und schon von Ausweglosigkeit bedrängten Besonnenen, von erhitzten, scharfsichtigen Kämpfern und widerwärtigen Schwätzern. Ohne revolutionäre Führung, politisch unerfahren, betrogen und verraten durch rechte SPD-Politiker, durch die mit den Herren der Industrie verbündete Gewerkschaftsführung, von inneren Widersprüchen zerrissen und gehetzt von durch Hunger, Demobilisierung, Inflation, Arbeitslosigkeit oder Wohnraumnot hervorgerufenen Problemen vergehen die Bemühungen um eine soziale Demokratie, die am Ende der Zerschlagung von Monarchie und Militärdiktatur hätte stehen sollen. Hans Paasche erkennt das sehr viel früher als andere, doch er müht sich redlich. Am 26. November wird er mit überzeugender Mehrheit in den Ausschuß für Reichsangelegenheiten gewählt, steht nun dem Ressort »Äußeres und Waffenstillstandskommission« vor und zieht in das Gebäude des Preußischen Herrenhauses an der Prinz-Albrecht-Straße ein. Bis zur nächsten Vollzugsratssitzung bleiben ihm drei Tage Zeit.

Waldfrieden. Ellen leidet unter der auch in Berlin seit Wochen umgehenden Grippe, aber es geht ihr schon besser. Die Kinder sind gesund, die älteren begeistert von dem Automobil, mit dem Odysseus heimkehrt und von dem Versprechen, damit in die Hauptstadt zu reisen. Kein Besuch in Springwerder – das ist überwunden. Ein stiller Abend auf dem Balkon. Hans und Ellen Paasche halten einander die Hände wie vor langer Zeit, als sie erregt den Herolden des Watussikönigs folgten, und Hans spricht von den Lagerfeuern der Massai in der Steppe. »Es waren drei wunderschöne Tage; er ist ein wundervoller Mensch«, schreibt Ellen an Harden.[32]

Hans Paasche hastet nach Berlin, Vollzugsratssitzungen und Versammlungen der Groß-Berliner Soldatenräte entgegen. Am 7. Dezember hält er eine bemerkenswerte Rede vor dem – nach der Zahl der Mitglieder so benannten – 53er Ausschuß und dem ihm übergeordneten Zentralrat der Marine. Der hervorragend organisierte Ausschuß kontrolliert den Admiralstab und das Reichsmarineamt, verlangt unter anderem die Errichtung einer sozialistischen Republik, Bildung einer sozialistisch-republikanischen Armee, grundlegende soziale Reformen, Verstaatlichung von Großbetrieben und ein Volksgericht über Kriegsverbrecher. In der gerade heftig umstrittenen Frage »Räteregierung oder Nationalversammlung« – von Paasche sogleich auf den Gegensatz demokratische Räterepublik oder Politikerherrschaft reduziert – geben die Dreiundfünfzig unter Vorbehalten eher der Nationalversammlung den Vorzug. Paasche wendet sich leidenschaftlich gegen eine solche Entscheidung, hält sie für gefährlich, weil dadurch das »Volk wieder einmal, trotz aller schlechten Erfahrungen, verleitet wird, die lebendige Teilnahme an der Politik aufzugeben« und »sich des Verantwortungsgefühls durch einmalige Abgabe eines Stimmzettels zu entledigen«.[33] Es müsse erst nachhaltig bewiesen werden, »daß die Arbeiter- und Soldatenräte etwas leisten, das entwicklungsfähig ist, und daß staatsrechtliche Formen daraus gebildet werden können«. Selbst die Revolution verdiene ihren Namen noch nicht, denn »das hätte das erste sein sollen bei jeder wirklichen Revolution: das System der Gewalt und Lüge aufzudecken, sich davon öffentlich abkehren und sich zu neuen Menschheitsgedanken bekennen. Statt dessen hat man sich gar nicht darum besorgt, ob nicht wichtige Akten vernichtet und gestohlen wurden. Und das ist geschehen, und die Vertreter des alten Systems sitzen noch in den Ämtern und gestehen es lächelnd ein ... Wo aber ist bei uns Erbitterung über die Lüge, in der wir gehalten wurden, wo hört man den Schrei: 'Das haben wir nicht gewußt; Menschheit, verzeih, wir waren blind.' Es ist nicht einmal die Neugier da, den Machtgötzen enthüllt zu sehen.«

Der Text zeigt ferner, daß der Redner inzwischen Werke von Karl Marx und Friedrich Engels in seine Literaturstudien einbezieht. Er fordert allgemeine Aufklärung über deren Ansicht, mit wirklichen Revolutionen müßten wirtschaftliche Veränderungen einhergehen und denkt dabei sicherlich an die von ihm seit Jahren verfochtene Idee der Bodenreform.[34] »Das kann jetzt zum ersten Male in solchem Maße geschehen. Es steht dann jedem frei, zuzustimmen oder abzulehnen.« Und er prangert »die Hetze gegen alle wirklichen Sozialdemokraten« an, mit der von »Leid und ... Mitleid« getriebene Menschen daran gehindert werden sollen, »neue Wege zu suchen«.

Der letzte bekannte Auftritt Hans Paasches vor Revolutionären. Am 8. Dezember 1918 erreicht ihn die Nachricht, daß seine Frau gestorben ist.

»Mancher wird das ferne
Land nicht sehen«

Selbst Jahrzehnte später erinnert Jochen Paasche sich genau jenes Tages, an dem seine Tante Sibylle ihm erzählte, die Mutter liege nun still in dem Schlafzimmer mit der Rosenmustertapete und werde nie wieder aufwachen. Er sieht dann auch den Vater, der auf dem Balkon wie ein verwundetes Tier schrie. »Ich kann ihn noch immer schreien hören.«

Ellen Paasche war neunundzwanzig Jahre alt, als sie – wahrscheinlich an Herzversagen – starb.[1] Ihrem Mann gewidmete biographische Skizzen vermitteln den Eindruck, er habe sich jetzt resigniert, ja gebrochen, zurückgezogen: »Bekannt ist, daß er aufs Tiefste enttäuscht und angeekelt war durch das, was dann aus der Revolution wurde ..., durch das Kleinliche und Erbärmliche, mit dem er in seiner Stellung im Vollzugsrat sich zu beschäftigen genötigt war. Als stiller Mann zog er sich tief erschüttert durch den deutschen Hexensabbath und schwer getroffen durch den Tod seiner geliebten Frau (seiner 'Gefährtin in der Wildnis') auf sein Gut ... zurück, der dritte und letzte Rückzug aus öffentlichem Wirken heraus.«[2] Das erscheint verständlich, doch es ist nur die halbe Wahrheit.

Ganz gewiß war Paasche verstört, bisweilen sogar entmutigt, wenn er sah, wie schleichend und wirksam die Gegenrevolution ihren Einfluß vermehrte. Sein Mitstreiter Beerfelde mußte den Vollzugsrat nach fruchtlosem Disput über eine von ihm geforderte Verhaftung des Kriegsministers Heinrich Scheüch verlassen, und auch Paasches Verlangen blieb unerfüllt. Man konnte kaum erwarten, daß er nun während der Posse, genannt Reichsrätekongreß, auftreten würde, in deren Verlauf der Vollzugsrat die gesetzgebende und die vollziehende Gewalt an den Rat der Volksbeauftragten übergab. Aber das sprach keineswegs allein für politische Verdrossenheit: Ellen Paasche war erst eine Woche vor dem Kongreßbeginn beerdigt worden; nach vielfältigen Erschütterungen, dreizehn Monaten Haft und dem Verlust der »Gefährtin in der Wildnis« besaß Hans Paasche wohl nicht mehr die Kräfte, die solche Auseinandersetzungen forderten. Es mag weitere Gründe dafür gegeben haben, daß er den

Vollzugsrat verließ. Kennzeichnend für die fortschreitende Lähmung dieses Revolutionsrates ist zum Beispiel eine Zusammenkunft, bei der darüber gesprochen werden mußte, ob man Paasche ein Beileidstelegramm, einen Kranz oder beides senden solle und wer das Geld dafür anweise.

Ringsum gewann die Gegenrevolution Raum. Der Volksbeauftragte Friedrich Ebert, nach seinen Worten haßte er die soziale Revolution »wie die Sünde«, verschwor sich mit der Obersten Heeresleitung. Schon im Dezember kam es zu unverhohlenen Versuchen der ehemaligen Militärdiktatoren, die Räte gewaltsam aufzulösen und die alte Ordnung – diesmal unter einem Reichspräsidenten Ebert – wieder zu errichten. Einen davon, die Verhaftung des Vollzugsrates und den Putschversuch am 6. Dezember, erlebte Hans Paasche sicherlich mit. Noch deutlicher verliefen die Fronten bei dem Vorhaben, während der ersten Friedensweihnacht 1918 die Volksmarinedivision zu zerschlagen. Diese militärische Formation bestand fast ausschließlich aus Berliner Arbeitern und unterstand dem Polizeipräsidenten Emil Eichhorn (USPD). Sie war, wie wir hörten, auch Paasche hilfreich, sollte die Errungenschaften der Revolution schützen und offenbarte bald durch ihr Schicksal den grundsätzlichen Widerspruch vieler Unruhen jener Zeit: Da stellten sozialdemokratische Arbeiter sich gegen das Militär vor eine SPD-Regierung, die nichts mehr fürchtete als die demokratischen Träume des Volkes, die sich dem uniformierten Teufel verschrieb, um damit die soziale Revolution abzuwenden.

Die Beschießung des Berliner Marstalles, des Hauptquartiers der Volksmarinedivision – Gegenwehr und kühnes Erscheinen der Berliner Bevölkerung vereitelten dann den Angriff – klingt in Hans Paasches Schrift »Meine Mitschuld am Weltkriege« an.[3] Sie entstand im Januar 1919 und beweist, daß Paasche kein von Resignation bestimmter, gebrochener Mann war: Es ist eine seiner klarsten und wirkungsvollsten politischen Veröffentlichungen. Die achtbare Selbstanklage – der Autor bekennt sich schuldig, nicht genug gegen Militarismus, Nationalismus und die daraus hervorgegangene Kolonialpolitik getan zu haben – tritt für den Gedanken eines Völkerbundes ein. Voraussetzung für Deutschlands Mitwirkung sei allerdings das Bekenntnis deutscher Schuld, eine allgemeine Metanoia: »Der 9. November hat uns die Freiheit gegeben, zu sagen, daß wir über die Verbrechen dieses Krieges wie Menschen denken und fühlen.

Sagen wir das, so sind wir aufgenommen in der Gemeinschaft der Völker, und die Brüder jenseits des Rheins können, wenn wir ... ohne Brandfackel und Handgranate, ohne Giftgas zu ihnen kommen, trotz allem Leid, das wir ihnen brachten, nicht mehr sagen: ce sont les mêmes; souvenez-vous, 'Denkt daran, es sind dieselben!' Als solche, die sich haben mißbrauchen lassen, wollen wir Besiegte sein und es dem Sieger möglich machen, uns wieder gelten zu lassen.«[4] Wie das jeder für sich vollziehen könne, schildert er an seinem Weg vom Kolonialoffizier zum Pazifisten und Demokraten. Darüber hinaus bildet die Schrift eine Absage an herkömmliche Feindbilder (»Der 'Feind': das ist eigentlich nur jener Mensch, den wir nicht lieben durften, weil sonst das Geschäft des Krieges gestockt hätte.«), an alle Formen unbedenklicher Macht und Gewalt.

Letzteres erscheint schon deshalb bedeutsam, weil wir von Paasches Handlungen während der furchtbaren Wirren in den folgenden Monaten wenig wissen. Zwar versichern seine Freunde bald einhellig, er sei auch da ein gewaltlos wirkender Idealist gewesen, aber nach der Erwähnung von ihm verlangter Verhaftungen mag dennoch mitteilenswert sein, daß er im Januar 1919 schrieb: »Macht bessert die Menschen nicht. Wer einem Menschen Macht anvertraut, hat die Pflicht, ihn zu kontrollieren« und »Es muß ein Irrtum sein, ein grauenhafter Irrtum, und es muß in anderen Menschen, die sonst so aussehen und einhergehen wie ich, die klare Erkenntnis fehlen, die ich habe: daß der menschliche Körper ganz und gar ungeeignet ist, ein Geschoß aus Metall in sich aufzunehmen.«[5]

Auch das könnte das Ende von Hans Paasches Tätigkeit in den Räten der Revolution erklären: Er war vielen seiner Mitstreiter »nicht radikal genug«.[6]

Im Urteil des Zeitgenossen Carl von Ossietzky erscheint »Meine Mitschuld am Weltkriege« als »Hammerschlag gegen die Denkträgheit, und zugleich erfüllt von der Melodie reinster Sehnsucht nach einem Menschengeschlecht, das nicht mehr die Geißeln des Krieges und des Hungers kennt. Das ist kein politisches Buch, es gibt keine Kritik amtlicher Dokumente; keine Schuldfragenpauke. Aber es rührt an die Wurzeln des Menschlichen.«[7]

Ungewiß, wo Hans Paasche derzeit schreibt und lebt. Wenn er sich in Berlin aufhält, wird man ihn sicherlich oft in Franz Pfemferts Aktionsbuchhandlung in Wilmersdorf finden. Dort debattieren fortschrittliche Künstler und Intellektuelle über ihre zumeist etwas verstiegen und anarchistisch anmutenden Visionen einer besseren Welt, dort trifft er Georg Ledebour vom linken Flügel der USPD, mit dem er – wie mit Pfemfert – befreundet ist. Er erscheint nach »Matrosenmord und Januargemetzel«, also noch im Januar 1919, bei Maximilian Harden und warnt ihn: »Sie werden der Nächste sein. Ich weiß, wie das Gesindel Sie haßt. Gehen Sie fort oder erlauben Sie uns, für Sie zu wachen.« Als Harden andeutet, Paasche sei doch wohl selbst gefährdet, entgegnet sein Gast: »Ich sitze jetzt ja still in Waldfrieden, treibe nicht Politik, und meine Leute haben mich lieb.«[8] Aber das ist nicht wahr. Paasche verstummt durchaus nicht und wird sich bald wochenlang verbergen müssen.

Im Januar 1919 will die Ebert-Regierung unter der Losung »Hunger oder Ordnung!« endgültig eindeutige Machtverhältnisse schaffen und das ihr verhaßte »Hineinregieren« der Räte beenden. Sie stellt Freikorps auf, zieht Soldaten aus Berlin und der näheren Umgebung zusammen und läßt die Revolution im Verlauf von vier Tagen zusammenschießen. Die Revolution – das sind Obleute der Betriebe, streikende Berliner Arbeiter, überwiegend Angehörige der beiden sozialdemokratischen Parteien. Kaum Spartakisten, kaum Mitglieder der erst in den letzten Tagen des Vorjahres gegründeten KPD, von der Regierung und Antibolschewistische Liga behaupten, sie sei das Grundübel hinter allem Aufruhr. In der Tat versucht die KPD, mit verantwortungslosen Handstreichen einen Führungsanspruch durchzusetzen, trägt so bei zur Legende vom »Spartakusaufstand« und liefert damit ihren Gegnern Vorwände für antikommunistische Pogrome. Rosa Luxemburg und Karl Liebknecht werden grausam ermordet – mit ihnen sterben Geist und Leidenschaftlichkeit der Revolution. Hans Paasche muß entsetzt sein: Rosa Luxemburg war für ihn eine faszinierende, scharfsinnige, lautere und begnadete Aufklärerin, Liebknecht – der einzige Reichstagsabgeordnete, der gegen die zweite Kriegsanleihe stimmte und fortwährend mit Reden und Schriften gegen den Militarismus auftrat – bildete ihm den Inbegriff eines anderen Deutschlands, das auch im Ausland Anerkennung fand. So schwer durchschaubar die damaligen Ereignisse auch sein mögen, läßt doch der Mord an diesen beiden Menschen einen ganzen Abschnitt deutscher Geschichte begreifbar erscheinen.

»Ich war, ich bin, ich werde sein!« Als der Trauerzug für

Rosa Luxemburg und Karl Liebknecht Berlin durchquert, sitzt Hans Paasche hinter einem blutroten Kranz auf dem ersten Wagen.[9]

Es wird gewählt in Deutschland; die bürgerlichen Parteien erlangen einen knappen Vorsprung, aber die SPD bleibt stärkste Partei. Die Mehrheit im Volk entscheidet sich für »Ruhe und Ordnung«, Achtstundentag, die angekündigte teilweise Sozialisierung von Betrieben, Arbeitslosenunterstützung. Die Räte – die solche Ziele gleichfalls vertreten – fanden zuvor weder Geschick noch Zeit und Mittel, die von Paasche erstrebten »staatsrechtlichen Formen« zu erlangen.[10] Die Revolution ist gescheitert, ihre Ursachen wirken weiter. Im März herrscht Generalstreik in Berlin, Bürgerkrieg in Deutschland. Der ehemalige Holzarbeiter und derzeitige Reichswehrminister Gustav Noske läßt Flugzeuge und Artillerie einsetzen; am Ende sind eintausendzweihundert Berliner Arbeiter tot. Was soll aus dieser Republik wohl werden? Der weiße Terror tobt keineswegs nur in den von Arbeitern bewohnten Stadtteilen. Das Militär jagt auch bürgerliche Pazifisten, verhaftet die Vorstandsmitglieder des Bundes Neues Vaterland, soweit sie nicht geflohen sind.[11]

Hans Paasche verbirgt sich schon Tage vorher – er wird Gründe dafür haben – auf einem »Birkenhof« genannten Anwesen in Görsdorf bei Storkow. Vielleicht entsteht dort sein Aufruf »An Lettow und seine Afrikaner«. Das gilt General Paul von Lettow-Vorbeck, dem ehemaligen Oberbefehlshaber der Schutztruppe in Deutsch-Ostafrika, der jetzt Freikorps in den Bürgerkrieg führt. »Ich gestehe Ihnen: Sie waren für Menschen von Geschmack und von europäischem Horizont – denn solche gibt es auch unter uns – eine Hoffnung. Es bestand die Vorstellung, die geographische Ferne ... habe Ihnen Frische des Blicks für Tatsachen gegeben. In afrikanischer Wildnis fünf Jahre älter werden: da versinke Nationalismus, Gewaltkult, Waffenwahn ... Sind Sie nicht frei geworden unterm Tropenhimmel? Konnten Sie nicht das tun, was die Hindenburg und Ludendorff und Genossen in ihrem Wahn vier Jahre lang verweigerten: den kommenden Dingen Ihr Ohr leihen, die Geistigen, die Suchenden, die Selbstlosen um sich scharen? Und die Toren zur Besinnung bringen, die sich nicht trennen wollen von dem militärischen Spiel? ... Beachten Sie, daß Sie jetzt in eine Wildnis gekommen sind, gegen die das Dondeland ein Garten ist: in das Gestrüpp der Lüge, Täuschung, Verwirrung, Verdummung und

Heuchelei. Die Presse und was Sie von öffentlichem Leben sehen, alle Versammlungen, alle Reden, nationale Wahlen, Protestieren und Plakatieren ist krank und schmachvoll, ist lebenswidrig und verhöhnt die lebendigen Hoffnungen des Volkes, eines Volkes, das anders aufstehen wird, als Sie wähnen.«[12]

Immer noch glaubt er an die Fähigkeit zum Sinneswandel. Aus der Zeit auf dem Birkenhof stammt überdies ein Brief an den Schwiegervater, der ein tiefes Zerwürfnis zwischen Richard Witting und Hans Paasche andeutet.[13] Den Grund dafür könnten gegensätzliche politische Ansichten, aber auch alltägliche Probleme bilden: Paasche bittet seinen Schwiegervater, die für Witting in das Grundbuch von Waldfrieden eingetragenen Hypotheken löschen zu lassen, »die Sicherheit gegen m[einen] Vater, nicht Fessel für mich sein sollten.« Daß ein herzliches Verhältnis der beiden – jedenfalls von Wittings Seite her – nicht mehr besteht, verraten zudem andere Quellen.[14]

Es darf nicht nur vermutet werden, daß Hans Paasche unter dieser Entfremdung und unter den Ereignissen in Deutschland furchtbar leidet – der erwähnte Brief zeigt ein fahrig und ausschweifend verändertes Schriftbild –, er muß auch in finanzieller Bedrängnis sein. Im Gegensatz zu den Behauptungen mancher Zeitgenossen hat es eine Mitgift nie gegeben, von den alten Paasches kommt gewiß keine Unterstützung, und wenn Richard Witting seine Zahlungen eingestellt haben sollte, dann ist es um Waldfrieden schlecht bestellt. Was auf dem Gut geschieht, erscheint ohnehin unklar: Im Juli bittet Hans Paasche »Tante Selma«, also Maximilian Hardens Frau, sie möge vermitteln, daß die Kinder ihn in Waldfrieden besuchen dürfen. Die Kinder werden derzeit von seiner Schwägerin betreut, zu der jedoch »keine Verbindung« bestehe.[15] Manches weist hin auf eine wirre, dunkle Zeit. Es könnte jene sein, aus der ein Bekannter berichtet: »Seine Frau [starb]. Das zerschmetterte diesen reinen Menschen. Er verlor zuerst die Menschheit und dann sein Heim. Wir saßen oft bis tief in die Nacht im Restaurant des Bahnhofs Zoologischer Garten in Berlin. Dieser breitschulterige Träumer kauerte zerknittert neben mir, und ich sah sein zurückgedrängtes Weinen. Er sagte mir, er habe immer das Gefühl, als würde seine Frau ihn rufen, er wüßte, daß er bald sterben würde. Wenn er so sprach, endete er mit einem traurigen Negerlied und erklärte mir, die Neger könnten konventionslos rein traurig sein.«[16]

Derselbe Autor zeigt freilich auch einen kraftvollen Hans Paasche, der Verfolgten auf seinem Gut Zuflucht bot[17] – vielleicht ein Grund, die Kinder nach Berlin zu bringen. Vermutlich waren das Menschen, die vor dem weißen Terror in München flohen. Die Zerschlagung der Münchener Räterepublik ging Paasche besonders nahe, schon deshalb, weil er sowohl Kurt Eisner als auch Gustav Landauer kannte und mit ihnen korrespondierte.[18]

Ein umfassenderes biographisches Rätsel gab übrigens 1922 ein ungezeichneter Beitrag in der KPD-Zeitung »Rote Fahne« auf. Darin hieß es, Hans Paasche sei im Frühjahr 1919 während eines Aufenthaltes in Frankfurt am Main der Ortsgruppe der KPD beigetreten.[19] Diese erst zwei Jahre nach Paasches Tod so genau umgrenzte Mitteilung ist allerdings fragwürdig, weil dieselbe Zeitung in einer ersten und langen, mit biographischen Angaben versehenen Meldung über den Verstorbenen ausdrücklich hervorhob, er sei kein Kommunist gewesen, habe sich jedoch »vor kurzem den Ideen des Kommunismus zugewandt«.[20] Nun mag das ein Irrtum der Redaktion gewesen sein, die Paasche dann tags darauf als Kommunisten, wenngleich nicht als Angehörigen der Partei, bezeichnete. Eine Woche später schloß der sozialdemokratische »Vorwärts« sich an. Freilich war es damals nicht gerade schwierig, vom »Vorwärts« Kommunist genannt zu werden, und es ist auch die trübe Quelle bekannt, aus der die Zeitung schöpfte: der am Vortag im »Berliner Tageblatt« veröffentlichte Bericht des Regierungspräsidenten in Schneidemühl, für den selbst Paasches Haushälterin Kommunistin war.[21]

Angesichts der Ermordung von Rosa Luxemburg und Karl Liebknecht wäre ein Beitritt zur KPD ein Schritt gewesen, über den man nicht zu reden brauchte. Doch dies ist eine Biographie. Mit einer Ausnahme – Franz Pfemfert – haben alle Freunde Paasches bekundet, er sei kein Kommunist gewesen, und Pfemfert verstand darunter etwas anderes als die KPD, die ihn ein halbes Jahr vor der hier belangvollen Aussage ausschloß. Wer eher konservativ dachte – wie Emil Szyttia – räumte ein: »Paasche war ein idealistischer Kommunist, der nichts mit den Grausamkeiten des Bolschewismus zu tun hatte; er war ein Mensch, der den Kommunismus im christlichen Tolstoischen Sinne auffaßte und die Menschen so rein machen wollte, wie er es bei den primitiven Negern träumen sah ... Er war gegen die

Putsche, weil er glaubte, man müsse zuerst die Menschen zum Kommunismus erziehen.«[22] Für Demokraten – wie Carl von Ossietzky – war die Frage nicht besonders aufregend: »Paasche soll Kommunist gewesen sein. Und wenn er es gewesen wäre, was dann? Aber Hans Paasche ist stets ein parteiloser Idealist gewesen.«[23] Otto Buchinger erwähnte, sein Freund habe sich »mit einem gewissen Stolz ... 'Sozialist' [genannt]. Seinem Wesen nach war er jedoch alles andere eher. Er war durchaus Individualist.«[24] Magnus Schwantje schließlich, 1921 als Biograph und Weggefährte Paasches zu abschließendem Urteil gezwungen, schrieb: »Seine politischen Ansichten entsprachen in den meisten Punkten etwa denen des linken Flügels der Unabhängigen Sozialdemokratie. Von einigen Leuten ist behauptet worden, er sei Kommunist gewesen und habe an der Vorbereitung eines Bürgerkrieges teilgenommen. Er war aber nur Kommunist in dem Sinne, in welchem Tolstoi Kommunist genannt wird. Er wünschte eine klassenlose Gesellschaft; aber er billigte nicht alle Mittel, mit denen die kommunistischen Parteien unserer Tage ihre Ziele erreichen wollen. Daher gehörte er keiner dieser Parteien an.«[25]

Nachweisbar ist, daß Hans Paasche – wie andere Mitglieder des Bundes Neues Vaterland – Veröffentlichungen des Spartakusbundes durch Geldspenden unterstützte.[26] Was ihm der Kommunismus im Frühjahr 1919 bedeutete, bekundete er in seinem Aufruf an Lettow-Vorbeck: »das einzige, was auf dem Wege des Geistes liegt ... Über ihn geht der Weg zur Höhe, denn auch er ist nur ein Übergang.«[27] Was er dagegen von der Bindung an eine Partei hielt, geht hervor aus »Sie töten den Geist nicht!« – den Worten, die er im April 1919 an Menschen seiner Gesinnung richtete: »Ihr Revolutionäre Deutschlands, Ihr Geistigen, Ihr Wenigen, Ihr Nicht-Professoren und Nicht-Priester, laßt uns voneinander wissen; einen wollen wir uns nicht, denn unsere Einsamkeit ist das große Band, das uns verbindet.«[28]

Spätsommer 1919. In Deutschland herrschen Ruhe und Ordnung, die rechte SPD-Führung, der Ausnahmezustand und eine großenteils aus Freikorps gebildete, vierhunderttausend Soldaten vereinende Reichswehr. Der Versailler Friedensvertrag ist unterzeichnet: drei Viertel der Reichswehrangehörigen werden sich künftig einer friedfertigen Tätigkeit zuwenden müssen, und das beunruhigt zumindest ihre Vorgesetzten erheblich. Der eine und der andere waren ein wenig zu weit gegangen bei den Erschießungen von Arbeitern, für die selbst das Standrecht keine Rechtfertigung bot, und bei den Ermordungen demokratisch und antimilitaristisch gesinnter Intellektueller. Die Macht festhalten – ein militärischer Staatsstreich muß her. Nur ist man uneins, gegen wen Ebert ausgetauscht werden soll: Hindenburg, Ludendorff, Groener, Lüttwitz, Noske? Adolf Hitler ist noch ein nahezu Unbekannter, der sich gerade im Durchgangslager Lechfeld darin erprobt, in heimkehrenden, verbitterten ehemaligen Kriegsgefangenen Haß auf die »Novemberverbecher« zu wecken.

Hans Paasche lebt etwas ruhiger als zuvor. Er hat soeben die »Declaration d'Independance de l'Esprit« unterzeichnet und damit das Anliegen seines Aufrufes »Sie töten den Geist nicht!« verwirklicht. Wissenschaftler und Künstler aus ganz Europa, aus Nordamerika und Indien fordern darin zur Völkerverständigung, zum Zusammengehen auf, das unbeschwert sein soll von Unterschieden der Nationen, Klassen, Ideologien. Da steht unter den Namen deutscher Unterzeichner der seine neben solchen wie Albert Einstein, Hellmut von Gerlach, Hermann Hesse, Käthe Kollwitz und Heinrich Mann.[29] Vielleicht kommt der Bund einsamer »Geistiger« tatsächlich zustande.

Jochen, Nils und Helga sind bei ihm in Waldfrieden; den kleinen Ivan ziehen die Schwägerin und die Schwiegereltern auf. Es geht lebhaft zu im Gutshaus. Den Haushalt führt Hadwig Lahs-Dorsch, jene Bekannte aus der Kieler Zeit, inzwischen verheiratet mit einem futuristischen Maler – Jochen erinnert sich später an bunte Pferdeköpfe und blaue Äpfel –, der ebenfalls in Waldfrieden wohnt. Einiges erscheint verändert. Jochen sieht erstaunt, wie sein Vater Fleisch ißt und dazu Rotwein trinkt. Es kommt sogar vor, daß er Bauern, Landarbeiter, Flößer und Arbeiter aus dem Sägewerk oder aus der Karbidfabrik einlädt und sie mit Bier bewirtet. Der Junge versteht schon, daß es politische Gespräche sind, die bei solchen Anlässen geführt werden.[30] Die Leute hören dem Vater aufmerksam zu. Er spricht ihre Sprache, und sie haben es auch gern, wenn er sie daheim besucht. Denn was Paasche mitteilt, klingt einfach – einiges davon kennen sie bereits aus der Bergpredigt.

Eduard Geislers Landstrich, dem Hermann Paasche soviel schlaues Bemühen widmete, liegt brach. Das im Krieg verdiente Geld verliert beständig an Wert; aufgegeben ist das Vorhaben, dort ein Schloß für den würdigeren Zweig der Familie Paasche zu errichten. Der Blick geht also frei vom Balkon des Gutshauses über Felder und Tiefsee bis hin zur Schwarzen Wiese. Irgendwann, an einem Abend auf diesem Balkon, erzählt Lahs von dem großen Maler, den das Bewußtsein, er sei »eingesperrt in dieser Welt«, zerbrach und der so etwas wie eine Schutzhaft im Irrenhaus von Saint-Remy erlitt. Hans Paasche fühlt sich diesem Mann nahe, sieht verwundert eine Abbildung seines Gemäldes »Die Sternennacht«: da ist das von fern einer Kirche gleichende Gutshaus Waldfrieden, da sind die Hügel ringsum und ein Baum, geformt wie der Wacholder hier, der dem lebenden, flackernden All entgegenzüngelt. Ein Zufall, gewiß, doch es könnte auch eine Botschaft sein. Und die glaubt Paasche in einem Brief zu finden, geschrieben von jenem Maler an seinen Bruder: »Weißt du, woran ich ziemlich oft denke? Ich habe es dir schon früher gesagt: auch wenn ich mich nicht durchsetze, möchte ich doch glauben, daß das, woran ich gearbeitet habe, weitergeführt wird. Nicht unmittelbar, aber man ist nicht allein im Glauben an das Wahre. Und was kommt es schon auf den einzelnen an! Mir ist, als sei es mit den Menschen wie mit dem Korn: wenn man nicht als Same in die Erde gesät wird, um zu keimen, was tut's, dann wird man eben zermahlen zum Brotbacken.«[31]

Doch die Zeit läßt Hans Paasche ruhelos. Die Kinder sehen, wie ein großer Teil des Waldes abgeholzt wird, wie man die Elefantenstoßzähne aus dem Haus trägt, die das afrikanische Zimmer schmückten. Vielfältige Sorgen, dazu wiederum das Gefühl, weder gehört noch gebraucht zu werden. In solcher Stimmung entsteht im Winter Paasches letztes Gedicht. Es ist »Sternennacht« überschrieben.

»Rauhreif; Boden kracht.
Sterne tief und hoch.
Voran!
Tiere. Ziel und Schuß.
Stöhnen.
Rad knarrt Steig entlang.
Nahe Stämme.
Es ist ein Wahn: keine Menschen leben.
Alles ist immer unterbrochen.
Die andern sind tot oder verirrt,

Dumme. Oder sie schlafen.
Niemand steht ganz da, wo ich stehe.
Den Tod lieben!
Schweigen!«[32]

Zur selben Zeit, im Dezember 1919, bespricht Kurt Tucholsky
in der »Weltbühne« eine im Verlag Neues Vaterland erschienene Veröffentlichung. Er wählt dafür die Überschrift »Ein weißer Rabe«. Die Rede ist von Hans Paasches Vergangenheit,
Gegenwart sowie düstere oder helle Visionen von der Zukunft
umfassender Betrachtung »Das verlorene Afrika«, der er die
Widmung »Im Andenken an Dich, Gefährtin in der Wildnis«
voranstellt. Nach Tucholskys Worten rechnet darin »ein Idealist, ein Wahrheitsfreund, ein weißer Rabe«[33] mit der deutschen
Kolonialpolitik und mit dem wilhelminischen Deutschland ab
– einer Welt, deren »gipserne Ideale« auch er nicht genügend
zerschlagen sieht. Zuneigung des Rezensenten für den Autor
ist unübersehbar, und in der Tat schrieb Paasche wohl nie
scharfsichtiger, eigenwilliger und erregender als in dieser nur
siebzehn Textseiten umfassenden Schrift. Unmöglich, den Ge-
dankenreichtum solcher Niederschrift einer lebenslangen Metanoia hier auch nur anklingen zu lassen, aber vielleicht Raum
für Paasches Ansichten über die Frage, ob Deutsche nochmals
in die Welt hinausgehen könnten – keineswegs allein im Hinblick auf eine neuerliche Kolonisation: »Wer je im Ausland war,
weiß, wodurch die Deutschen auffielen. Durch Wissen, Tüchtigkeit, Betriebsamkeit. Als Untertanen oder Unterdrückte hatten wir sie – und konnten nicht begreifen, weshalb jedermann
uns scheu und mißtrauisch ansah. Der Ausländer wußte: Alles,
was der Deutsche kann und hat, steht im Dienste brutaler Gewalt, und eines Tages braucht der eine, dem göttliche Weisheit
zugeschrieben wird, nur auf den Knopf zu drücken, und alles
Deutsche wälzt sich vernichtend über die Erde: Kanonen, Pan-
zerplatten, chemische Industrie, Grenadierknochen, Philosophie, Menschenfleisch, Druckerschwärze, Zement. Ein wüster
feldgrauer Brei ... Sie alle fürchteten mit Recht ein Volk, das
die Gewalt anbetete und dazu von einem deutschen Gedanken,
einer Weltmission sprach ...
Der Deutsche muß an allem, was ihm gegeben wurde, zweifeln, muß sich sogar gegen die Mutterbrust empören, voll Miß-
trauen, ob nicht der Nationalismus, der Gewaltwahnsinn, der

Knechtsgeist schon mit der Milch in ihn geleitet wurde. Sicher wurde er es mit dem ersten Wort, das er buchstabieren lernte, denn die Fibel hat einer geschrieben, der ... auf Kasernenhöfen stramm gestanden hat und nie den Wunsch hatte, die Gitter eines Gefängnisses zu zerbrechen. Einer, der Wollust empfindet ... beim Anblick eines Tyrannen ... Es ist für den Deutschen bitter, erkennen zu müssen, daß er trotz aller guten Anlage, von Natur anständig, gut und tüchtig, nicht auf die Welt losgelassen werden darf. Aber es ist für ihn tröstend, zu erfahren, daß es in seiner Macht liegt, diesen Zustand zu ändern. Nur darf er nicht glauben, es gäbe einen anderen Weg dazu als ... rücksichtslos aufzudecken, was an Gewalt, Lüge, Betrug im deutschen Volke System war ... Es gibt kaum etwas, was nicht als Symptom genommen wird, so aufmerksam blickt die Welt auf dies Volk, das mit seiner Treue und Herzensgüte, seinem feldgrauen Gehorsam und seiner Tüchtigkeit zum Henker des Friedens wurde.«[34]

Klug wurde kürzlich vermutet, Hans Paasche sei jahrzehntelang nahezu vergessen worden, weil sein Denken seiner Zeit weit vorauseilte. »Wird er deshalb erst heute wiederentdeckt, weil er uns viel näher steht als seinen eigenen Zeitgenossen?«[35] Dafür mag sprechen, was Paasche seinen Landsleuten 1919 zurief und was 1945 ebenso gültig gewesen wäre: »Mache dir das ganz klar, Deutscher: Du bist ausgestoßen aus der Gemeinschaft der Völker, wenn du nicht endlich Erbitterung zeigst gegen das System, das dich zum Henker deiner Nachbarn machte und dich schließlich selbst zerschunden hat. Du hast Dich anstiften lassen, friedliche, glückliche Länder zu überfallen und in eine hoffnungslose Wüste zu verwandeln. Dein feldgrauer, animalischer Gehorsam hat das Elend, die Trauer und Kraftlosigkeit dieser Zeit herbeigebracht. Und du sprichst nur von deutschen Interessen, bevor du einmal die Tränen der Verzweiflung mitgeweint hast, die die ganze Menschheit weinen muß beim Anblick der Landstriche, in denen wir Siegfried- oder Hindenburgstellung spielten. Die Welt steht dir nicht offen, bevor du Mensch wirst. Es war deine historische Bestimmung, die Begriffe Vaterland, Nation bis zur Verrücktheit zu übertreiben; jetzt erkenne deine Verführer, die Schuldigen des Weltkrieges, die Oberlehrer und Kriegspastoren, dies Gemisch von Biederkeit, Heuchelei, Opportunität ... Es gibt keine Brücke zu dir, wenn du dir diese Sippe nicht unterordnest und deine Ehrfurcht an die richtige Stelle sendest: zu dem Menschen in dir selbst oder im andern, im gesteigerten Menschen, dem freien und schaffenden.«[36]

Dergleichen zu schreiben, ist gefährlich. Solchem Grad von Erkenntnis vermögen Gegner nur noch den Mord entgegenzusetzen. Sehr gefährlich, »denn noch immer neigt das Volk dazu, den zu vergöttern, der es mit Füßen tritt und den, der es zur Freiheit führen könnte, kraft konterrevolutionären Rechtes 'auf der Flucht' zu erschießen.«[37] Hans Paasche, der im Gegensatz zu seinen Widersachern Rache und Blutvergießen als Mittel politischer Auseinandersetzung ablehnt[38], spürt die Bedrohung: »Und mancher, der dem Rufe folgt, wird das ferne Land nicht sehen und doch in neuer Heimat sterben.«[39]

In der Vielfalt der im »Verlorenen Afrika« betrachteten Probleme scheint schon das sogenannter Pseudopazifisten auf, gegen die sich Paasches nächste Veröffentlichung richtet.[40] Darin wird insbesondere Hermann Popert angegriffen, der während der Kriegsjahre in seinen »Fidelis«-Aufsätzen eine brutale militaristische Politik verherrlichte und sich nunmehr unvermittelt als Pazifisten bezeichnet – freilich als solchen mit Nationalbewußtsein und scharfem Blick für die Mitschuld des Auslandes. Wir kennen derlei betont sachliche Haltung, die eigene Verbrechen nur in weitgreifenden Zusammenhängen zugesteht und schließlich als der Menschheitsgeschichte zugehörige Verfehlungen ausgibt, um von Ursachen abzulenken. Störend wirkt auf Poperts Vorhaben das Dasein jener wenigen, die – wie Hans Paasche – Ursachen bloßstellen. »Er dichtet mir deshalb die Gesinnung an, die denen angedichtet wird, die man heutzutage 'auf der Flucht' zu erschießen beliebt.«[41] Welche Sinnesart gemeint ist, führt Paasche in »Protest eines Menschen« genauer aus: »Seit mehr als fünf Jahren wird der Mord als eine gute Tat belohnt, wenn er auf Befehl begangen wird an Menschen, die für Menschenrecht kämpfen, für den Frieden und den Gedanken der Liebe. Seit dem November 1918 auch dann, wenn nur die Presse der besitzenden Klasse auf einen Menschen zeigt: 'Spartakist'. Jede feine Differenzierung des Urteils hat aufgehört in einem Volke, das Zu- und Abneigung, lallend, verteilt nur auf zwei Begriffe: Hindenburg und Spartakus. Für den ersten ist Lohn und Ehre da. Für den zweiten Strafe und Schande, wie immer auch die Taten des einen und des anderen beschaffen seien. So will es das gestörte Rechtsgefühl des großen deutschen Volkes.«[42] Wo niemand mehr unbefangen urteilen könne

– so das tiefere Anliegen von Paasches Protest –, weil durch ihn allein der Anspruch seiner Ideologie, seiner Klasse laut werde, da sei jegliche Rechtsprechung fragwürdig. Und welcher Sinn liegt eigentlich darin, Hühnerdiebe festzuhalten, solange Kriegsverbrechern und mordenden Freikorpsangehörigen ein freies, geachtetes Dasein möglich ist?

Natürlich erfährt Paasche von Tucholskys wohlwollender Rezension. Er wird also doch gehört, ist nicht so einsam, wie die schreckliche »Sternennacht« es ihm vorgaukelte. Auch gewinnt Hans Paasche jetzt etwas, das er seit dem Dezember 1918 verloren glaubte. Vermutlich im Frühjahr 1920 erkennt er Hertha Geisler: die biblische Wortwahl erscheint hier durchaus angebracht, denn die junge Frau liebt ihn seit langem. Bestärkter Lebensmut bewegt ihn, mehr unter Menschen zu gehen, ganz kleine, naheliegende Dinge zu tun. So kandidiert er für den Gemeinderat, der bislang noch unangefochten von Hermann Paasche beherrscht wird und schreibt darüber an seine Schwiegermutter Gabriele Witting: »Hier sind bald Gemeindewahlen, und ein ziemlicher Kampf beginnt. Die alten Kerle, die soviel Gemeinheit deckten, müssen hinaus. Brutus, eng verbündet mit dem Herrn Wachtmeister u.s.w.«[43] Zugleich – im Juni finden überdies Reichstagswahlen statt – klärt Paasche Fabrik- und Landarbeiter in der Umgebung über die Ziele der Parteien auf. Wenn wir der »Roten Fahne« vertrauen, empfiehlt er dabei die KPD, aber das muß auf recht eigenwillige Art geschehen: Er führt während der Gespräche stets ein Neues Testament bei sich.[44] Paasche ist überaus beliebt – im Frühjahr steht der für eine Bodenreform eintretende Gutsbesitzer an der Seite streikender Landarbeiter in der Neumark –, es gibt gar keinen Zweifel daran, daß er mit überwältigender Mehrheit in den Gemeinderat gewählt wird. Sein Werben um klare politische Anschauungen fällt übrigens in eine Zeit, in der Friedrich Eberts Ordnungshüter beschließen, die von ihnen gründlich verachtete Regierung zu verjagen, den Pakt mit der verhaßten Republik aufzukündigen.

Anlaß dazu ist die vom Reichswehrminister angeordnete Auflösung der Brigade Ehrhardt (II. Marinebrigade). Das von dem Admiralstabsoffizier Hermann Ehrhardt gegründete Elitekorps wird keineswegs deshalb aufgegeben, weil es unter der Fahne des Kaiserreiches marschiert und Hakenkreuze an den Stahlhelmen trägt, sondern um den Bedingungen des Friedensvertrages zu entsprechen. Mit den Freikorps sehen viele militärische Befehlshaber nun ihren »Staat im Staate« verschwinden, und so folgt im März 1920, was wir sehr unzulänglich den Kapp-Putsch nennen. Der Staatsstreich währt nicht einmal eine Woche, scheitert am Generalstreik und am bewaffneten Widerstand der Arbeiterschaft. Zurück bleibt eine geschlagene, gereizte, besonders bösartige Militärkaste, die – wie der nach München geflohene Hermann Ehrhardt – mit der Hilfe von Geheimorganisationen Rache sucht.

Am 23. April richtet die Abteilung Sicherheitspolizei des Berliner Polizeipräsidiums an das für Waldfrieden zuständige Wehrkreiskommando III folgendes Schreiben: »Vertraulich wird hier bekannt, daß auf dem Gute Hochzeit ... Waffen und Munition für die kommunistische Kampforganisation untergebracht sind. Das Gut gehört dem Kapitänleutnant a.D. Paasche, der ein bekannter Pazifist und bekannter Antimilitarist ist ... Es schwebte vor längerer Zeit ein Verfahren gegen ihn wegen politischer Umtriebe bzw. wegen Verbreitung und Verfassung von hetzerischen Flugschriften. Die Glaubwürdigkeit vorstehender Meldung ist daher nicht von der Hand zu weisen.«[45] »Vertraulich« – das bedeutet anonym; die zunächst mit der Untersuchung beauftragten Zivilbehörden lassen sich viel Zeit. Zum einen ist es nicht die erste Anschuldigung gegen Paasche, die in Schneidemühl eingeht[46], zum anderen bildet derzeit nahezu jedes Gut in der Umgebung ein Waffenlager, und das Reizwort »kommunistisch« erregt in Schneidemühl vielleicht geringeres Entsetzen als in Berlin. Vorangetrieben werden die Dinge erst, als sich der Regierungskommissar am 11. Mai an den Abschnittskommandeur der Reichswehr in Deutsch-Krone wendet und eine militärische Durchsuchung von Waldfrieden erbittet. Ein schönes Zusammenspiel: Jedermann weiß, daß der Reichspräsident die auf der Grundlage des Verfassungsparagraphen 48 erlassenen Sondergesetze, die dem Militär polizeiliche Aufgaben zugestehen, sehr bald auch für den Bereich der Grenzmark widerrufen wird – es geschieht dann tatsächlich am 21. Mai. Jedenfalls darf der nunmehr alle Vorbereitungen treffende Oberst Edelbüttel vom Reichswehr-Schutzregiment 4 in Deutsch-Krone – abgestimmt mit Generalleutnant La Chevallerie, seinem Vorgesetzten – das Vorhaben planen, die Beteiligten auswählen, den Zeitpunkt festlegen. Edelbüttel entscheidet sich für den 21. Mai und stellt dafür ein Kommando von zwei Offizieren, zehn Unteroffizieren und vierzig Soldaten, geführt vom Oberleutnant Krappe, zusammen. Widerspruch gegen den kriegerischen Zug, der Waldfrieden mit zwei Lastwagen und darauf montierten Maschinengewehren heimsuchen soll, erhebt lediglich Dr. Thanner, Landesgrenzpolizeileiter im Abschnitt Schneidemühl. Edelbüttel hört dessen Vorhaltungen schweigend an; unmittelbar darauf wird Thanner versetzt.[47]

Hans Paasche spürt die Bedrohung. Freunde raten ihm, nach Berlin zu ziehen, das einsame Gut zu meiden, aber er will sein naturverbundenes Leben mit den Kindern nicht aufgeben. Er wird gewarnt, sein Name stehe auf der Mordliste rechtsradikaler Fanatiker, doch das ist eine Gefahr, in der Paasche seit langem schwebt.[48] Dennoch sieht er natürlich die Männer, die das Gut durch Feldstecher beobachten und dann im Wald verschwinden. Sein Kutscher erzählt ihm von Bewaffneten, die ihn mehrfach auf der Straße nach Kreuz anhielten und fragten, ob der Gutsherr zu Hause sei. Verfolgt, legt Paasche einmal den Weg zwischen der Bahnstation Kreuz und Waldfrieden zu Fuß, quer durch den Wald, zurück – davon wird späterhin eine Forstarbeiterfamilie berichten, bei der er erschöpft einkehrt.[49] Weshalb er in jenen Wochen immer wieder nach Berlin reist, ist ungewiß. Wir hören lediglich, daß er Georg Ledebour aufsucht, Alfred Hermann Fried bemerkt ihn bei dem Empfang eines englischen Ministers, Carl von Ossietzky sieht ihn während irgendeiner Versammlung.[50]

Freitag vor Pfingsten, 21. Mai 1920. Als Hans Paasche am Morgen mit dem Verwalter Gustav Schulz zum Tiefsee geht, findet er die Reusen überfüllt. Es mag am ungewöhnlich warmen Wetter liegen – niemals zuvor sah jemand hier solch eine Menge gefangener Bleie und Schleie. Es ist notwendig, Schilf zu mähen, damit das geschwollene Netzwerk an das Ufer gezogen werden kann. Zuvor schütten Paasche und Schulz einen Teil des Fanges in Fischkästen; dann erscheinen Hadwig Lahs und die Kinder, baden, betrachten durch die Ritzen im Badesteg bedächtige Krebse und vorwitzige Barsche, fahren mit zum Schilfschneiden hinaus. Ein friedlicher Tag. »Wir sitzen vorn im Kahn und fassen in das kühle, vorbeiströmende Wasser. Die Reusen sind so voll, daß sie kaum gehoben werden können. Große, silberne Bleie ... füllen die Netze. Es ist nicht verständlich, wie die Reusen so voll werden konnten. Ein Teil der Fische muß sich noch hineingedrängt haben, als die Reusen schon voll waren.«[51]

Inzwischen wird im nahen Wiesental der gegen Waldfrieden gerichtete Heerzug zusammengestellt. Es kommen noch erfahrene Kriminalbeamte hinzu, denn auch Paasches Schriftwechsel soll durchsucht werden. Flaschen gehen von Hand zu Hand – die Herren stärken sich für das, was bevorsteht. Ihre – von Hadwig Lahs später bezeugte – Trunkenheit steht im Gegensatz zu der Begründung für das martialische Aufgebot. Angeblich fürchtet man, Anhänger Paasches würden sich der Durchsuchung widersetzen. Oberleutnant Krappe weist die Soldaten ein, spricht auch über Hans Paasche – im Verlauf danach geführter Verhöre vermag sich niemand mehr zu erinnern, was da gesagt wurde. »Hinsichtlich Festnahme und Waffengebrauch habe Krappe auf die Vorschriften verwiesen, die in der Kompagnie bekannt gegeben seien; von den Posten dürfe nur geschossen werden, wenn sie tätlich angegriffen würden oder eine festgenommene Person sich durch die Flucht der Festnahme zu entziehen suche und nach dreimaligem Anruf nicht stünde«, heißt es hernach im Untersuchungsbericht.[52] Ein Haftbefehl gegen Paasche besteht nicht.

Gegen vierzehn Uhr ist Waldfrieden umzingelt. Als das Hausmädchen mitteilt, der Gutsherr halte sich am Tiefsee auf, schickt man den Gendarmen Wendland hinunter. Die Offiziere setzen sich auf die Treppe zwischen Mühlbachbrücke und Gutshaus – so werden sie bald mit Recht aussagen, daß es ihnen unmöglich war, irgendetwas von den folgenden Vorgängen zu sehen. Hans Paasche – bekleidet nur mit einer kurzen Hose und einer Jacke – folgt Wendland, der ihm sagt, daß jemand ihn sprechen möchte, den Waldweg zum Haus hinauf. Was nun geschieht, wird nie zuverlässig aufgeklärt. Der Gendarm und mehrere Soldaten behaupten, Paasche habe die hinter Bäumen versteckten Posten bemerkt und sei sogleich im Zickzack davongelaufen, ein Gutsangestellter will dagegen den Ruf »Da kommt er, gleich schießen!« gehört haben, danach erst soll Paasche geflohen sein.[53] Jedenfalls wird geschossen, zweimal, bevor der Fliehende den Abhang zum Gehöft der Geislers hinunterläuft. Dort erwarten ihn weitere Schützen. Abermals fallen zwei Schüsse, der letzte geht nicht mehr fehl: ein Herzschuß. Später geben einige Soldaten an, sie hätten den Aufschrei »Ich bin getroffen, ich sterbe!« gehört, aber das ist wohl Mördergeflunker.

Im Haus versuchen Angestellte, den schreienden Nils zu beruhigen, der alles mitansah. Helga und Jochen kommen den

Weg vom See herauf, vorbei an einem Uniformierten, der sie
mitleidig ansieht. Die beiden senken den Blick und gehen
stumm vorbei. Auf dem Hof grölen Soldaten ein Lied:

>>Kamerad, reich mir die Hände,
Fest woll'n zusammen wir stehn.
Mag man uns auch bekämpfen,
Der Geist soll nicht verwehn.
Hakenkreuz am Stahlhelm,
Schwarz-weiß-rot das Band,
Die Brigade Ehrhardt
Werden wir genannt.<<[54]

Epilog

Der tödliche Schuß war das Werk eines Schützen namens Dickmann.[1] Nach der Tat wurde rasch offenbar, daß niemand an die Mär vom Waffenlager glaubte: Nebengebäude, Stallungen und Umgebung des Gutes sind überhaupt nicht durchsucht worden, lediglich in Paasches Arbeitszimmer wurde herumgewühlt. Da schwenkte Oberleutnant Krappe frohlockend einige Exemplare der »Freiheit«, der »Roten Fahne« sowie eine Gemeindewahlliste und meinte, er besitze damit genügend Beweismaterial. Seine verschwiegener handelnden Begleiter beschlagnahmten allerdings noch andere Unterlagen. Späterhin ist vermutet worden, es seien Akten der berüchtigten Abteilung IIIb im Großen Generalstab gewesen, die drei Jahre zuvor das Verfahren gegen Paasche einleitete.[2] Klarer erscheint, von wem die Denunziation stammte, die den fadenscheinigen Anlaß zum Überfall auf Waldfrieden lieferte: von dem in Hochzeit wohnenden Förster Oswald Krause, der seine Rachsucht 1917 nicht hatte stillen können. Doch Krause ist ganz gewiß nur benutzt worden. Die Dorfbewohner mieden ihn künftig, und er verließ Hochzeit kurz nach dem Mord an Hans Paasche.[3] Es gab bedeutendere Leute im Hintergrund – darauf verwiesen allein schon die der Haushälterin gestellten Fragen nach »Geheimakten« sowie der Umstand, daß man sich auf Angaben Hermann Paasches berief.[4] Ohnehin muß vermutet werden, daß die Gegenspieler auf Springwerder tief in das Geschehen verstrickt waren. So gibt es eine von Nils Paasche angefertigte Skizze der Mordstätte, die vereint mit Hadwig Lahs-Dorschs Aussage den Verdacht wecken kann, Paasches Schwager, der Oberstleutnant Paul Kritzler, sei nicht zufällig Zeuge der Ereignisse gewesen.[5]

Die Regierung in Schneidemühl versprach zunächst eine strenge Untersuchung und die Bestrafung der Schuldigen. Der Fall Paasche unterschied sich ja offenkundig juristisch grundsätzlich von anderen Erschießungen »auf der Flucht«, der Waffengebrauch war auf keinerlei Weise zu rechtfertigen. Die Mörder und ihre Hintermänner beunruhigte das nicht. Eine erste Stellungnahme des Reichswehr-Schutzregiments 4 verriet sogleich mit unerhörter Verlogenheit, was man von der Republik und ihren Gesetzen hielt: Unter anderem wurde darin behauptet, der Gendarm Wendland habe das Feuer auf Paasche eröffnet, erst dann hätten – nach den vorgeschriebenen Haltrufen – die Soldaten geschossen.[6] Zahlreiche Hinweise auf eine planvolle Mordtat blieben unbeachtet. Zum Beispiel glaubten die Gutsangestellten Josewske und Nickel – während des Krieges Sanitäter – Spuren von Kolbenhieben an Paasches Unterleib zu bemerken, als sie den Leichnam wuschen. Der die Leichenschau am 24. Mai leitende Kriegsgerichtsrat bezeichnete die Blutergüsse kurzerhand als Folgen eines Gewitters; der Kreisarzt war zwar zur Teilnahme aufgefordert, konnte jedoch nicht zugegen sein, weil er angeblich über kein Fahrzeug verfügte. Eine schamlose Farce. Verbürgte Äußerungen von Soldaten, man hätte Paasche schon in Kreuz fassen können oder »Da haben wir wieder 'mal einen auf der Seite!« wurden abgeleugnet.[7] Im Dezember 1920 antwortete der Schneidemühler Oberstaatsanwalt auf die Nachfrage des Rechtsvertreters von Paasches Kindern: »Das Verfahren ist am 27.11.1920 eingestellt, weil eine strafbare Handlung nicht nachweisbar ist. Der Tod des Paasche ist auf ein Zusammentreffen nicht voraussehbarer unglücklicher Umstände zurückzuführen, für welche niemand strafrechtlich verantwortlich zu machen ist.«[8]

Die gesamte Untersuchung war so unglaublich nachlässig geführt worden – man vergleiche das mit den Akten der 1917 gegen Paasche erhobenen Vorwürfe –, daß nicht einmal die Namen der Beteiligten gehörig überliefert sind. Da heißt der befehlshabende Oberleutnant Krappe, dann wiederum Kappe oder Koppe, der Mordschütze Dickmann, Diekmann oder Dieckmann, und der Gendarm begegnet uns sogar in vier verschiedenen Spielarten seines Namens.

Der Mord an Hans Paasche erregte überaus großes Aufsehen; man könnte allein mit den entsprechenden Pressemitteilungen einen ganzen Band füllen.[9] Darin sowie in den Nachrufen erscheinen immer wieder die Wörter rein, edel und wahrhaftig. Paasches Lebensweg – eben weil er nicht Dasein im Schatten übernommener politischer Grundsätze oder einer vereinnahmenden Ideologie war – erschien als Flamme, an der andere sich gern entzündet hätten, ihr Verlöschen weckte Betroffenheit. Insbesondere demokratische Publizisten wie Siegfried Jacobsohn, Carl von Ossietzky und Kurt Tucholsky – mancher davon mochte das eigene Schicksal erahnen – sahen sich herausgefordert, wollten »Blumen streuen auf dieses so allzufrühe Grab und es vor Schimpf bewahren«.[10] Sehr anziehend mußte auf jenen Kreis wirken, daß Paasches Anschauungen ihn immer wieder zu den Menschen geführt hatten: in die Steppen Afrikas, auf den Hohen Meißner, in die Unterkünfte der Kriegsschiffe, auf die Straßen der Revolutionszeit oder in die Gemeinschaft von Landarbeitern und Flößern. Das waren Schritte, die deutsche Geistesschaffende gemeinhin nur zögernd und sehr befangen gehen. Und es ist kein Zufall, wenn Hans Paasche da mit den verklärten, volkstümlichen Helden deutschen Aufbegehrens verglichen wurde: Ulrich von Hutten, Florian Geyer, Thomas Müntzer.

So wäre allein schon die eigenartige Beziehung Tucholskys zu Paasche eine tiefere Betrachtung wert. Tucholsky beließ es nicht bei dem ergreifenden Gedicht »Paasche« und einer erheblichen Anzahl anderer Veröffentlichungen, in denen er über Jahre an den »Stillen, Reinen«, der »die Menschen liebte und Sergeanten haßte« erinnerte, er reiste auch nach Waldfrieden.[11] Dort wird er vor dem Grab im Park gestanden haben, an einem Ort, den Hans Paasche selbst ausgesucht hatte: am Abhang, auf einen von Erlen umstandenen Weiher blickend. Unweit davon, beim Gehöft der Geislers, gemahnte übrigens noch ein schlichtes Holzkreuz an den Ermordeten, das von Hertha Geisler immer wieder mit frischen Blumen geschmückt wurde. Sie hat nach Paasches Tod einen Sohn geboren, den sie Hans nannte. Nach ihrer Verheiratung mit Erich Weckwerth ist der Junge vermutlich nicht adoptiert worden, denn die Wittings zahlten Unterhaltsgeld. Er soll im Zweiten Weltkrieg gefallen sein.[12]

Über Hans Paasches Beerdigung gibt es widersprüchliche Mitteilungen – offenbar fanden mehrere Trauerfeiern statt. Nicht jeder mochte zum Beispiel mit Hermann Paasche zusammentreffen, als der seine Grabrede hielt. Die USPD-Zeitung »Freiheit« vermeldete: »Unter großer Beteiligung der Bevölkerung wurde Hans Paasche am zweiten Pfingsttage in dem Park seines Gutes Waldfrieden beerdigt. Hunderte von Sozialisten waren mit roten Schleifen und roter Fahne aus den umliegenden Dörfern herbeigekommen, um ihren edlen Mitkämpfer zur letzten Ruhe zu geleiten. Am Grabe sprach zuerst Lehrer Setzler, der den Toten als einen vorbildlichen Kämpfer für jeden sozialen Fortschritt feierte. Darauf schilderte Magnus Schwantje die Verdienste des Ermordeten um die Friedensbewegung, den

Tierschutz und die Bestrebungen zur Veredlung der Lebensführung. Der Vorsitzende des unabhängigen Wahlvereins in Wie-
senthal, Oschmann, dankte dem Toten für seine hingebende und
mannhafte Teilnahme an dem Kampf zur Befreiung der Arbei-
terklasse. Zum Schluß pries die Erzieherin seiner Kinder, Frau
Hadwig Lahs-Dorsch, die große Herzensgüte Hans Paasches.
Die ungemein große Zahl der Teilnehmer an der Begräbnisfei-
er zeigte, welche hohe Verehrung dieser kühne Idealist in allen
Kreisen der ländlichen Bevölkerung genoß.«[13] Das war keine
wohlmeinende Übertreibung – es ist verbürgt, daß Fotografien
Paasches noch viele Jahre wie Ikonen in den Wohnstuben von
Hochzeit, Wiesental, Selchowhammer, Woldenberg und Kreuz
hingen. Auch befürchteten die Behörden, es könne sich wäh-
rend der Beerdigung ein Aufruhr erheben und ließen Waldfrieden abermals umzingeln, zudem wurden Soldaten in die nahen
Dörfer gesandt.[14]

Die Kinder Jochen und Nils wuchsen hernach bei Gabriele
und Richard Witting auf. Jochen wurde ein namhafter Sinolo-
ge, der heute in Kalifornien lebt, Nils ging als Landwirt nach
Südafrika, wo er 1976 starb. Robert Schoepf und seine Frau
Sibylle Schoepf-Witting betreuten Helga und Ivan. Helga war
späterhin als Journalistin, Übersetzerin und Sozialarbeiterin tätig, Ivan wurde Mathematiker. Beide leben jetzt in der Nähe
von München. Jeder von ihnen hat mehr oder weniger mit den
Alpträumen leben müssen, von denen Waisen bedrängt werden.

Wie er es höhnend voraussagte, überlebte Hermann Paasche
seinen Sohn – bis 1925. Elise Paasche starb 1943, trat vornehmlich in den zwanziger Jahren mit antisemitischen, gegen die
»Kriegsschuldlüge« gerichteten Vorträgen auf und publizierte
unter anderem ihre Gedanken darüber »Was die Welt dem preußischen Militarismus verdankt«. Das Gut Springwerder – wie
Waldfrieden nunmehr in Polen gelegen – dient heute als Försterei, aus der Kriegerwitwenansiedlung sind Stallungen geworden. Wer den stillen, wald- und seenreichen Landstrich mit dem
ehemaligen Stammlager Woldenberg (Oflag IIC) aufsucht, der
mag sehen, was der von Elise Paasche gerühmte preußische
Militarismus *uns* gebracht hat: unwiederbringlichen Verlust und
Schande.

Landrichter Escher stieg auf in der deutschen Gerichtsbar-
keit, Armand Chouffet studierte Jura, war im Bezirk Lyon als
Anwalt tätig, Abgeordneter in der Dritten Republik und Bür-

227

germeister von Villefranche; über den weiteren Lebensweg von Max Koch wissen wir nichts. Maximilian Harden starb 1927 in der Schweiz, und Josef Goebbels schrieb, die »jüdische Literaturbestie« sei nun »durch eine Lungenentzündung hingerichtet worden«. Es waren wohl auch Enttäuschung und die Folgen des Mordversuches von 1922. »Ihr Deutschen geht zugrunde durch eure Solidarität mit den Mördern!« rief Harden damals den Geschworenen im Prozeß gegen die gedungenen Totschläger vorausehend zu. Paasches kämpferischer Freund Franz Pfemfert, heute nachlässig in die Schublade »politische Wirrköpfe« eingeordnet, stand Harden in der Not der letzten Stunde bei. Vom Schicksal weiterer Mitstreiter Paasches in der Friedensbewegung mag man kaum sprechen – ihre Gräber liegen in der Schweiz, in den USA und in Mexiko. Wer in Deutschland blieb, wie zum Beispiel Hans Georg von Beerfelde und Magnus Schwantje, kam in die Gestapokeller oder Konzentrationslager. So auch Walter Hammer, der das Gedenken an Paasche in der von ihm gemeinsam mit Knud Ahlborn herausgegebenen Zeitschrift »Junge Menschen« lange Zeit wachhielt und den »Lukanga Mukara« verlegte.

Richard Witting lebte bis 1923, seine Frau Gabriele bis 1938. Er sah die Verfassung der Weimarer Republik, die er gemeinsam mit Hugo Preuß entwarf, also noch jahrelang angewendet. Die Wirklichkeit gefiel ihm nicht. Wie sein Schwiegersohn forderte er vergeblich, schuldbeladene Persönlichkeiten aus ihren Ämtern zu entfernen und mühte sich ebenso angefeindet und verhöhnt um eine deutsch-französische Annäherung. Er warnte bereits damals, ein neuer Weltkrieg würde kommen und sagte die Judenverfolgungen voraus. Sein Haus blieb eine gute Adresse für Pazifisten und Demokraten; seine Tochter Sibylle setzte diese Tradition fort – Kurt Tucholsky gehörte zu ihren Gästen und Brieffreunden.

Das Gut Waldfrieden ist 1923 verkauft worden. Nach 1945 verfielen die unbewohnten Gebäude, und für die Klinkersteine des Gutshauses fand sich in der Umgebung Verwendung; das Land ist Staatsforst. 1985 brachten Helga Paasche, Hans Paasches Urenkel Marc und polnische Helfer den dort sehr einsam stehenden Grabstein von Waldfrieden zur Burg Ludwigstein, die das Archiv der deutschen Jugendbewegung birgt und in deren Nähe bereits seit 1921 die mächtige »Paasche-Linde« an Hans Paasche erinnert.

Von dem Mann, der da noch immer in Waldfrieden liegt, wird berichtet, er habe in Mußestunden gern niedergeschrieben, was er leichthin »Briefe für den Papierkorb« nannte: Mitteilungen an die Nachgeborenen, in denen er Literatur empfahl, die ihn bewegte, Vorschläge unterbreitete, wie man Unrecht, Zwietracht und Zerstörung von der Erde verbannen könne. Dieses Buch ist ein Versuch, den einen oder anderen seiner Briefe vor dem großen Papierkorb zu bewahren, den wir Geschichte nennen. Nur noch ein Blick auf Hans Paasches Grab. Dort erhebt sich heute ein hölzernes Kreuz, auf einer Tafel steht in polnischer Sprache: »Hier ruht ein Kämpfer für Frieden und Völkerverständigung, ermordet im Jahre 1920 als Opfer seiner Gesinnung«. Darunter die deutschen Worte: »Ich habe mehr gesät als geschnitten ...«

Anmerkungen

»Ich habe keine Jugend gehabt«

1 Das Foto ist als Frontispiz in Magnus Schwantje: »Hans Paasche. Sein Leben und Wirken«, Berlin 1921 (= Flugschriften des Bundes Neues Vaterland, Nr. 26/27) sowie in Hans Paasche: »Im Morgenlicht. Kriegs-, Jagd- und Reise-Erlebnisse in Ostafrika«, Berlin 1907, S. 97.

2 Er wurde vom Beginn an Hans genannt und unterzeichnete bereits als Schüler nur so. Das Geburtshaus in der Sankt-Georg-Straße in Rostock ist noch erhalten.

3 Hans Paasche: »Das verlorene Afrika«, Berlin 1919, S. 12 (= Flugschriften des Bundes Neues Vaterland, Nr. 16).

4 »Die Forschungsreise des Afrikaners Lukanga Mukara ins innerste Deutschland. Geschildert in Briefen Lukanga Mukaras an den König Ruoma von Kitara«. Gesammelt von Hans Paasche. Hrsg. auf Veranlassung Hans Paasches von Franziskus Hähnel, Hamburg 1921, S. 65 ff.

5 Sie nannte sich – wie ihre Tochter – stets Lisi, führte diesen Vornamen im Briefkopf und unterzeichnete auch »Frau Lisi Paasche geb. Faber«. Elise Paasche stammte aus Magdeburg; ihr Vater war durch ein Verkehrsunternehmen sowie durch Grundstücksverkäufe sehr vermögend geworden. Vgl. Bundesarchiv Potsdam, Nebenstelle Hoppegarten; Akten des Oberreichsanwalts betreffend die Untersuchung gegen den Kapitänleutnant Hans Paasche aus Waldfrieden bei Hochzeit wegen Aufforderung zum Hochverrat und versuchtem Landesverrat – C 153/17 – Bd. 1, Akte 101 Rs.

6 Frau Geheimrat Paasche: »Frauenschicksale im Volksleben der alten und neuen Welt«. Als Manuskript gedruckt, o.O., o.J.

7 Ebenda, S. 3.

8 Ebenda, S. 3.

9 Ebenda, S. 4.

10 Ebenda, S.77. Für ihren Abscheu erscheint nicht unwesentlich, daß Hermann Paasches Vater Alkoholiker war. Die Paasches verweigerten von der Stadt Burg bei Magdeburg,

dem Wohnort des Vaters, verlangte Unterhaltszahlungen. Vgl. Hans Leuss: »Herr Paasche«. Selbstverlag des Verfassers, Berlin o.J. (1918), S. 19.

11 Lisi heiratete 1899 den Artilleriemajor – späterhin Oberstleutnant – Paul Kritzler; sie starb 1968 in Mexico City.

12 H. Paasche: Im Morgenlicht, S. III.

13 Bundesarchiv Potsdam, Akten des ORA, C 153/17, Bd. 8, Akte 3-20, zitiert nach Hans Paasche: »Ändert Euren Sinn! Schriften eines Revolutionärs«. Hrsg. von Helmut Donat und Helga Paasche. Mit einem Nachwort von Robert Jungk, Bremen 1992, S. 54 (= Schriftenreihe Geschichte & Frieden, Bd. 2).

14 Unter anderem in M. Schwantje: Hans Paasche, S. 8.

15 Bundesarchiv Potsdam, Akten des ORA, C 153/17, Bd. 8, Akte 3-20, zitiert nach H. Paasche: »Ändert Euren Sinn!«, S. 54.

16 H. Paasche: Die Forschungsreise, S. 26.

17 Zu Kauf und Benennung vgl. Bundesarchiv Potsdam, Akten des ORA, C 153/17, Bd. 6, Akte 33. Nach dem Ersten Weltkrieg fiel Waldfrieden verwaltungsmäßig an Wiesental in der Grenzmark Posen-Westpreußen (Regierungssitz Schneidemühl), Netzekreis mit der Kreisstadt Schönlanke. Der Neumark, wie bereits damals häufig angegeben, gehörte Waldfrieden niemals, sondern immer nur das benachbarte Hochzeit (Kreis Arnswalde) an.

18 H. Paasche: Die Forschungsreise, S. 25.

19 Angaben über die Anwohner von Waldfrieden nach brieflicher Mitteilung von Ernst Oppermann (ehemals Hochzeit) aus Riemsloh an Helga Paasche, 18.1.1987, Privatarchiv Helga Paasche, Dießen.

20 Hans Paasche: »Seefahrt«. In: Der Vortrupp. Halbmonatsschrift für das Deutschtum unsrer Zeit. Herausgegeben von Dr. jur. Hermann Martin Popert und Kapitänleutnant a.D. Hans Paasche, 1. Jg. Nr. 15, S. 454, 1.8.1912.

21 Carl Euler: »Das Königl. Joachimsthalsche Gymnasium. Vortrag, gehalten ... am 8. Oktober 1898«. In: Brandenburgia 7, Potsdam 1898/99.

22 Hans Paasche: »Volkserziehung im Schnee«. In: Der Vortrupp, 1. Jg., Nr. 5. S. 131, 1.3.1912. Zum Schulbesuch vgl. Bundesarchiv Potsdam, Akten des ORA, C 153/17, Bd. 1, Akte 103.

23 H. Paasche: Das verlorene Afrika, S. 3 f.

24 Prof. Dr. Dütschke: »Erinnerung an Hans Paasche«, falsch datierter (»Nr. 286, 8. Juni 1920«) Zeitungsartikel aus dem »Vorwärts«, Bundesarchiv Potsdam, Sammlung Reichsland- bund – 61 Re 342, Bd. Pa-Pas.

25 Bundesarchiv Potsdam, Akten des ORA, C 153/17, Bd. 7, Akte 95.

26 Ebenda. Hans Paasche verließ die Schule achtzehnjährig aus der Unterprima – er hatte nach dem Umzug von Marburg nach Berlin eine Klasse wiederholen müssen. Vgl. Bundes- archiv Potsdam, Akten des ORA, C 153/17, Bd. 1, Akte 103.

27 Mündliche Auskunft von Dr. Ivan Paasche an Helmut Do- nat, 2.9.1990. Die Marinelaufbahn wurde von Hermann Paa- sche sehr bestimmt gewünscht, vgl. Bundesarchiv Potsdam, Akten des ORA, C 153/17, Bd. 1, Akte 103 Rs.

28 Bundesarchiv Potsdam, Akten des ORA, C 153/17, Bd. 8, Akte 3-20, zitiert nach H. Paasche: »Ändert Euren Sinn!«, S. 54 f.

29 Helmut Donat/Karl Holl (Hrsg.): »Die Friedensbewegung. Organisierter Pazifismus in Deutschland, Österreich und in der Schweiz«, Düsseldorf 1983, S. 96.

30 M. Schwantje: Hans Paasche, S. 5.

31 H. Paasche: Das verlorene Afrika, S. 4 und 9 f.

Felix Thomas – ein Seeoffizier in Afrika

1 Otto Wanderer (d.i. Otto Buchinger): »Paasche-Buch«, Hamburg 1921, S. 5.

2 Den Vorsitz führte Paasches Freund Karl Hinckeldeyn, wäh- rend der ebenfalls mit Paasche befreundete Walter Goethe die Vereinigung der Marine-Guttempler in Cuxhaven leite- te, vgl. Der Vortrupp, 3. Jg., Nr. 6, S. 191, 15.3.1914.

3 O. Wanderer: Paasche-Buch, S. 4

4 H. Paasche: Das verlorene Afrika, S. 7 f.

5 Mitteilung des Alldeutschen Verbandes, 1. Januar 1894, zi- tiert nach »Handbuch der bürgerlichen Parteien und Verbän- de«, Bd. I, Berlin 1968, S. 9.

6 H. Paasche: Im Morgenlicht, S. 19.

7 Ebenda, S. 10.

8 H. Paasche: Im Morgenlicht. Kriegs- und Jagderlebnisse in

Ostafrika, 3. Auflage, bearb. v. Dr. A. Berger, Neudamm 1925. Arthur Berger war selbst Afrikareisender und traf vor dem Ersten Weltkrieg verschiedentlich mit Paasche zusammen. Er verfälschte den ursprünglichen Text erheblich und brachte eigene politische Anschauungen ein.

M. Schwantje: Hans Paasche, S. 6, gibt an, Paasche – inzwischen Vegetarier und Tierschützer – habe Neuauflagen wegen der Jagdszenen nicht zugestimmt: wie einige andere Behauptungen Schwantjes nur ein Versuch, Paasche – der weiterhin jagte – vor Nörgeleien eifernder Verbandsmitglieder zu schützen.

9 Es ist häufig publiziert worden, Paasche sei Erster Offizier der »Bussard« gewesen. Er war jedoch Zweiter oder Dritter Offizier, denn in H. Paasche: Im Morgenlicht, werden mehrfach Gespräche mit dem Ersten Offizier erwähnt.

10 Vgl. Hans Paasche: »Was ich als Abstinent in den afrikanischen Kolonien erlebte«, Reutlingen 1911, S. 10 (= Aus der Quelle des Mimir. Schriften zur Förderung gesunder deutscher Kultur, Heft 6). Paasches Verhältnis zu von Götzen – ebenfalls ein leidenschaftlicher Jäger – war gewiß vertrauter, als sich das heute nachweisen läßt.

11 H. Paasche: Im Morgenlicht, S. 28.

12 O. Wanderer: Paasche-Buch, S. 23 f.

13 Paasches Geschicklichkeit z.B. in O. Wanderer: Paasche-Buch, S. 24 und 28.

14 Ebenda, S. 25.

15 »Der junge Paasche«. In: Welt und Haus, Nr. 9/1908, S. 2.

16 H. Paasche: Im Morgenlicht, S. 61 f.

17 Heinrich Loth: »Geschichte Afrikas. Von den Anfängen bis zur Gegenwart«, Teil 2, Berlin 1976, S. 87.

18 H. Paasche: Im Morgenlicht, S. 79 und 139.

19 Ebenda, S. 121.

20 Meldung Paasches vom 22.8.1905, »Kriegstagebuch des Oberleutnant z.S. Paasche«, Bundesarchiv/Militärarchiv Freiburg – RM 121/452, Beilage »Telegramme und Meldungen ...«.

21 Keudel an Paasche, ebenda.

22 H. Paasche: Im Morgenlicht, S. 126.

23 Hans Paasche: »Meine Mitschuld am Weltkriege«, Berlin 1919, S. 9 f. (= Flugschriften des Bundes Neues Vaterland, Nr. 6).

24 Hans Paasche: »Die Pfadfinder«. In: Der Vortrupp, 3. Jg., Nr. 17, S. 524, 1.9.1914.

25 H. Paasche: Meine Mitschuld, S. 12. Vercingetorix hieß der Anführer der Gallier im Aufstand gegen die römische Kolonialmacht; die Nervier waren ein gallischer Volksstamm.

26 H. Paasche: Im Morgenlicht, S. 81.

27 Meldung Paasches vom 20.8.1905, »Kriegstagebuch ...«.

28 H. Paasche: Im Morgenlicht, S. 114.

29 Der Autor publizierte früher irrtümlich, es sei der Orden vom Roten Adler gewesen. Inzwischen ist aus der Rangliste der Marine sowie aus Bundesarchiv Potsdam, Akten des ORA, C 153/17, Bd. 10, Akte 116 erwiesen, daß es der Kronenorden war.

30 Meldung Paasches vom 22.8.1905, Anlage zum Kriegstagebuch S.M.S. »Bussard«, Bundesarchiv/Militärarchiv Freiburg – RM 121/446.

31 H. Paasche: Meine Mitschuld, S. 10 f.

32 H. Paasche: Im Morgenlicht, S. 123 f.

33 H. Paasche: Meine Mitschuld, S. 12 f.

34 Kopie im Privatarchiv Helga Paasche, Dießen.

35 H. Paasche: Im Morgenlicht, S. 94 Fußnote.

36 Ebenda, S. 290 ff.

37 Ebenda, S. 292.

38 Ebenda, S. 303.

39 H. Paasche: Meine Mitschuld, S. 8.

40 H. Paasche: Im Morgenlicht, S. 228 f.

41 So laut Hans Paasche: »Protest in elfter Stunde«. In: Der Vortrupp, 1. Jg., Nr. 1, S. 8, 1.1.1912. Gemeint sein könnte jedoch eher Hans Paasche »Kolonie oder Zoologischer Garten?«, in: Deutsch-Ostafrikanische Zeitung, 9. Jg. (1907), Nr. 10, S. 1. Paasche veröffentlichte zwischen 1905 und 1911 eine größere Zahl von Beiträgen in den Zeitschriften Ostafrikanisches Weidwerk, Usambarapost und Deutsch-Ostafrikanische Zeitung.

42 H. Paasche: Im Morgenlicht, S. 276 f.

43 Ebenda, S. 258.

44 H. Paasche: Meine Mitschuld, S. 15.

45 H. Paasche: Im Morgenlicht, S. 230.

46 Ebenda, S. 158.

47 Ebenda, S. 272.

1 Der Begriff erscheint bei Paasche häufiger, seine Wertschätzung für Amerikaner war idealistisch übersteigert. Vgl. hier-
zu z.B. seine Tagebuchaufzeichnungen von 1916 (unpaginiert) im Privatarchiv Helga Paasche, Dießen.

2 H. Paasche: Das verlorene Afrika, S. 12 f.

3 Wilhelm Muehlon: »Ein Fremder im eigenen Land. Erinnerungen und Tagebuchaufzeichnungen eines Krupp-Direktors
1908-1914«. Hrsg. und eingel. von Wolfgang Benz, Bremen
1989, S. 104 f.

4 H. Paasche: Meine Mitschuld, S. 13 und 15.

5 Theodor Lessing: »Wortmeldungen eines Unerschrockenen.
Publizistik aus drei Jahrzehnten«. Hrsg. u. eingel. von Hans
Stern, Leipzig und Weimar 1987, S. 182.

6 Bundesarchiv Potsdam, Akten des ORA, C 153/17, Bd. 8,
Akte 3-20, zitiert nach H. Paasche: »Ändert Euren Sinn!« S.
55. Paasches Aufenthalt in Südafrika ist belegt durch Bundesarchiv Potsdam, Akten des ORA, C 153/17, Bd. 10, Akte
143 Rs.

7 Schriftliche Aussage Richard Wittings an Landrichter
Escher, datiert in Berlin am 17.11.1917, S. 1 f., Kopie im
Privatarchiv Helga Paasche, Dießen.

8 H. Paasche: Meine Mitschuld, S. 15.

9 Bundesarchiv Potsdam, Akten des ORA, C 153/17, Bd. 8,
Akte 3-20, zitiert nach H. Paasche: »Ändert Euren Sinn!«
S. 55.

10 Vizeadmiral Koch an Landrichter Escher am 24.1.1918,
Kopie im Privatarchiv Helga Paasche, Dießen.

Zeit des Orions

1 Veröffentlicht in Helga Paasche: »Ein Leben für unsere Zukunft. Hans Paasche zum 65. Todestag«. In: Jahrbuch des
Archivs der deutschen Jugendbewegung, Bd. 15, Witzenhausen 1984/85, S. 305 ff.

2 Hans Paasche: »Die Wildnis«, eingefügt in Tagebuchauf-
zeichnungen des Jahres 1916 (unpaginiert); Privatarchiv
Helga Paasche, Dießen. Veröffentlicht in Hans Paasche:
»Die Forschungsreise des Afrikaners Lukanga Mukara ins

innerste Deutschland«. Mit einem Vorwort zur Neuauflage von Helga Paasche. Hrsg. von Helmut Donat und Lothar Wieland, Bremen 1984, S. 85 ff. (= Schriftenreihe »Das Andere Deutschland«, Bd. 2).

3 Bundesarchiv Potsdam, Akten des ORA, C 153/17, Bd. 8, Akte 3-20, zitiert nach H. Paasche: »Ändert Euren Sinn!« S. 75 f.

4 Hans Paasche: »Aufzeichnungen auf einer Hochzeitsreise. Vom sterbenden Afrika«. In: Berliner Tageblatt, Nr. 408, 12.8.1917 (II), S. 4.- Hans Paasche: »Hans Paasches afrikanische Hochzeitsreise. Zusammenhanglose Auszüge aus seinem Reisetagebuch«. In: Junge Menschen, 4. Jg., Heft 12, S. 252 ff., Dezember 1923.
Ellen Paasche: »Makotis Ehe. Aus meinem afrikanischen Reisetagebuch«. In: Der Welt-Spiegel. Illustrierte Halb-Wochenschrift des Berliner Tageblattes, Nr. 84, S. 1 ff., 18.10.1914.

5 Gottfried Paasche: »Hans Paasche's Kagera Nil: fragments with a preface, commentary, and postscript«. Privatdruck, Toronto 1993.

6 Schriftliche Mitteilung Dr. Ivan Paasches an den Autor, 5.7.1993.

7 H. Paasche: Was ich als Abstinent erlebte, S. 18.

8 Hans Paasche: »Vegetarismus und Jagd«. In: Junge Menschen, 2. Jg., Heft 10, S. 150, Ende Mai 1921.

9 Ebenda.

10 H. Paasche: Hans Paasches afrikanische Hochzeitsreise, S. 252.

11 Ebenda.

12 Hans Meyer: »Zum Gipfel des Kilimandscharo. Ostafrikanische Gletscherfahrten«. Hrsg. von Reinhard Escher, Leipzig 1989, S. 73.

13 Hans Paasche: »Volkserziehung im Schnee«. In: Der Vortrupp, 1. Jg., Nr. 5, S. 133, 1.3.1912.

14 Mitteilung von Mr. Rajeef Shah, M.K.M.C., an den Autor während eines Aufenthaltes in Moshi, 26.2.1994.

15 H. Paasche: Das verlorene Afrika, S. 5.

16 H. Paasche: Was ich als Abstinent erlebte, S. 3 f.

17 H. Paasche: Die Forschungsreise, S. 9 f.

18 Ebenda, S. 32.

19 Ebenda, S. 50.

20 H. Paasche: Aufzeichnungen auf einer Hochzeitsreise.
21 G. Paasche: Hans Paasche's Kagera Nil, S. 5.
22 H. Paasche: Das verlorene Afrika, S. 3.
23 H. Paasche: Aufzeichnungen auf einer Hochzeitsreise.
24 G. Paasche: Hans Paasche's Kagera Nil, S. 10.
25 Ebenda.
26 H. Paasche: Hans Paasches afrikanische Hochzeitsreise, S. 252.
27 Adolf Friedrich Herzog zu Mecklenburg: »Ins innerste Afrika. Bericht über den Verlauf der deutschen wissenschaftlichen Zentral-Afrika-Expedition 1907-1908«, Leipzig 1909.
28 H. Paasche: Hans Paasches afrikanische Hochzeitsreise, S. 252.

Im Lande Lukanga Mukaras

1 G. Paasche: Hans Paasche's Kagera Nil, S. 7.
2 Siehe Anmerkung 41 zu »Felix Thomas, ein Seeoffizier in Afrika«.
3 H. Paasche: Die Forschungsreise, S. 50.
4 H. Paasche: Hans Paasches afrikanische Hochzeitsreise, S. 253.
5 E. Paasche: Makotis Ehe, S. 1.
6 G. Paasche: Hans Paasche's Kagera Nil, S. 10.
7 H. Paasche: Hans Paasches afrikanische Hochzeitsreise, S. 253.
8 G. Paasche: Hans Paasche's Kagera Nil, S. 14.
9 H. Paasche: Hans Paasches afrikanische Hochzeitsreise, S. 253.
10 E. Paasche: Makotis Ehe, S. 2.
11 H. Paasche: Was ich als Abstinent erlebte, S. 8.
12 G. Paasche: Hans Paasche's Kagera Nil, S. 11.
13 Ebenda, S. 8.
14 Ebenda, S. 12 f.
15 Ebenda, S. 9.
16 E. Paasche: Makotis Ehe, S. 2.
17 H. Paasche: Das verlorene Afrika, S. 11.
18 Richard Kandt: »Caput Nili. Eine empfindsame Reise zu den Quellen des Nils«, Berlin 1921, S. 302 f.
19 H. Paasche: Das verlorene Afrika, S. 5.

20 H. Paasche: Hans Paasches afrikanische Hochzeitsreise, S. 254.

21 Ebenda.

22 E. Paasche: Makotis Ehe, S. 3.

23 H. Paasche: Die Forschungsreise, S. 23.

»Sie glauben, die Erde sei um ihretwillen gemacht«

1 H. Paasche: Was ich als Abstinent erlebte, S. 11.

2 Ebenda, S. 20.

3 Die folgenden Zitate stammen aus Hermann Popert: »Helmut Harringa«, Berlin 1910.

4 Bundesarchiv Potsdam, Akten des ORA, C 153/17, Band 8, Akte 3-20, zitiert nach H. Paasche: »Ändert Euren Sinn!« S. 55 f.

5 Johannes Fischart (d.i. Erich Dombrowski): »Politiker und Publizisten«. XVII: Hermann Paasche. In: Die Weltbühne, 14. Jg., S. 519, 6.6.1918.

6 Hans Leuss: Herr Paasche, S. 38.

7 Maximilian Harden: »Kaiserpanorama. Literarische und politische Publizistik«. Hrsg. und mit einem Nachwort von Ruth Greuner, Berlin 1983, S. 279.

8 Zitiert nach Heinz Knobloch (Hrsg.): »Der Berliner zweifelt immer«, Berlin 1979, S. 251.

9 O. Wanderer: Paasche-Buch, S. 19 f.

10 Ebenda, S. 20 f.

11 Ebenda, S. 24.

12 H. Paasche: Meine Mitschuld, S. 15.

13 O. Wanderer: Paasche-Buch, S. 33.

14 Hans Paasche: »Protest in elfter Stunde«. In: Der Vortrupp, 1. Jg., Nr. 1, S. 6, 1.1.1912.

15 Ebenda, S. 9.

16 Hans Paasche: »Jung Deutschland«. In: Der Vortrupp, 1. Jg., Nr. 3, S. 66 f., 1.2.1912.

17 Henriette Wottrich: »Auguste Kirchhoff. Eine Biographie«, Bremen 1990, S. 48 (= Schriftenreihe Geschichte & Frieden, Bd. 1).

18 H. Paasche: Meine Mitschuld, S. 8 und 16.

19 Hans Paasche: »Der reine Teint«. In: Der Vortrupp, 1. Jg., Nr. 7, S. 194, 1.4.1912.

20 H. Paasche: Die Forschungsreise, S. 10. Im Hinblick auf den »Lukanga« vgl. die Betrachtung von Peter Morris-Keitel: »Umwertung aller Werte! Hans Paasches 'Lukanga Mukara' neu gelesen«. In: Jahrbuch des Archivs der deutschen Jugendbewegung, Bd. 17, Witzenhausen 1988-92, S. 163 ff.

21 H. Paasche: Die Forschungsreise, S. 16 f.

22 Ebenda, S. 17 und 36.

23 Ebenda, S. 18.

24 Ebenda, S. 24 f.

25 H. Paasche: Das verlorene Afrika, S. 14.

26 H. Paasche: Die Forschungsreise, S. 52.

27 Friedrich Ratzel: »Völkerkunde«, Bd. 1: Die Naturvölker Afrikas, Leipzig 1885, S. 13.

28 H. Paasche: Die Forschungsreise, S. 84.

29 H. Paasche: Das verlorene Afrika, S. 19.

30 H. Paasche: Die Forschungsreise, S. 68 f.

31 Ebenda, S. 69.

32 Erich R. Schmidt: »Meine Jugend in Groß-Berlin. Triumph und Elend der Arbeiterbewegung 1918-1933«. Mit einem Vorwort von Willy Brandt, Bremen 1988, S. 61 f.

33 H. Paasche: Jung Deutschland, S. 70.

Ferne Küsten

1 Hans Paasche: »Seefahrt«. In: Der Vortrupp, 1. Jg., Nr. 15 (1.8.12), S. 453 f.

2 Hans Paasche: »Deutscher Naturschutz«. In: Der Vortrupp, 1. Jg., Nr. 20 (16.10.12), S. 609.

3 Ebenda, S. 616.

4 Ebenda, S. 617.

5 Bundesarchiv Potsdam, Akten des ORA, C 153/17, Bd. 8, Akte 3-20, zitiert nach Abschrift im Privatarchiv Helga Paasche, Dießen; in H. Paasche: »Ändert Euren Sinn!« nicht veröffentlicht.

6 Schriftliche Aussage Richard Wittings an Landrichter Escher, datiert in Berlin am 17.11.17, S. 6 ff., Kopie im Privatarchiv Helga Paasche, Dießen.

7 Ebenda, S. 12.

8 H. Paasche: Meine Mitschuld, S. 8 f.

9 Ebenda, S. 15.

10 Protokoll der Vernehmung Ellen Paasches, Schneidemühl, 13.11.17, S. 198 Rs; Kopie im Privatarchiv Helga Paasche, Dießen.

11 Vgl. M. Schwantje: Hans Paasche, S. 11 und H. Paasche: Meine Mitschuld, S. 16; siehe Anmerkung 18.

12 Zitiert nach Sigrid Bock: »Bertha von Suttner, Die Waffen nieder! Vom Roman zur organisierten Friedensarbeit«. In: »Die Waffen nieder! Schriftsteller in den Friedensbewegungen des 20. Jahrhunderts«. Eingeleitet und herausgegeben von Sigrid Bock u.a., Berlin 1989, S. 38.

13 Ebenda, S. 41.

14 Bundesarchiv Potsdam, Akten des ORA, C 153/17, Bd. 10, Akte 115.

15 H. Paasche: Meine Mitschuld, S. 16.

16 General Keim an Landrichter Escher, Datum unleserlich (1917); Kopie im Privatarchiv Helga Paasche, Dießen.

17 Hermann Popert: »Hans Paasches Tod«. In: Der Vortrupp, 9. Jg., Nr. 12, S. 294, 2. Juniheft 1920.

18 An.: »Einiges von den Friedens-Phantasten«, Kreuz-Zeitung, Nr. 113, S. 2, 8.3.1913 (Morgen-Ausgabe).

19 M. Schwantje: Hans Paasche, S. 11 f.

20 H. Paasche: Meine Mitschuld, S. 16.

21 Hans Paasche: »Das Vaterland hat gerufen«. In: Der Vortrupp, 2. Jg., Nr. 2, S. 37, 16.1.1913.

22 Ebenda, S. 39

23 Ebenda, S. 33.

24 H. Paasche: Die Forschungsreise, S. 79.

25 Knud Ahlborn: »Wie es zum Jugendtag auf dem Hohen Meißner kam«. In: Gerhard Ziemer und Hans Wolf (Hrsg.) »Wandervogel und Freideutsche Jugend«, Bad Godesberg 1961, S. 441.

26 Willie Jahn: »Wir und Jungdeutschland«. In: Wandervogel und Freideutsche Jugend, S. 284.

27 Hans Paasche: »Volkserziehung im Schnee«. In: Der Vortrupp, 1. Jg., Nr. 5, S. 133, 1.3.1912.

28 Gustav Mittelstraß: »Der Verlauf des Festes«. In: Wandervogel und Freideutsche Jugend, S. 457.
Die in diesem Abschnitt vermittelte Ansicht ist vielleicht etwas düster geraten, weil sie sich auf Paasches Erwartungen bezieht. Im Gegensatz dazu äußerte Robert Jungk während einer Zusammenkunft von Zeitzeugen des »Gegner«-

Kreises: »Man kann den ganzen 'Gegner'-Kreis nicht verstehen, wenn man nicht die Jugendbewegung, den Hohen Meißner 1913 kennt ... In dieser Tradition steht die 'Gegner'-Bewegung.« In: Hans Coppi/Jürgen Danyel (Hrsg.): »Der 'Gegner'-Kreis im Jahre 1932/33. Ein Kapitel aus der Vorgeschichte des Widerstandes«. Tagungsbericht, veröffentlicht von der Evangelischen Akademie Berlin, Berlin 1990, S. 23.

29 H. Paasche: Die Forschungsreise, S. 81.
30 In: Wandervogel und Freideutsche Jugend, S. 478.
31 Bundesarchiv/Militärarchiv Freiburg RM 2/1884 Nr. 6154 vom 15.10.13.
32 Der Jost in Friedrich Wolfs »Kolonne Hund« (Dramen, Bd. 2, Berlin 1960, S. 83-175).- Überdies erscheint Paasche auch im dritten Abenteuer von Gerhart Hauptmanns Eulenspiegel (»Des großen Kampffliegers, Landfahrers, Gauklers und Magiers Till Eulenspiegel Abenteuer, Streiche, Gaukeleien, Gesichte und Träume«, Berlin 1928, S. 28-43).
33 Walter Hammer: »Hans Paasche und die Jugendbewegung. Eine Reihe persönlicher Erinnerungen«. Zitiert nach »'Auf der Flucht' erschossen ... Schriften und Beiträge von und über Hans Paasche«. Hrsg. von Helmut Donat unter Mitwirkung von Wilfried Knauer. Mit einem Geleitwort von Helga Paasche, Bremen/Zeven 1981, S. 61 (= Schriftenreihe »Das Andere Deutschland«, Bd. 1).
34 Bundesarchiv Potsdam, Akten des ORA, C 153/17, Bd. 8, Akte 3-20, zitiert nach H. Paasche: »Ändert Euren Sinn!« S. 56.
35 Hans Paasche: »Wehrkraft und Rüstung«. In: Der Vortrupp, 2. Jg., Nr. 15, S. 456, 1.8.1913.
36 Privatarchiv Helga Paasche, Dießen. Aufbau und Schreibweise sind geringfügig verändert worden.
37 Hans Paasche: »Der Gedanke der Lebensreform«. In: Junge Menschen, 5. Jg., Heft 1, S. 18, April 1924

Große Zeiten

1 Friedrich Engels: »Einleitung zu Borkheims 'Zur Erinnerung für die deutschen Mordspatrioten'«. In: Werkausgabe Karl Marx/Friedrich Engels, Bd. 21, Berlin 1962, S. 350 f.

2 Hans Paasche: »Die Federmode«. In: Der Vortrupp, 3. Jg., Nr. 5, S. 129, 1.3.1914.

3 Ebenda, S. 137.

4 Hans Paasche: »Glaub' an die Sache, der du dienst«. In: Der Vortrupp, 3. Jg., Nr. 13, S. 387, 1.7.1914.

5 Willibald Gutsche/Fritz Klein/Joachim Petzold: »Von Sarajevo nach Versailles. Deutschland im ersten Weltkrieg«, Berlin 1974, S. 11.

6 Vgl. Barbara Tuchman: »August 1914«, Frankfurt am Main 1990, S. 35.

7 Volker Ullrich: »Als der Thron ins Wanken kam. Das Ende des Hohenzollernreiches 1890-1918«, Bremen 1993, S. 129.

8 Vgl. Annemarie Lange: »Das Wilhelminische Berlin. Zwischen Jahrhundertwende und Novemberrevolution«, Berlin 1988, S. 622 ff.

9 Hans Paasche: »Vaterland, höre uns!« In: Der Vortrupp, 3. Jg., Nr. 17, S. 518, 1.9.1914.

10 Maximilian Harden: »Kaiserpanorama. Literarische und politische Publizistik«. Hrsg. und mit einem Nachwort von Ruth Greuner, Berlin 1983, S. 294.

11 O. Wanderer: Paasche-Buch, S. 31 f. Buchingers Erzählung wird bestätigt durch ein Schreiben des Admiralstabes der Marine an Landrichter Escher vom 24.12.17; Kopie im Privatarchiv Helga Paasche, Dießen.

12 Paasche an Hinckeldeyn, 7.11.1914. In: H. Donat (Hrsg.): »Auf der Flucht« erschossen..., S. 71.

13 Bundesarchiv Potsdam, Akten des ORA, C 153/17, Bd. 8, Akte 3-20, zitiert nach H. Paasche: »Ändert Euren Sinn!« S. 59.

14 Hans Paasche: »Marineoffiziere als Gastgeber«. In: Der Vortrupp, 3. Jg., Nr. 15, S. 449-456, 1.8.1914.

15 Theodor Plivier: »Des Kaisers Kulis. Roman der deutschen Kriegsflotte«, Berlin/Weimar 1985, S. 272.

16 Vgl. Lothar Wieland: »Belgien 1914. Die Frage des belgischen 'Franktireurkrieges' und die deutsche öffentliche Meinung von 1914 bis 1936", Frankfurt a.M./Bern/New York 1984 (= Studien zum Kontinuitätsproblem der deutschen Geschichte, Bd. 2); Helmut Donat: »Wer sich uns in den Weg stellt... Aus einem dunklen Kapitel deutscher Geschichte: Der Überfall auf Belgien im August 1914«. In: DIE ZEIT, 39. Jg., Nr. 34, 17.8.1984.

242

17 Hans Paasche: »Die Metanoia«, eingefügt in Tagebuchaufzeichnungen des Jahres 1916 (unpaginiert); Privatarchiv Helga Paasche, Dießen.

18 Bundesarchiv Potsdam, Akten des ORA, C 153/17, Bd. 8, Akte 3-20, zitiert nach H. Paasche: »Ändert Euren Sinn!« S. 59 f.

19 M. Schwantje: Hans Paasche, S. 13.

20 Heinz Kraschutzki: »Meine Wandlung: Fort vom Militarismus!«. In: H. Donat (Hrsg.): »Auf der Flucht« erschossen..., S. 50 f.

21 Bundesarchiv Potsdam, Akten des ORA, C 153/17, Bd. 8, Akte 3-20, zitiert nach H. Paasche: »Ändert Euren Sinn!« S. 62.

22 O. Wanderer: Paasche-Buch, S. 35 f. Buchingers Erzählung wird bestätigt durch ein Schreiben des Rechtsanwaltes Wolfgang Heine an Landrichter Escher vom 14.12.1917; Kopie im Privatarchiv Helga Paasche, Dießen.

23 Hans Paasche: »Fremdenlegionär Kirsch. Eine abenteuerliche Fahrt von Kamerun in den deutschen Schützengraben in den Kriegsjahren 1914/15«, Berlin 1916, S. 7.

24 Ebenda, S. 160.

25 14.5.1916, Bundesarchiv Koblenz, NL 62 Harden, Nr. 79, Abtlg. 1, Akte 47.

26 Ellen Paasche: »Deutsche Frauen und der Frieden«. In: Berliner Tageblatt, Nr. 575, 10.11.1915; hier zitiert nach der nur leicht abweichenden Fassung »Die Mütterlichkeit und der Friede«. In: Die neue Generation. Publikationsorgan des Deutschen Bundes für Mutterschutz usw., 11. Jg., Nr. 12, S. 418 f., Dezember 1915.

27 Bundesarchiv Potsdam, Akten des ORA, C 153/17, Bd. 8, Akte 3-20, zitiert nach H. Paasche: »Ändert Euren Sinn!« S. 62.

28 O. Wanderer: Paasche-Buch, S. 36.

29 Bundesarchiv Potsdam, Akten des ORA, C 153/17, Bd. 5, Akte 189.

30 M. Schwantje: Hans Paasche, S. 13.

»Es ist mir nicht anders gegeben«

1 Maria und John Paasche: »Diverse Antecedents« (ed. by

Sandra Marshall Finley), Privatdruck, San Francisco 1986, S. 50 ff.

2 Hans Paasche: »Zur Aufklärung, weshalb ich die meisten Unternehmungen, die heute für wohltätig gelten, nicht fördere«. In: Die Friedens-Warte, 19. Jg., Nr. 1, S. 27 f., Januar 1917.

3 Horst Naumann: »Hans Paasche. Pazifist-Revolutionär-Kommunist«. In: »Die Novemberrevolution und die Gründung der KPD«. Konferenzprotokoll, Teil 1, Berlin 1989, S. 163. Zur Geschichte und Entwicklung des Bundes vgl. Otto Lehmann-Rußbüldt: »Der Kampf der Deutschen Liga für Menschenrechte vormals Bund Neues Vaterland für den Weltfrieden 1914-1927«, Berlin 1927; Paasche wird darin neben Kurt Eisner, Alexander Futran und Gustav Landauer als Märtyrer des Bundes bezeichnet.

4 Bundesarchiv Potsdam, Akten des ORA, C 153/17, Bd. 10, Akte 115 Rs.

5 Schreiben des Polizeipräsidenten von Frankfurt am Main vom 28.11.1917 an Landrichter Escher; Kopie im Privatarchiv Helga Paasche, Dießen.

6 Bundesarchiv Potsdam, Akten des ORA, C 153/17, Bd. 3, Akte 81 sowie Bd. 7, Akte 89.

7 Der Vortrupp, 6. Jg., Nr. 4, S. 128, 16.2.1917.

8 Ellen Paasche: »Wir Pessimisten«; Entwurf einer Veröffentlichung (1918) in dem von Hans Paasche 1916 geführten Tagebuch (unpaginiert); Privatarchiv Helga Paasche, Dießen, publiziert in: Helmut Donat/Dieter Riesenberger: »Die Friedensbewegung in Deutschland (1892-1933)«, Stuttgart 1986, S. 29 f.

9 Bundesarchiv Potsdam, Akten des ORA, C 153/17, Bd. 8, Akte 3-20, zitiert nach H. Paasche: »Ändert Euren Sinn!« S. 64.

10 Ebenda, S. 69.

11 Privatarchiv Helga Paasche, Dießen.

12 Wolfgang Leppmann: »Rilke. Sein Leben, seine Welt, sein Werk«, Bern/München 1981, S. 365.

13 Annemarie Lange: »Das Wilhelminische Berlin. Zwischen Jahrhundertwende und Novemberrevolution«, Berlin 1988, S. 745.

14 Siehe Anmerkung 2.

15 M. Schwantje: Hans Paasche, S. 17 und 19.

16 Undatierte Tagebuchaufzeichnung; Privatarchiv Helga Paasche, Dießen.

17 Abgedruckt in: Ludwig Quidde: Der deutsche Pazifismus
während des Weltkrieges 1914-1918. Aus dem Nachlaß L.
Quiddes hrsg. von Karl Holl unter Mitwirkung von Helmut
Donat, Boppard am Rhein 1979, S. 281-284.

18 Brief Paasches an Buchinger vom 10.3.1917. Abgedruckt
in: Junge Menschen, 2. Jg., Heft 10, S. 149, Ende Mai 1921.

19 Brief Paasches an Marine-Assistenzarzt Engelhardt vom
4.5.1917, Bundesarchiv Potsdam, Akten des ORA, C 153/
17, Bd. 7, Hülle 134, Blatt 1.

20 Bundesarchiv Potsdam, Akten des ORA, C 153/17, Bd. 7,
Hülle 134, Blatt 3.

21 Hans Paasche: »Schweigen ist mir Pflicht«. In: Die Abstinenz. Central-Organ für die Nüchternheitsbewegung, 16. Jg.,
Nr. 10, S. 1, 1.10.1917.

22 Berliner Tageblatt, Nr. 408, S. 4, 12.8.1917 (II).

23 Siehe Anmerkung 18.

24 Bundesarchiv Potsdam, Akten des ORA, C 153/17, Bd. 9,
Akte 44-53.– Armand Chouffet, auch Armand Pierre Emile
genannt, war der Sohn eines Metzgers und wurde am 4. März
1895 in Hérimoncourt geboren.

25 Ebenda, Akte 49. Der Hinweis auf den Beginn der Untergrundtätigkeit im April 1917 in Bundesarchiv Potsdam, Akten des ORA, C 153/17, Bd. 5, Akte 50.

26 Bundesarchiv Potsdam, Akten des ORA, C 153/17, Hülle
141, Blatt 24.

27 Bundesarchiv Potsdam, Akten des ORA, C 153/17, Bd. 10,
Hülle 37, Blatt 5. Hellmuth von Moltke war Chef des preußischen Generalstabes, wurde 1871 zum Generalfeldmarschall ernannt und in den Grafenstand erhoben; Friedrich
Adler, ein linker österreichischer Sozialist, war bekannt
durch sein Attentat auf den ungarischen Ministerpräsiden-
ten.

28 »Verhandlungen des Reichstages. Stenographische Berichte«, Bd. 310, S. 3724 (122. Sitzung vom 6.10.1917), Berlin
1917.

29 Alle hier und zuvor genannten Flugblätter und Schriften sind
bei den Akten oder dort erwähnt; es wird darauf verzichtet,
sie hier einzeln nachzuweisen. Zu den Kenntnissen der Abwehr siehe Stellvertretender Generalstab, Abteilung IIIb, an

Landrichter Escher, 8.10.1917; Kopie im Privatarchiv Helga Paasche, Dießen.

30 Bundesarchiv Potsdam, Akten des ORA, C 153/17, Bd. 8, Akte 3-20, zitiert nach H. Paasche: »Ändert Euren Sinn!« S. 67.

31 Zitiert im Gutachten Leppmann S. 64; Kopie im Privatarchiv Helga Paasche, Dießen.

32 Bundesarchiv Potsdam, Akten des ORA, C 153/17, Bd. 8, Akte 3-20; Abschrift im Privatarchiv Helga Paasche, Dießen; in H. Paasche: »Ändert Euren Sinn!« nicht veröffentlicht.

33 Ebenda.

34 Bundesarchiv Merseburg – Rep. 77, Tit 354, Nr. 34, Bd. 18, Akte 235.

»Man kann doch nicht untätig bleiben«

1 Bundesarchiv Potsdam, Akten des ORA, C 153/17, Bd. 8, Akte 3-20, zitiert nach H. Paasche: »Ändert Euren Sinn!« S. 68.

2 Bundesarchiv Potsdam, Akten des ORA, C 153/17, Bd. 2, Akte 230.

3 Bundesarchiv Potsdam, Akten des ORA, C 153/17, Bd. 5, Akte 259.

4 Bundesarchiv Potsdam, Akten des ORA, C 153/17, Bd. 5, Akte 213.

5 Chef des Admiralstabes der Marine an Landrichter Escher, 11.12.1917; Kopie im Privatarchiv Helga Paasche, Dießen.

6 Bundesarchiv Potsdam, Akten des ORA, C 153/17, Bd. 8, Akte 238 Rs.

7 Bundesarchiv Potsdam, Akten des ORA, C 153/17, Bd. 8, Akte 181.

8 Bundesarchiv Potsdam, Akten des ORA, C 153/17, Bd. 10, Akte 188 f. Die derzeit – wegen der Zensur – von René Schickele in der Schweiz verlegten »Weißen Blätter«: expressionistische Zeitschrift mit pazifistischer Tendenz.

9 Bundesarchiv Potsdam, Akten des ORA, C 153/17, Bd. 7, Akte 111.

10 Bundesarchiv Potsdam, Akten des ORA, C 153/17, Bd. 4, Akte 181.

11 Bundesarchiv Potsdam, Akten des ORA, C 153/17, Bd. 6, Akte 42.

12 Rosa Luxemburg: »Gesammelte Briefe«, Bd. 5, Berlin 1987, S. 331. Der Brief enthält Irrtümer: Paasche hatte Ellen Witting nicht erst »kürzlich« geheiratet, und das Buch kann damals schwerlich verlegt worden sein. Vermutlich liegt eine Verwechslung mit dem »Lukanga« vor, dessen Veröffentlichung von der Zensur untersagt wurde.

13 Bundesarchiv Potsdam, Akten des ORA, C 153/17, Bd. 7, Akte 95.

14 Bundesarchiv Potsdam, Akten des ORA, C 153/17, Bd. 4, Akte 143.

15 Postkarte vom 24.10.1917, Briefe vom 25.10. und 5.11.1917; Kopien im Privatarchiv Helga Paasche, Dießen.

16 Beschluß der I. Strafkammer des Oberreichsgerichtes vom 8.2.18; Kopie im Privatarchiv Helga Paasche, Dießen.

17 24.10.1918, Bundesarchiv Koblenz, NL 62 Harden, Nr. 79, Abtlg. 1, Akte 55.

18 Bundesarchiv Potsdam, Akten des ORA, C 153/17, Bd. 9, Akte 155.

19 Gutachten Leppmann; Kopie im Privatarchiv Helga Paasche, Dießen, S. 92 f.

20 O. Wanderer: Paasche-Buch, S. 40.

21 Schreiben der Berliner Kommandantur vom 16.9.1918; Kopie im Privatarchiv Helga Paasche, Dießen.

22 24.10.18, Bundesarchiv Koblenz, NL 62 Harden, Nr. 79, Abtlg. 1, Akte 56.

23 Ebenda, Akte 54 ff.

24 24.7.18; Kopie im Privatarchiv Helga Paasche, Dießen.

25 E. Paasche: Wir Pessimisten.

26 Es gibt einen Hinweis darauf, daß von Beerfelde gleichfalls zeitweilig im Sanatorium Weiler festgehalten wurde. M. Schwantje: Hans Paasche, gibt an, Paasche sei von Matrosen befreit worden (S. 20).

27 Vgl. Wilfried Knauer: »Hans Paasche und die November-Revolution von 1918«. In: H. Donat (Hrsg.): »Auf der Flucht« erschossen..., S. 28-37.

28 »Das Andere Deutschland«; Unabhängige Zeitung für entschiedene republikanische Politik. Eine Auswahl (1925-1933). Hrsg. und eingel. von Helmut Donat und Lothar Wieland, Königstein/Ts. 1980, S. 107.

29 Berliner Zeitung vom 16.7.1947, zitiert nach H. Donat (Hrsg.): »Auf der Flucht« erschossen..., S. 141.

30 Hans Paasche: »Die Legende von der Vertreibung der Kaiserin« In: Junge Menschen, 2. Jg., Heft 21, S. 333 f., Anfang November 1921.- Vgl. dazu Mathilde Gräfin von Keller: »Vierzig Jahre im Dienst der Kaiserin. Ein Kulturbild aus den Jahren 1881-1921«, Leipzig o.J. (1935), S. 337 f.

31 Horst Naumann: »Biographische Skizzen – Hans Paasche«, Beiträge zur Geschichte der Arbeiterbewegung, 32. Jg. (1990), Heft 2, S. 257, Fußnote 32.

32 Privatarchiv Helga Paasche, Dießen.

33 »Fünf Reden. Scheidemann, Liebknecht, Haase, Berlemann, Paasche über die Revolution«, Berlin o.J. (1918 oder 1919), S. 37-40, zitiert nach H. Paasche: »Ändert Euren Sinn!« S. 201.

34 Paasche war Vorstandsmitglied in dem von Adolf Damaschke geführten »Bund deutscher Bodenreformer«. Zu Paasches eigenwilliger Beziehung zum Kommunismus vgl. Hans Paasche: »Die Metanoia«. In: Heimatwanderer, Zeitschrift für Jugend-Wollen und Werk, 2. Jg., Heft 2, S. 18 f., Februar 1922.

»Mancher wird das ferne Land nicht sehen«

1 Ellen Paasches Grab befindet sich auf dem Alten Sankt-Matthäus-Kirchhof in Berlin.

2 O. Wanderer: Paasche-Buch, S. 40 f.

3 H. Paasche: Meine Mitschuld, S. 4 f.; die Zeit der Niederschrift wird ferner eingegrenzt durch Paasches undatierten Brief an Gustav Landauer, der offenkundig in den letzten Februartagen 1919 geschrieben wurde und auf Meine Mitschuld ... Bezug nimmt; Kopie im Privatarchiv Helga Paasche, Dießen.

4 H. Paasche: Meine Mitschuld, S. 17.

5 Ebenda, S. 5 f.

6 Georg Bresin: »Hans Paasche. War er 'Kommunist' und 'geisteskrank'?« In: Berliner Volks-Zeitung, 68. Jg., Nr. 270, 11.6.1920 (Morgen-Ausgabe).

7 Carl von Ossietzky: »Hans Paasche«. In: Mitteilungen der

Deutschen Friedensgesellschaft, 1. Jg., Heft 6/7, S. 38, Juni/Juli 1920.

8   Maximilian Harden: »Kanonisirter Mord«. In: Die Zukunft, 109. Bd. (April/Juni 1920), Nr. 35, S. 213, 29.5.1920.

9   Hellmut von Gerlach: »Die adlige Rebellin«. In: Die Weltbühne, 22. Jg., Nr. 43, S. 645, 26.10.1926.

10 Fünf Reden, S. 198.

11 Annemarie Lange: »Berlin in der Weimarer Republik«, Berlin 1987, S. 183.

12 Hans Paasche: »An Lettow und seine Afrikaner«. In: Die Republik, 2. Jg., Nr. 79, 27.3.1919.

13 Paasche an Richard Witting, 9.3.1919; Kopie im Privatarchiv Helga Paasche, Dießen.

14 Richard von Soldenhoff (Hrsg.): »Siegfried Jacobsohn: Briefe an Kurt Tucholsky 1915-1926«, München usw. 1989, S. 63.

15 Paasche an Selma Harden, 14.7.1919; Kopie im Privatarchiv Helga Paasche, Dießen.

16 Emil Szittya: »Das Kuriositäten-Kabinett«, Konstanz 1923, S. 205. Szittyas Zeitangaben sind widersprüchlich.

17 Ebenda, S. 204.

18 Paasche kannte Eisner durch beider Tätigkeit im Bund Neues Vaterland; vgl. Paasches undatierten Brief an Landauer (Ende Februar 1919); Kopie im Privatarchiv Helga Paasche, Dießen.

19 »Hans Paasches Weg zum Kommunismus«. In: Die Rote Fahne, 5. Jg., Nr. 260, 7.6.1922, (Abend-Ausgabe).

20 An.: »Ein neues Verbrechen der Mörderzentrale«. In: Die Rote Fahne, 3. Jg., Nr. 86, 25.5.1920.

21 An.: »Die amtliche Darstellung der Erschießung Paasches. Der Bericht des Regierungspräsidenten«. In: Berliner Tageblatt, 49. Jg., Nr. 253, 1.6.1920 (Abend-Ausgabe). Vgl. »Zu Paasches Tod. Der Bericht des Polizeirats«. In: Berliner Tageblatt, 49. Jg., Nr. 256, 3.6.1920 (Morgen-Ausgabe).

22 E. Szittya: Das Kuriositäten-Kabinett, S. 204.

23 C. v. Ossietzky: Hans Paasche, S. 37.

24 O. Wanderer: Paasche-Buch, S. 23.

25 M. Schwantje: Hans Paasche, S. 22.

26 Ottokar Luban, Berlin, der Autor einer noch nicht erschienenen Monographie über die Spartakusgruppe, an Helmut Donat, 6.2.1994.

27 H. Paasche: An Lettow und seine Afrikaner.

28 Hans Paasche: »Sie töten den Geist nicht«. In: Die Republik, 2. Jg., Nr. 99, 16.4.1919.

29 Das Forum, 3. Jg., Heft 11, S. 901-904, August 1919.

30 M. und J. Paasche: Diverse Antecedents, S. 53.

31 »Als Mensch unter Menschen. Vincent van Gogh in seinen Briefen an den Bruder Theo«, ausgewählt und erläutert von Fritz Erpel, Bd. 2, Berlin 1962, S. 366.

32 Hans Paasche: »Sternennacht« In: Die Aktion, 11. Jg., Heft 21/22, Spalte 310, 28.5.1921. Der Umschlag dieser Ausgabe der von Franz Pfemfert herausgegebenen »Aktion« bildet van Goghs Gemälde »Die Sternennacht« ab.

33 Ignaz Wrobel (d.i. Kurt Tucholsky): »Ein weißer Rabe«. In: Die Weltbühne, 15. Jg., Nr. 50, S. 709, 4.12.1919.

34 H. Paasche: Das verlorene Afrika, S. 8 und 13 f.

35 H. Paasche: »Ändert Euren Sinn!« S. 38.

36 H. Paasche: Das verlorene Afrika, S. 7.

37 Ebenda, S. 16.

38 Ebenda.

39 Ebenda, S. 6.

40 Hans Paasche: »Nationalistische Pazifisten«. In: Die Friedens-Warte, 22. Jg., Heft 2, S. 67-70, Juni 1920. Abgedruckt auch in Wolfgang Benz (Hrsg.): Pazifismus in Deutschland. Dokumente zur Friedensbewegung 1890-1939, Frankfurt a.M. 1988, S. 166-172

41 Ebenda, S. 68.

42 Hans Paasche: »Protest eines Menschen«. In: Das Forum, 4. Jg., Heft 8, S. 573-577, Mai 1920.

43 Faksimile in H. Donat (Hrsg.): »Auf der Flucht« erschossen..., S. 73.

44 Ernst Oppermann an Helga Paasche, 18.1.1987; Privatarchiv Helga Paasche, Dießen.

45 2. Bericht des Polizeirates Goehrke betreffend den Tod des Kapitänleutnants a.D. Hans Paasche; Berlin, 4.6.1920; Kopie im Privatarchiv Helga Paasche, Dießen, S. 1.

46 Die Gutsbesitzer in der Umgebung entfachten ein übles Kesseltreiben gegen Paasche. Vgl. z.B. Georg Ledebours Rede vor dem Reichstag in: Verhandlungen des Reichstags, I. Wahlperiode 1920, Stenographische Berichte, Bd. 344. Von der Sitzung am 24. Juni 1920 bis zur 17. Sitzung am 3. August 1920, Berlin 1921, S. 27 f. oder Alfred Hermann Fried:

»Hans Paasche«. In: Die Friedens-Warte, 22. Jg., Heft 2, S. 79 ff., Juni 1920.

47 Bericht Goehrke, S. 3.

48 M. Schwantje: Hans Paasche, S. 25.

49 Die dem Mord vorausgehende Bedrohung wurde insbesondere von Max Kirsch aufgeklärt. Vgl. »Der Mord an Hans Paasche. Das Opfer einer reaktionären Verschwörung – Wie Paasche verfolgt wurde«. In: Berliner Volks-Zeitung, 68. Jg., Nr. 243, 26.5.1920 (Abend-Ausgabe)

50 C.v.Ossietzky: Hans Paasche, S. 38.

51 Jochen Paasche: »Lightning«; Privatarchiv Helga Paasche, Dießen.

52 Bericht Goehrke, S. 5.

53 »Bericht der Frau Kunstmaler H. Lahs in Waldfrieden betreffend den Tod des Kapitänlt. Paasche«; Privatarchiv Helga Paasche, Dießen, S. 5.

54 Helga Paasche: »Reise für einen Grabstein«, Interview in: Dialog mit Polen. Beiträge zur deutsch-polnischen Verständigung, Kultur und Geschichte, Ausgabe 5/1986, S. 36.

Epilog

1 Bericht Goehrke, S. 9.

2 Horst Naumann: »Biographische Skizzen – Hans Paasche«. In: Beiträge zur Geschichte der Arbeiterbewegung, 32. Jg. (1990), Heft 2, S. 257, Fußnote 32.

3 Bericht Goehrke, S. 3 und vor allem die Aufzeichnung eines Gespräches, das Helga Paasche mit Hans-Jürgen Kritzler-Paasche führte (Mexico City, 27.5.1966), S. 1; Privatarchiv Helga Paasche, Dießen.

4 Bericht der Frau Kunstmaler ..., S. 3 f.

5 Unterlagen im Privatarchiv Helga Paasche, Dießen.

6 »Die Erschießung des Kapitänleutnants Paasche. Eine Darstellung des Reichswehr-Schutzregiments 4«. In: Berliner Tageblatt, 49. Jg., Nr. 241, 25.5.1920 (Abend-Ausgabe).

7 Bericht der Frau Kunstmaler ..., S. 5.

8 Emil Julius Gumbel: »Zwei Jahre Mord«. Mit einem Vorwort von Prof. G.F. Nicolai, Berlin 1921, S. 48.

9 Eine Übersicht in H. Donat (Hrsg.): »Auf der Flucht« erschossen..., S. 292 ff.

10 C. v. Ossietzky: Hans Paasche, S. 38.
11 Julia Helfer: »Hans Paasche – Kulturkritiker und Pazifist«. Magisterarbeit im Fach Neuere deutsche Literaturwissenschaft (überarbeitete Fassung), Ludwig-Maximilians-Universität München, Fakultät 14, München 1993, S. 170.
12 Auskunft der Familie Erwin Weckwerth an den Autor, 6.1.1990.
13 Zitiert nach M. Schwantje: Hans Paasche, S. 24.
14 Ernst Oppermann an Helga Paasche, 18.1.1987; Privatarchiv Helga Paasche, Dießen.

Danksagung

Die Arbeit an diesem Buch wurde durch Stipendien des Landes Brandenburg, Ministerium für Wissenschaft, Forschung und Kultur, und der Stiftung Kulturfonds unterstützt.

Dank gebührt überdies Helmut Donat, Bremen, Tove Gerson, Essen, Dr. Franz von Hammerstein, Berlin, Ewa und Piotr Keil, Kuznica Zelichowska, Margareta und Stanislaw Konarzewski, Dzierzazno, Dr. Rolf Niemann, Bonn, Dr. Gottfried Paasche, Toronto, Dr. Ivan Paasche, Stockdorf, der Familie Erich Weckwerth, Riesa, sowie vor allem Helga Paasche, ohne deren jahrzehntelange Nachforschungen diese Biographie ihres Vaters nicht hätte geschrieben werden können.

Quellen- und Literaturverzeichnis

In den Anmerkungen nachgewiesene Veröffentlichungen in Tageszeitungen werden nicht nochmals erwähnt.

Knud Ahlborn: Wie es zum Jugendtag auf dem Hohen Meißner kam. In: Gerhard Ziemer/Hans Wolf (Hrsg.), Wandervogel und Freideutsche Jugend, Bad Godesberg 1961

Wolfgang Benz (Hrsg.): Pazifismus in Deutschland. Dokumente zur Friedensbewegung 1890-1939, Frankfurt a.M. 1988

Sigrid Bock: Bertha von Suttner – Die Waffen nieder! Vom Roman zur organisierten Friedensarbeit. In: S. Bock u.a. (Hrsg.), Die Waffen nieder! Schriftsteller in den Friedensbewegungen des 20. Jahrhunderts, Berlin 1989

Hans Coppi/Jürgen Danyel (Hrsg.): Der „Gegner"-Kreis im Jahre 1932/33. Ein Kapitel aus der Vorgeschichte des Widerstandes. Tagungsbericht. Veröffentlicht von der Evangelischen Akademie Berlin, Berlin 1990

Helmut Donat/Lothar Wieland (Hrsg.): Das Andere Deutschland. Unabhängige Zeitung für entschiedene republikanische Politik. Eine Auswahl (1925-1933), Königstein/Ts. 1980

Helmut Donat (Hrsg.): „Auf der Flucht" erschossen... Schriften und Beiträge von und über Hans Paasche. Mit einem Geleitwort von Helga Paasche [= Schriftenreihe Das Andere Deutschland, Nr. 1], Bremen/Zeven 1981

Helmut Donat/Johann P. Tammen (Hrsg.): Friedenszeichen – Lebenszeichen. Pazifismus zwischen Verächtlichmachung und Rehabilitierung. Ein Lesebuch zur Friedenserziehung, Bremerhaven 1982

Helmut Donat/Karl Holl (Hrsg.): Die Friedensbewegung. Organisierter Pazifismus in Deutschland, Österreich und in der Schweiz, Düsseldorf 1983

Helmut Donat/Dieter Riesenberger (Hrsg.): Die Friedensbewegung in Deutschland (1892-1933), Stuttgart 1986

Helmut Donat: „Hans Paasche – ein deutscher Revolutionär". In: H. Paasche, „Ändert Euren Sinn!" Bremen 1992

Gerhard Engel/Bärbel Holtz/Ingo Materna (Hrsg.): Groß-Berliner Arbeiter- und Soldatenräte in der Revolution 1918/19. Dokumente der Vollversammlungen und des Vollzugsrates. Vom Ausbruch der Revolution bis zum 1. Reichsrätekongreß, Berlin 1993

Carl Euler: Das Königl. Joachimthalsche Gymnasium. Vortrag, gehalten am ... 8. Oktober 1898. In: Brandenburgia 7, Potsdam 1898/99

Johannes Fischart (d.i. Erich Dombrowski): Hermann Paasche. In: Johannes Fischart, Das alte und neue System. Die politischen Köpfe Deutschlands, Berlin 1919

Fritz Fischer: Griff nach der Weltmacht. Die Kriegszielpolitik des kaiserlichen Deutschland 1914/18, Düsseldorf 1961 (4. Auflage 1971)

Fritz Fischer: Krieg der Illusionen. Die deutsche Politik von 1911 bis 1914, Düsseldorf 1969

Fritz Fischer: Juli 1914: Wir sind nicht hineingeschlittert, Reinbek b. Hamburg 1983

Friedrich Wilhelm Foerster: Erlebte Weltgeschichte 1869-1953. Memoiren, Nürnberg 1953

Alfred Hermann Fried: Mein Kriegs-Tagebuch. Bd. I: Das erste Kriegsjahr (7. August 1914 bis 28. Juli 1915), Zürich 1918

Alfred Hermann Fried: Hans Paasche. In: Die Friedens-Warte, 22. Jg., Heft 2, Juni 1920

Hellmut von Gerlach: Die adlige Rebellin. In: Die Weltbühne, 22. Jg., Nr. 43, 26.10.1926

Hellmut von Gerlach: Von rechts nach links. Mit einem Vor- und Nachwort von Emil Ludwig, Zürich 1937 [Neudruck Frankfurt a.M. 1983]

Hellmut von Gerlach: Die große Zeit der Lüge, Charlottenburg 1926 [Neudruck unter dem Titel: Die große Zeit der Lüge. Der Erste Weltkrieg und die deutsche Mentalität (1871-1921). Hrsg. von Helmut Donat und Adolf Wild. Mit einem Nachwort von Walter Fabian (= Schriftenreihe Geschichte & Frieden, Bd. 6), Bremen 1994]

Adolf Graf von Götzen: Deutsch-Ostafrika im Aufstand 1905/06, Berlin 1909

Guido Grünewald (Hrsg.): Nieder die Waffen! Hundert Jahre Deutsche Friedensgesellschaft (1892-1992) [= Schriftenreihe Geschichte & Frieden, Bd. 5], Bremen 1992

Emil Julius Gumbel: Zwei Jahre Mord. Mit einem Vorwort von Georg Friedrich Nicolai, Berlin 1921

Ludwig Gurlitt: Wahrheit und Gerechtigkeit. In: Junge Menschen, 2. Jg., Heft 24, Ende Dezember 1921

Willibald Gutsche/Fritz Klein/Joachim Petzold: Von Sarajevo nach Versailles. Deutschland im Ersten Weltkrieg, Berlin 1974

Sebastian Haffner: 1918/19. Eine deutsche Revolution, Reinbek 1981

Franziskus Hähnel: Erinnerungen an Hans Paasche. In: Junge Menschen, 3. Jg., Heft 11/12, Juni 1922

Walter Hammer: Hans Paasche und die Jugendbewegung. Eine Reihe persönlicher Erinnerungen. In: „Auf der Flucht" erschossen... Schriften und Beiträge von und über Hans Paasche. Hrsg. von Helmut Donat unter Mitwirkung von Wilfried Knauer. Mit einem Geleitwort von Helga Paasche [= Schriftenreihe Das Andere Deutschland, Nr. 1], Bremen/Zeven 1981

Maximilian Harden: Kanonisirter Mord. In: Die Zukunft, 109. Bd.

(April/Juni 1920), Nr. 35, 29.5.1920

Maximilian Harden: Kaiserpanorama. Literarische und politische Publizistik. Hrsg. und mit einem Nachwort von Ruth Greuner, Berlin 1983

Gerhart Hauptmann: Des großen Kampffliegers, Landfahrers, Gauklers und Magiers Till Eulenspiegel Abenteuer, Streiche, Gaukeleien, Gesichte und Träume, Berlin 1928

Adolf Heidenreich: Hans Paasche (1881-1920). In: Der Vegetarier, 30. Jg., Nr. 1, Januar 1979

Karl Holl/Wolfram Wette (Hrsg.): Pazifismus in der Weimarer Republik. Beiträge zur historischen Friedensforschung, Paderborn 1981

Karl Holl: Pazifismus in Deutschland, Frankfurt a.M. 1988

Willie Jahn: Wir und Jungdeutschland. In: Gerhard Ziemer/Hans Wolf (Hrsg.), Wandervogel und Freideutsche Jugend, Bad Godesberg 1961

Robert Jungk: Wo sind die Paasches der Jahrtausendwende? In: Hans Paasche, „Ändert Euren Sinn!" Schriften eines Revolutionärs. Hrsg. von Helmut Donat und Helga Paasche. Mit einem Nachwort von Robert Jungk [= Schriftenreihe Geschichte & Frieden, Bd. 2], Bremen 1992

Richard Kandt: Caput Nili. Eine empfindsame Reise zu den Quellen des Nils, Berlin 1921

Mathilde Gräfin von Keller: Vierzig Jahre im Dienst der Kaiserin, Leipzig o.J. (1935)

Bernhard Kellermann: Der 9. November, Berlin 1921

Max Kirsch: Der Mord an Hans Paasche. In: Junge Menschen, 1. Jg., Heft 13/14, Ende Juli 1920

Wilfried Knauer: Hans Paasche und die November-Revolution von 1918. In: „Auf der Flucht" erschossen... Schriften und Beiträge von und über Hans Paasche. Hrsg. von Helmut Donat unter Mitwirkung von Wilfried Knauer. Mit einem Geleitwort von Helga Paasche [= Schriftenreihe Das Andere Deutschland, Nr. 1], Bremen/Zeven 1981

Heinz Knobloch (Hrsg.): Der Berliner zweifelt immer, Berlin 1979

Käthe Kollwitz: Die Tagebücher. Hrsg. von Jutta Bohnke-Kollwitz, Berlin 1989

Heinz Kraschutzki: Meine Wandlung: Fort vom Militarismus! In: „Auf der Flucht" erschossen... Schriften und Beiträge von und über Hans Paasche. Hrsg. von Helmut Donat unter Mitwirkung von Wilfried Knauer. Mit einem Geleitwort von Helga Paasche [= Schriftenreihe Das Andere Deutschland, Nr. 1], Bremen/Zeven 1981

Annemarie Lange: Das wilhelminische Berlin. Zwischen Jahrhundertwende und Novemberrevolution, Berlin 1988

Annemarie Lange: Berlin in der Weimarer Republik, Berlin 1987

Werner Lange: „Ich ging zu den Löwen im hohen Grase..." Das aufrechte Leben des Hans Paasche. Manuskript einer Rundfunksendung für Antenne Brandenburg, 1990

Werner Lange: Aus dem Leben eines Hochverräters. Die Untersuchung gegen den Kapitänleutnant Hans Paasche. Manuskript einer Rundfunksendung für den WDR, 1994

Otto Lehmann-Rußbüldt: Der Kampf der Deutschen Liga für Menschenrechte vormals Bund Neues Vaterland für den Weltfrieden 1914-1927, Berlin 1927

Theodor Lessing: Wortmeldungen eines Unerschrockenen. Publizistik aus drei Jahrzehnten. Hrsg. und eingeleitet von Hans Stern, Leipzig/Weimar 1987

Hans Leuss: „Herr Paasche" [d.i. Hermann Paasche]. Selbstverlag des Verfassers, Berlin o.J. (1918)

Heinrich Loth: Geschichte Afrikas. Von den Anfängen bis zur Gegenwart. Teil 2, Berlin 1976

Reinhold Lütgemeier-Davin: Hans Paasche (1881-1920). Lebensreformer, Anti-Preuße, Revolutionär. In: Jahrbuch des Archivs der deutschen Jugendbewegung. Bd. 13, Witzenhausen 1981

Rosa Luxemburg: Gesammelte Briefe. Bd. 5, Berlin 1987

Adolf Friedrich Herzog zu Mecklenburg: Ins innerste Afrika. Bericht über den Verlauf der deutschen wissenschaftlichen Zentral-Afrika-Expedition 1907-1908, Leipzig 1909

Hans Meyer: Zum Gipfel des Kilimandscharo. Ostafrikanische Gletscherfahrten. Hrsg. von Reinhard Escher, Leipzig 1989

Gustav Mittelstraß: Der Verlauf des Festes. In: Gerhard Ziemer/Hans Wolf (Hrsg.), Wandervogel und Freideutsche Jugend, Bad Godesberg 1961

Peter Morris-Keitel: Umwertung aller Wertung! Hans Paasches „Lukanga Mukara" neu gelesen. In: Jahrbuch des Archivs der deutschen Jugendbewegung. Bd. 17, Witzenhausen 1988-92

Wilhelm Muehlon: Ein Fremder im eigenen Land. Erinnerungen und Tagebuchaufzeichnungen eines Krupp-Direktors 1908-1914. Hrsg. und eingeleitet von Wolfgang Benz, Bremen 1989

Richard Müller: Vom Kaiserreich zur Republik. Bd. 2: Die Novemberrevolution, Wien 1925

Hermann Müller-Franken: Die November-Revolution. Erinnerungen, Berlin 1928

Horst Naumann: Biographische Skizzen – Hans Paasche. In: Beiträge zur Geschichte der Arbeiterbewegung, 32. Jg., Heft 2/1990

Horst Naumann: Hans Paasche. Pazifist-Revolutionär-Kommunist. In: Die Novemberrevolution und die Gründung der KPD. Konferenzprotokoll. Teil 1, Berlin 1989

Gustav Noske: Von Kiel bis Kapp. Zur Geschichte der deutschen Revolution, Berlin 1920

Carl von Ossietzky: Hans Paasche. In: Mitteilungen der Deutschen Friedensgesellschaft, 1. Jg., Heft 6/7, Juni/Juli 1920

Frau Geheimrat [Elise] Paasche: Frauenschicksale im Volksleben der alten und neuen Welt. Als Manuskript gedruckt, o.O., o.J.

Ellen Paasche: Makotis Ehe. Aus meinem afrikanischen Reisetagebuch. In: Der Welt-Spiegel. Illustrierte Halb-Wochenschrift des Berliner Tageblattes, 43. Jg., Nr. 84, 18.10.1914

Ellen Paasche: Die Mütterlichkeit und der Friede. In: Die Neue Generation. Publikationsorgan des Bundes für Mutterschutz und Sexualreform, 11. Jg., Nr. 12, Dezember 1915

Ellen Paasche: Wir Pessimisten. Abgedruckt unter dem Titel „Pazifisten – Pessimisten – Hochverräter" in: Helmut Donat/Dieter Riesenberger (Hrsg.): Die Friedensbewegung in Deutschland 1892-1933, Stuttgart 1986

Hans Paasche: Im Morgenlicht. Kriegs-, Jagd- und Reise-Erlebnisse in Ostafrika, Berlin 1907

Hans Paasche: Was ich als Abstinent in den afrikanischen Kolonien erlebte [= Aus der Quelle des Mimir. Schriften zur Förderung gesunder deutscher Kultur, Heft 6], Reutlingen 1911

Hans Paasche: Protest in elfter Stunde. In: Der Vortrupp. Halbmonatsschrift für das Deutschtum unserer Zeit, 1. Jg., Nr. 1, 1.1.1912

Hans Paasche: Jung Deutschland. In: Der Vortrupp, 1. Jg., Nr. 3, 1.2.1912

Hans Paasche: Volkserziehung im Schnee. In: Der Vortrupp, 1. Jg., Nr. 5, 1.3.1912

Hans Paasche: Der reine Teint. In: Der Vortrupp, 1. Jg., Nr. 7, 1.4.1912

Hans Paasche: Eine akademische Studienfahrt nach Ostafrika. In: Der Vortrupp, 1. Jg., Nr. 12, 16.6.1912

Hans Paasche: Seefahrt. In: Der Vortrupp, 1. Jg., Nr. 15, 1.8.1912

Hans Paasche: Deutscher Naturschutz. In: Der Vortrupp, 1. Jg., Nr. 20, 16.10.1912 und Nr. 21, 1.11.1912

Hans Paasche: Das Vaterland hat gerufen. In: Der Vortrupp, 2. Jg., Nr. 2, 16.1.1913

Hans Paasche: Skilauf. In: Der Vortrupp, 2. Jg., Nr. 6, 16.3.1913

Hans Paasche: Die Visitenkarte. In: Der Vortrupp, 2. Jg., Nr. 14, 16.7.1913

Hans Paasche: Wehrkraft und Rüstung. In: Der Vortrupp, 2. Jg., Nr. 15, 1.8.1913

Hans Paasche: Der Kaiserkommers. In: Der Vortrupp, 2. Jg., Nr. 18, 16.9.1913

Hans Paasche: Zur Frage des Greifswalder Kaiserkommerses. In: Der Vortrupp, 2. Jg., Nr. 22, 16.11.1913

Hans Paasche: Der Greifswalder Kaiserkommers und die deutsche

Trinksitte im Urteil des Auslands. In: Der Vortrupp, 2. Jg., Nr. 24, 16.12.1913

Hans Paasche: Mäßiger Luxus. In: Der Vortrupp, 3. Jg., Nr. 1, 1.1.1914

Hans Paasche: Die Federmode. In: Der Vortrupp, 3. Jg., Nr. 5, 1.3.1914

Hans Paasche: Der Fremdenlegionssoldat und die Raubtiere. In: Der Vortrupp, 3. Jg., Nr. 6, 16.3.1914

Hans Paasche: Der Jagdfilm. In: Der Vortrupp, 3. Jg., Nr. 11, 1.6.1914

Hans Paasche: Glaub' an die Sache, der du dienst. In: Der Vortrupp, 3. Jg., Nr. 13, 1.7.1914

Hans Paasche: Marineoffiziere als Gastgeber. In: Der Vortrupp, 3. Jg., Nr. 15, 1.8.1914

Hans Paasche: Sport und Kommers. In: Der Vortrupp, 3. Jg., Nr. 16, 16.8.1914

Hans Paasche: Die Pfadfinder. In: Der Vortrupp, 3. Jg., Nr. 17, 1.9.1914

Hans Paasche: Vaterland, höre uns! In: Der Vortrupp, 3. Jg., Nr. 17, 1.9.1914

Hans Paasche/Hermann Popert/Alfred Janssen: Ein Wort an alle Leser des „Vortrupp". In: Der Vortrupp, 4. Jg., Nr. 23, 1.12.1915

Hans Paasche: Große Zeit. In: Der Vortrupp, 5. Jg., Nr. 5, 1.3.1916

Hans Paasche: Eine Frage an uns selbst. In: Der Vortrupp, 5. Jg., Nr. 21, 1.11.1916

Hans Paasche: Fremdenlegionär Kirsch. Eine abenteuerliche Fahrt von Kamerun in den deutschen Schützengraben in den Kriegsjahren 1914/15, Berlin 1916

Hans Paasche: Zur Aufklärung, weshalb ich die meisten Unternehmungen, die heute für wohltätig gelten, nicht fördere. In: Die Friedens-Warte, 19. Jg., Nr. 1, Januar 1917

Hans Paasche: Erklärung Hans Paasches, warum er aus dem Herausgeberverband des „Vortrupp" ausgeschieden ist. In: Der Vortrupp, 6. Jg., Nr. 4, 16.2.1917

Hans Paasche: Schweigen ist mir Pflicht. In: Die Abstinenz. Central-Organ für die Nüchternheits-Bewegung in Deutschland, XVI. Jg., Nr. 10, 1.10.1917

Hans Paasche: An Lettow und seine Afrikaner. In: Die Republik. Hrsg. von Wilhelm Herzog, 2. Jg., Nr. 79, 27.3.1919

Hans Paasche: Sie töten den Geist nicht! In: Die Republik, 2. Jg., Nr. 99, 16.4.1919

Hans Paasche: Meine Mitschuld am Weltkriege [= Flugschriften des Bundes Neues Vaterland, Nr. 6], Berlin 1919

Hans Paasche: Das verlorene Afrika [= Flugschriften des Bundes

Neues Vaterland, Nr. 16], Berlin 1919

Hans Paasche: Protest eines Menschen. In: Das Forum. Hrsg. von Wilhelm Herzog, 4. Jg., Heft 8, Mai 1920

Hans Paasche: Nationalistische Pazifisten. In: Die Friedens-Warte, 22. Jg., Heft 2, Juni 1920

Hans Paasche: Vegetarismus und Jagd. In: Junge Menschen, 2. Jg., Heft 10, Ende Mai 1921

Hans Paasche: Die Legende von der Vertreibung der Kaiserin. In: Junge Menschen, 2. Jg., Heft 21, Anfang November 1921

Hans Paasche: Die Forschungsreise des Afrikaners Lukanga Mukara ins innerste Deutschland. Geschildert in Briefen Lukanga Mukaras an den König Ruoma von Kitara. Gesammelt von Hans Paasche. Hrsg. auf Veranlassung Hans Paasches von Franziskus Hähnel, Hamburg 1921

Hans Paasche: Die Metanoia. In: Heimatwanderer. Zeitschrift für Jugend-Wollen, Weg und Werk, 2. Jg., Heft 2, Februar 1922

Hans Paasche: Hans Paasches afrikanische Hochzeitsreise. Zusammenhanglose Auszüge aus seinem Reisetagebuch. In: Junge Menschen, 4. Jg., Heft 12, Dezember 1923

Hans Paasche: Der Gedanke der Lebensreform. In: Junge Menschen, 5. Jg., Heft 1, April 1924

Hans Paasche: Die Wildnis. In: Hans Paasche, Die Forschungsreise des Afrikaners Lukanga Mukara ins innerste Deutschland. Mit einem Vorwort zur Neuauflage von Helga Paasche [= Schriftenreihe Das Andere Deutschland, Nr. 2], Bremen 1984

Hans Paasche: „Ändert Euren Sinn!" Schriften eines Revolutionärs. Hrsg. von Helmut Donat und Helga Paasche. Mit einem Nachwort von Robert Jungk [= Schriftenreihe Geschichte & Frieden, Bd. 2], Bremen 1992

Helga Paasche: Mein Vater Hans Paasche. In: Hans Paasche, Die Forschungsreise des Afrikaners Lukanga Mukara ins innerste Deutschland. Mit einem Vorwort zur Neuauflage von Helga Paasche [= Schriftenreihe Das Andere Deutschland, Nr. 2], Bremen 1984

Helga Paasche: Ein Leben für unsere Zukunft. Hans Paasche zum 65. Todestag. In: Jahrbuch des Archivs der deutschen Jugendbewegung. Bd. 15, Witzenhausen 1984/85

Helga Paasche: Reise für einen Grabstein. In: Dialog mit Polen. Beiträge zur deutsch-polnischen Verständigung, Kultur und Geschichte, Ausgabe 5/1986

Hermann Paasche: Deutsch-Ostafrika. Wirtschaftliche Studien, Berlin 1906

Maria und John Paasche: Diverse Antecedents. Edited by Sandra Marshall Finley. Privatdruck, San Francisco 1986

Theodor Plivier: Des Kaisers Kulis. Roman der deutschen Kriegsflotte, Berlin/Weimar 1985

Hermann Popert: Helmut Harringa. Berlin 1910

Hermann Popert: Hans Paasches Tod. In: Der Vortrupp, 9. Jg., Nr. 12, 2. Juniheft 1920

Ludwig Quidde: Der deutsche Pazifismus während des Weltkrieges 1914-1918. Aus dem Nachlaß Ludwig Quiddes hrsg. von Karl Holl unter Mitwirkung von Helmut Donat, Boppard am Rhein 1979

Christiane Rajewsky/Dieter Riesenberger (Hrsg.): Wider den Krieg. Große Pazifisten von Immanuel Kant bis Heinrich Böll, München 1987

Dieter Riesenberger: Geschichte der Friedensbewegung in Deutschland. Von den Anfängen bis 1933, Göttingen 1985

Paul Robien: Hans Paasche. In: Die Aktion, 10. Jg., Heft 35/36, 4.9.1920

Erich R. Schmidt: Meine Jugend in Groß-Berlin. Triumph und Elend der Arbeiterbewegung 1918-1933, Bremen 1988

Magnus Schwantje: Hans Paasche. Sein Leben und Wirken [= Flugschriften des Bundes Neues Vaterland, Nr. 26/27], Berlin 1921

Richard von Soldenhoff (Hrsg.): Siegfried Jacobsohn: Briefe an Kurt Tucholsky 1915-1926, München 1989

Bernd Sösemann (Hrsg.): Das Ende der Weimarer Republik in der Kritik damaliger Publizisten, Berlin 1976

Gerd Stein (Hrsg.): Exoten durchschauen Europa. Der Blick des Fremden als ein Stilmittel abendländischer Kulturkritik. Von den Persischen Briefen im 18. bis zu den Papalagi-Reden des Südseehäuptlings Tuiavii im 20. Jahrhundert. Ethnoliterarische Lesebücher. Bd. 2, Frankfurt a.M. 1984

Emil Szittya: Das Kuriositäten-Kabinett, Konstanz 1923

John Toland: Adolf Hitler, Bergisch Gladbach 1977

Barbara Tuchman: Der stolze Turm. Ein Portrait der Welt vor dem Ersten Weltkrieg 1890-1914, München/Zürich 1969

Barbara Tuchman: August 1914, Frankfurt a.M. 1990

Kurt Tucholsky: Briefe. Auswahl 1913 bis 1935. Hrsg. von Roland Links, Berlin 1983

Volker Ullrich: Als der Thron ins Wanken kam. Das Ende des Hohenzollernreiches 1890-1918, Bremen 1993

Verhandlungen des Reichstages. Stenographische Berichte, Bd. 310 und Bd. 344, Berlin 1917 und 1921

Otto Wanderer (d.i. Otto Buchinger): Paasche-Buch, Hamburg 1921

Wolfram Wette: Gustav Noske. Eine politische Biographie, Düsseldorf 1987

Wolfram Wette: Militarismus und Pazifismus. Auseinandersetzung mit den deutschen Kriegen. Mit einem Vorwort von Fritz Fischer

[= Schriftenreihe Geschichte & Frieden, Bd. 3], Bremen 1991

Wolfram Wette (Hrsg.): Der Krieg des kleinen Mannes. Eine Militär-
geschichte von unten, München/Zürich 1992

Lothar Wieland: Der Fall Paasche und die deutsche öffentliche Meinung. In: „Auf der Flucht" erschossen... Schriften und Beiträge von
und über Hans Paasche. Hrsg. von Helmut Donat unter Mitwirkung
von Wilfried Knauer. Mit einem Geleitwort von Helga Paasche [=
Schriftenreihe Das Andere Deutschland, Nr. 1], Bremen/Zeven 1981

Lothar Wieland: Belgien 1914. Die Frage des belgischen „Frankt-
tireurkrieges" und die deutsche öffentliche Meinung von 1914 bis
1936 [= Studien zum Kontinuitätsproblem der deutschen Geschichte, Bd. 2], Frankfurt a.M./Bern/New York 1984

Karl Wilker: Hans Paasche. In: Junge Menschen, 1. Jg., Heft 13/14,
Ende Juli 1920

Karl Wilker: Erinnerung an Hans Paasche. In: Junge Menschen, 7.
Jg., Heft 7, Juli 1926

Friedrich Wolf: Kolonne Hund. In: Dramen. Bd. 2, Berlin 1960

Henriette Wottrich: Auguste Kirchhoff – Eine Biographie [= Schriftenreihe Geschichte & Frieden, Bd. 1], Bremen 1990

Ignaz Wrobel (d.i. Kurt Tucholsky): Ein weißer Rabe. In: Die Weltbühne, 15. Jg., Nr. 50, 4.12.1919

Ungedruckte Quellen

*Akten des Oberreichsanwalts betreffend die Untersuchung gegen den
Kapitänleutnant Hans Paasche aus Waldfrieden bei Hochzeit wegen
Aufforderung zum Hochverrat und versuchtem Landesverrat.* Bd. 1-
12, Bundesarchiv Potsdam, Nebenstelle Hoppegarten – C 153/17

Julia Helfer: Hans Paasche – Kulturkritiker und Pazifist. Magisterarbeit im Fach Neuere Deutsche Literaturwissenschaft (überarbeitete Fassung), Ludwig-Maximilians-Universität München, Fakultät 14,
München 1993

Kriegstagebuch des Oberleutnant z.S. Paasche, Bundesarchiv/Mili-
tärarchiv Freiburg – RM 121/452

Kriegstagebuch S.M.S. „Bussard", Bundesarchiv/Militärarchiv Freiburg – RM 121/446

Nachlaß Maximilian Harden, Bundesarchiv Koblenz

Gottfried Paasche: Hans Paasche's Kagera Nil: Fragments with a Preface, Commentary, and Postscript, Toronto 1993

Privatarchiv Helga Paasche, Gießen

Personennamenindex